普通高等教育“十三五”规划教材

# 现代质量工程

主　编　苏莹莹
副主编　张凤荣
参　编　梁　迪　张天瑞

北　京
冶金工业出版社
2020

## 内 容 提 要

本书围绕质量理念阐述了现代质量工程的基本理论、技术和方法。全书包括质量与质量管理、质量管理基本原理、质量管理工具、统计过程控制、质量检验、六西格玛管理、顾客满意与顾客忠诚、供应链质量管理和可靠性工程等内容。

本书可作为工业工程专业和管理类等相关专业本科生、研究生教材，也可作为企业质量管理与培训的参考书。

**图书在版编目(CIP)数据**

现代质量工程/苏莹莹主编．—北京：冶金工业出版社，2020.8

普通高等教育“十三五”规划教材

ISBN 978-7-5024-8549-8

Ⅰ.①现…　Ⅱ.①苏…　Ⅲ.①质量管理—高等学校—教材　Ⅳ.①F273.2

中国版本图书馆 CIP 数据核字（2020）第 087266 号

出 版 人　陈玉千

地　　址　北京市东城区嵩祝院北巷 39 号　邮编　100009　电话　(010)64027926

网　　址　www.cnmip.com.cn　电子信箱　yjcbs@cnmip.com.cn

责任编辑　郭冬艳　美术编辑　吕欣童　版式设计　禹　蕊

责任校对　郑　娟　责任印制　禹　蕊

ISBN 978-7-5024-8549-8

冶金工业出版社出版发行；各地新华书店经销；三河市双峰印刷装订有限公司印刷

2020 年 8 月第 1 版，2020 年 8 月第 1 次印刷

787mm×1092mm　1/16；14.25 印张；339 千字；215 页

**39.00** 元

**冶金工业出版社　投稿电话　(010)64027932　投稿信箱　tougao@cnmip.com.cn**

**冶金工业出版社营销中心　电话　(010)64044283　传真　(010)64027893**

**冶金工业出版社天猫旗舰店　yjgycbs.tmall.com**

（本书如有印装质量问题，本社营销中心负责退换）

# 前　言

世界经济的发展、市场产品的多样化无不依赖于当今社会科技的发展，其方向是以实时、可靠、高效、低成本为基础，市场竞争日益激烈，导致企业的目标不再局限于眼前利益的追求，而是转移到产品质量竞争策略，依赖产品质量优势获得市场占有率。因此整个社会更加关注于质量和质量管理。

现代质量工程是一门融硬科学与软科学于一体的交叉学科，它涉及现代企业管理、产品质量控制、产品设计与制造技术、现代测试技术、技术经济学、管理信息系统等多门学科。作者结合工业工程专业的特点，在“质量与可靠性”课程教学的基础上，编写了本书，希望读者通过阅读本书可掌握现代质量工程的理念、方法和工具，应用所学内容针对实际情况来识别、分析、改善和控制质量问题。

本书共分9章，主要包括质量与质量管理、质量管理基本原理、质量管理工具、统计过程控制、质量检验、六西格玛管理、顾客满意与顾客忠诚、供应链质量管理和可靠性工程等内容。

参加本书编写的有：苏莹莹（第2章、第3章、第6章）、张凤荣（第4章、第5章、第9章）、梁迪和张天瑞（第1章、第7章、第8章）。

本书借鉴了国内外同类教材、论文等先进内容，同时参考了网络上一些与本书相关的文献资料，在此对有关作者一并表示感谢。

由于编者水平有限，书中不足之处，恳请广大读者批评指正。

作　者

2020年4月

# 目　录

# 1 质量与质量管理

## 1.1 质量概念及特性

在社会飞速发展的今天，各行各业的市场竞争都非常激烈，人们对产品质量的要求越来越高，企业只有不断提高产品的质量才能在市场上占据一席之地，企业想要获得更高的经济效益，想要占据一定的市场份额，就必须通过严格的质量管理来保证产品质量，在降低成本的同时提高生产效率，提升企业的经济效益。有关质量与质量管理的术语和定义，在演进中形成了更能体现特性与层次结构的概念体系和更加合乎逻辑与协调关系的表述方法。

### 1.1.1 质量

质量（Quality）是质量管理的对象，正确、全面地理解质量的概念，对于开展质量管理工作是十分重要的。在生产发展的不同历史时期，人们对质量的理解，随着科学技术的发展和社会经济的变化而有所变化。

国际标准化组织所制定的 ISO 8402—1994《质量术语》标准中，对质量作了如下的定义："质量是反映实体满足明确或隐含需要能力的特征和特性的总和。"

定义中的"实体"可以是某项活动或过程；某个产品；某个组织、体系或人；也可以是它们的任何组合。其中的产品，可以是有形产品，如机器设备、零部件、日用商品或流程性材料；也可以是无形产品，如计算机程序等的软件或服务产品。

定义中的"需要"一般是指顾客的需要，但从经济法规以及环境保护、防止公害等法规的角度看，也包含社会需要。若在合同环境下提出的需要，它们是受约束的、被规定的需要，属于规定的需要。而在非合同环境下，"需要"是隐含的，则为潜在需要。例如：引进新技术或新发明来进行新产品开发时，就要考虑顾客对这些新技术或新发明会有哪些需要，在新产品开发中，应将这些新技术转化为能满足顾客潜在需要的质量特性，使新产品成为能引导市场消费的成功产品。

为使"需要"能予以描述从而得以实现和检查，应将它们转化为质量要求。所谓质量要求就是通过一组定量的或定性的要求，表述为某一实体的特性。实体的质量特性通常可以概括为：性能、寿命（即耐用性）、可靠性、安全性、经济性以及美学方面的质量特性等。

将质量的概念按实体的性质细分，可分为产品质量、服务质量、过程质量及工作质量等。

#### 1.1.1.1 产品质量

根据质量的定义，产品质量可以理解为"产品满足规定需要和潜在需要的特征和特性的总和”。任何产品都是为满足用户的使用需要而制造的。对于产品质量来说，不论是简单产品或者复杂产品，都应当用产品质量特性或特征去描述。产品质量特性依产品的特点而异，表现的参数和指标也多种多样，反映用户使用需要的质量特性归纳起来一般有6个方面，即性能、寿命（耐用性）、可靠性与维修性、安全性、适应性和经济性等。

（1）性能。性能是指产品符合标准，满足一定使用要求所具备的功能。如：手表的防水、防震、防磁和走时准确；电冰箱的冷冻速度；暖瓶的保温能力；电视机的图像清晰度；机床的转速、功率；钢材的化学成分、强度；布料的手感、颜色；儿童玩具的造型；食品的气味等。

（2）寿命。寿命是指产品能够使用的期限，即产品在规定的使用条件下，完成规定功能的工作总时间。如：灯泡在规定的电压和亮度条件下的使用小时数；电器开关的开启次数；钻井机钻头的进尺数；电视机的使用期限；轮胎的行驶里程数等都是衡量这些产品寿命时间的特性。

（3）可靠性与维修性。可靠性是指产品在规定的时间内和规定的条件下，完成规定任务的能力。这项质量特性反映了产品在使用过程中，其功能发挥的稳定性和无故障性。如：电视机平均无故障工作时间；机床精度的稳定期限；材料与零件的持久性、耐用性等。与可靠性相联系的特性是维修性，或称保全性。产品的维修性是指产品在规定的条件下和规定的时间内，按规定的程序和方法进行维修时，保持或恢复到规定状态的能力。可靠性与维修性决定了产品的可用性。可用性是指产品在任一随机时刻需要和开始执行任务时，处于可工作、可使用状态的程度。性能、可靠性与维修性又决定了产品的效能，即决定了产品在规定条件下，满足给定量特性和服务要求的能力。

（4）安全性。安全性是指产品在贮存、流通和使用过程中，不发生由于产品质量而导致的人员伤亡、财产损失和环境污染的能力。它主要体现在产品本身所具有的保障使用者人身安全的质量特性。如洗衣机等家用电器采用对地绝缘电阻，保护用户在使用过程中不发生电击事故。此外，还应考虑不对社会造成伤害及环境污染。如对汽车排放废气的控制，都属于产品安全性的范畴。

（5）适应性。适应性是指产品适应外界环境变化的能力。这里所说的环境包括自然环境和社会环境，前者是指产品适应沙漠与山地、暴风雨与海浪、振动与噪声、灰尘与油污、电磁干扰、高温与高湿等自然条件的能力；后者是指产品适应某地区、某国家、某类顾客等需求的能力。

（6）经济性。经济性是指产品整个寿命周期总费用的多少。具体表现为设计成本、制造成本、使用成本（如使用过程中的动力消耗、维护费用等）。产品的经济性即要求产品不但制造成本低，而且能使用户的使用成本也低，以达到产品寿命周期的总费用最低。

以上6个方面的质量特性属于产品的内在特性，体现其使用价值。随着社会经济的发展，消费者消费观念和消费水平的变化，人们已不满足产品所提供的使用价值，而要求它们在满足物质需要的同时，还要满足人们的精神需要。例如，对产品的造型、款式、手感、色彩、包装等表现出的偏好，这种特性被称为美学质量。对于那些与人们日常生活有密切关系的产品，尤其是出口产品，美学方面的质量对提高产品的竞争能力有极大的影响。

1.1.1.2 服务质量

服务质量是指服务性行业各项活动或工业产品的销售和售后服务活动，满足规定或潜在需要的特征和特性的总和。

服务业是指交通运输、邮电、商业、金融、旅游、饮食、宾馆、医疗、文化娱乐等，这些行业的业务主要表现为向顾客提供服务性劳务，他们产出的是无形产品。服务过程是在服务业员工与顾客的直接接触中进行的，且在产生服务的同时它们就被消费掉了。因此，服务的质量往往取决于服务的技能、服务的态度和服务的及时性等服务者与消费者之间的行为关系。

服务质量特性依行业而定，其主要的共同性质和特性有以下6个方面：

(1) 功能性。功能性是指某项服务所发挥的效能和作用。商店的功能是让顾客买到所需要的商品；交通运输包括铁路、民航、水运、公路等，其功能是运送旅客和货物到达目的地；邮电的功能是为用户传递信息；旅游的功能是让人们得到享受；而工业产品的销售和售后服务的功能是使用户满意地得到产品。能否使被服务者得到这些功能，是对服务最基本的要求。也就是说，功能性是服务质量中最基本的特性。

(2) 经济性。经济性是指顾客为了得到不同的服务所需费用的合理程度。这里所说的费用是指在接受服务的全过程中所需要的费用，即服务周期费用。经济性是相对于所得到的服务满足不同等级需要而言，它是每个被服务者在接受服务时都要考虑的质量特性。

(3) 安全可靠性。安全可靠性是指在服务过程中，用户感到准确、安全无危险。这是为了保证服务过程中，顾客、旅客和用户等被服务者生命不受到危害，健康和精神不受到伤害，及货物不受到损失。如医疗、乘坐交通工具、住宿等，用户主观上感觉可信、无差错、安全。

(4) 时间性。时间性是指服务在时间上能够满足服务者需求的能力。它包括及时、准时和省时三个方面。及时是当被服务者需要某种服务时，服务工作能及时提供；准时是要求某些服务在时间上是准确的；省时是要求被服务者为了得到所需要的服务所耗费的时间能够缩短。及时、准时、省时三者是相关的、互补的。

(5) 舒适性。舒适性是指在满足了功能性、经济性、安全性和时间性等方面的质量特性情况下，服务过程的舒适程度。它包括服务设施的适用、方便和舒服，环境的整洁、美观和有秩序。

(6) 文明性。文明性是指顾客在接受服务过程中满足精神需求的程度。顾客期望得到一个自由、亲切、友好、自然及谅解的气氛，有一个和谐的人际关系，文明性充分展示了服务质量的特色。

1.1.1.3 过程质量

过程质量是指过程满足规定需要或潜在需要的特征和特性的总和。也可以说是过程的条件与活动满足要求的程度。上述产品质量和服务质量的特性要由“过程”或“活动”来保证。前面所讨论的产品或服务的6个方面的质量特性是在设计研制、生产制造、销售服务的全过程中实现并得到保证的。也就是说，这些质量特性受到了“过程”或过程中各项活动的影响，过程中各项活动的质量就决定了特性，从而决定了产品质量和服务质量。因此产品和服务质量从形成过程来说，还有设计过程质量、制造过程质量、使用过程质量及服务过程质量之分。

（1）设计过程质量。设计过程质量是指设计阶段所体现的质量，也就是产品设计符合质量特性要求的程度，它最终是通过图样和技术文件质量来体现的。

（2）制造过程质量。制造过程质量是指按设计要求，通过生产工序制造而实际达到的实物质量，是设计质量的实现，是制造过程中，操作工人、技术装备、原料、工艺方法以及环境条件等因素的综合产物。也称符合性质量。

（3）使用过程质量。使用过程质量是指在实际使用过程中所表现的质量，它是产品质量与质量管理水平的最终体现。

（4）服务过程质量。服务过程质量是指产品进入使用过程后，生产企业（供方）对用户的服务要求的满足程度。

#### 1.1.1.4 工作质量

工作质量是指与质量有关的各项工作，对产品质量、服务质量的保证程度。对一个工业企业来说也就是企业的管理工作、技术工作对提高产品质量、服务质量和提高企业经济效益的保证程度。工作质量涉及各个部门、各个岗位工作的有效性，同时，决定着产品质量和服务质量。然而，它又取决于人的素质，包括工作人员的质量意识、责任心、业务水平。其中，最高管理者（决策层）的工作质量起主导作用，广大的一般管理层和执行层的工作质量起保证和落实的作用。

工作质量能反映企业的组织工作、管理工作与技术工作的水平。工作质量的特点是它不像产品质量那样直观地表现在人们面前，而是体现在一切生产、技术、经营活动之中，并且通过企业的工作效率及工作成果，最终通过产品质量和经济效果表现出来。

工作质量不像产品质量那样具体、直观，属于无形产品。对它们的质量比较难以进行定量的衡量和考核。但有时可以利用某些综合性质量指标，如废品率和返修率等，来考核某些具体部门的工作质量。如合格率的提高，废品率、返修率的下降，就意味着工作质量水平的提高。然而，工作质量在许多场合是不能用上述指标来直接定量的，而通常是采取综合评分的方法来定量。例如，工作质量的衡量可以通过工作标准，把“需要”予以规定，然后通过质量责任制等进行评价、考核与综合评分。具体的工作标准，依不同部门、岗位而异。

### 1.1.2 提高质量的意义

质量问题是个重大的战略问题。保证和提高产品与服务质量，直接关系到经济建设的健康发展和人民生活的切身利益，是经济工作的一项重大战略任务，对我国经济发展具有极为重要的保障和促进作用。提高质量的重大意义可以从以下三个方面加以论述。

（1）质量是我国经济健康发展的基本要求。经过半个世纪的实践和探索，我国国民经济终于走上了稳定、健康、快速、持续发展的轨道。走上健康发展轨道的根本举措是“实行两个根本性的转变：一是经济体制从传统的计划经济体制向社会主义市场经济体制转变；二是经济增长方式从粗放型向集约型转变”。所谓经济增长方式从粗放型向集约型的转变，就是要把过去的依靠生产要素投入的增长来发展经济的增长方式，转变为依靠生产要素生产率的增长来发展经济的增长方式。因此，集约型增长方式也就是效率型的增长方式，它通过提高生产要素的使用效率，力争以有限的投放取得尽可能大的产出，求得经济增长的质量和效率、效益的提高。按照集约型增长的特征，就要求经济发展必须以质量与效益为中心，在产品质量好、品种多、效益高的前提下，增加产量和产值，达到较快的发展速度。只有产品质量好，才能节约资源，降低消耗，提高生产要素的投入产出率，从而增加效益；只有以提高质量（包括增加产品品种）为目标，才能促进对科技的投入和推进管理的科学化及现代化，才能推动产业结构的调整和优化，实现集约型增长的既定目标。因此，提高质量是转变经济增长的方式，保证国民经济稳定、健康、快速、持续发展的基本要求。

（2）质量是人民生活与工作的保证。在工业发展的今天，人们的衣食住行都直接或间接地依赖于工业产品的生产。无论是工作、学习、生活与身体健康都和质量密切相关。而且，随着社会经济的发展，人民生活水平的提高，人们已不满足于产品供应的数量，而更关注它们的质量。人们对产品的质量、服务的质量以及产品的花色品种都提出了越来越高的要求。

因此，如果企业能不断提高产品和服务质量，增加产品品种，为人民群众提供物美价廉、质量可靠的产品与周到的服务，并适应人们需要向市场推出多种多样的花色品种，就能使人民群众得到实惠，不断改善和提高人民生活水平，推进社会经济的蓬勃发展。相反，如果企业不做好质量工作，产品的质量与品种长期没有改进，就不能满足人们日益增长的物质文化生活水平的需要，使他们的生活质量停滞不前，给他们的工作和生活带来困难和不便。更有甚者，如果企业只顾赚钱不顾产品质量，甚至生产假、冒、伪、劣产品，就将使人民群众蒙受极大的经济损失，甚至造成人员伤亡和生产事故，那就将直接危害到人民群众的生命财产安全。因此，质量与人民生活息息相关。企业应以对人民群众高度负责的态度，做好质量工作，保证和提高产品质量，以满足人民不断增长的物质文化生活水平的需要。

（3）质量是企业的生命线。当今世界已进入了全球经济一体化的新时代，任何国家、任何企业都面临着一个开放而又竞争激烈的大市场。在这个新的世界市场体系中，竞争的格局已从价格、质量的竞争转为时间、质量、价格和服务之间的竞争，更发展到科技之间的竞争。但时间和价格的竞争优势是依靠质量取得的，而科学技术的竞争最终仍要体现在产品的质量上。因此，不论是时间、质量、价格、服务的竞争还是科学技术的竞争，归根结底，仍都是质量的竞争。提高质量始终是一个企业提高竞争能力、取得竞争优势的主要手段。尤其是在今天的国际经济交往和合作中，正在大力推行质量管理的标准化。只有生产质量好的产品，通过国际质量标准的认证，产品才能顺利打入其他国家市场；质量不好，得不到国际质量标准的认证，就很难出口。这就是说，质量已成为产品进入国际市场的通行证。

在这种形势下，一些经营成功的企业，都把质量提高到经营战略的地位，提出了“质量经营”“质量战略”的经营方针；或者以质量为中心，实施名牌战略，创建名牌产品与名牌企业，都是把质量作为企业生存和发展的根本。

总之，企业的竞争力在于质量，企业的经济效益来自质量，企业的形象也依靠质量来塑造，质量在任何时候都是企业的生命线。

### 1.1.3 案例分析

2018 年 7 月 15 日，国家药品监督管理局的一纸通告，揭开了长春长生疫苗造假内幕。

通告显示，长春长生在冻干人用狂犬病疫苗生产过程中存在记录造假等严重违反《药品生产质量管理规范》行为。根据检查结果，国家药监局责成吉林省食品药品监督管理局收回长春长生相关《药品 GMP 证书》。

7 月 18 日，长春长生发布声明称已按照国家药监局要求停止狂犬疫苗的生产，为保证用药安全，正对有效期内所有批次的狂犬疫苗全部实施召回。同日，长春长生收到《吉林省食品药品监督管理局行政处罚决定书》，因百白破疫苗不合格被罚 344 万。

截至 7 月 22 日，至少已有 20 个省、自治区和直辖市的疾控部门就长春长生疫苗事件进行发声。包括上海、河南、海南、重庆、山东、山西、广西、河北等 8 省市在内的疾控中心明确表示，全面停用或暂停使用长春长生狂犬病疫苗。

7 月 23 日，山东表示长春长生生产的 252600 支不合格百白破疫苗在省内流向已全部查明，流向济南、淄博、烟台、济宁、泰安、威海、日照、莱芜等 8 个市。这批疫苗已接种 247359 支，涉及儿童 215184 人。

近年来我国对药品的质量安全高度重视，相关的检查力度加大，药企只有坚守底线，才能保证不碰红线，并助力产品在市场上赢得消费者的信赖与肯定。

## 1.2　质量管理概述

### 1.2.1　质量管理的定义与任务

#### 1.2.1.1　质量管理的定义

质量管理是企业为了保证和提高产品与服务质量而开展的各项管理活动的总称。国际标准化组织质量管理和质量保证技术委员会在总结各国质量管理实践经验的基础上，对质量管理提出了如下的定义：质量管理是指“确定质量方针、目标和职责，并通过质量体系中的质量策划、质量控制、质量保证和质量改进来使其实现的所有管理职能的全部活动。”

#### 1.2.1.2　质量管理的任务

对于一个企业来说，质量管理具有以下三项基本任务。

（1）制定质量方针目标及其实施规划。质量管理首先要确定企业在一定时期内的质量方针与目标，并制定出贯彻方针目标的实施规划。通过方针目标和规划，来指导和组织各部门和各岗位的工作，激发他们为实现预期的质量目标而不断作出努力。

（2）实施质量保证。质量保证是为使人们确信企业能满足质量要求而开展的并按需要进行证实的有计划和有系统的活动。它一方面是向用户证实企业有能力保证质量，并对其产品及服务质量负责到底的一系列活动。例如，对产品质量实行“三包”；向用户提供满足合同要求的质量凭证；通过第三方的质量认证提供企业质量体系保证质量的能力的证据等。另一方面，对企业内部各部门的工作加强管理，使各项工作经常处于受控状态，而确保企业具备满足质量要求的一系列活动。例如，开展质量审核、质量评价、工序质量验证等。前者称为外部质量保证，后者则为内部质量保证。外部质量保证是对用户的质量保证，使用户能信赖企业的产品，相信企业具有保证质量的能力；内部质量保证可以说是对企业领导层的担保，使他们相信本企业具备满足质量要求的能力。

（3）实施质量控制。质量控制是对质量形成的过程进行监视、检测，并排除过程中影响质量的各种原因，以达到质量要求所采取的作业技术活动。其具体工作有下面几项：

1）确定控制计划与标准；

2）实施控制计划与标准；

3）发现质量问题并分析造成质量问题的原因；

4）采取纠正措施，使过程处于正常状态。

质量控制是企业最基本和最经常的质量管理活动，它是企业用来保证产品与服务质量的重要手段。

### 1.2.2 质量管理的发展

质量管理这一概念早在20世纪初就被提出来了，它是伴随着企业管理与实践的发展而不断完善起来的，到现在已形成一门独立的学科。这门学科也是随着资本主义现代化工业生产的发展，而逐步形成、充实和发展的，它经历了一个长期的发展过程。同时，它又是同资本主义的竞争分不开的，是随着竞争而发展起来的。

从质量管理的发展历史可以看出，对于不同时期，质量管理的理论、技术和方法都在不断地发展和变化，并且有着不同的发展特点，如表1-1所示。从一些工业比较发达的国家来看，质量管理的发展大致经历了三个阶段。

**表1-1 质量管理的三个发展阶段区别**

| 项　目 | 质量检验阶段 | 统计质量控制阶段 | 全面质量管理阶段 |
|---|---|---|---|
| 生产特点 | 手工半机械化 | 大量生产 | 现代化大生产 |
| 质量概念 | 狭义质量 | 向广义质量过渡 | 广义质量 |
| 管理范围 | 检验 | 制造过程 | 全过程 |
| 管理对象 | 产品 | 产品和工序质量 | 产品和工作质量 |
| 管理依据 | 质量标准 | 质量标准、控制标准 | 用户需要 |
| 管理方法 | 技术检验方法 | 数理统计方法 | 运用一切有效手段 |
| 参加人员 | 检验人员 | 技术部门、检验人员 | 企业全体员工 |

（1）产品质量检验阶段（20世纪20~30年代）。20世纪初，美国工程师泰勒总结了工业革命以来的经验，根据大工业管理实践，提出一套工业管理的理论，其中有一条就是主张：在企业中，要想提高效率，就必须把计划职能和执行职能分开，一部分人专门负责设计、计划，而另一部分人去执行（实施）。为保证这个环节协调及检查计划执行情况，其间必须有一个检查环节，使产品的检验从制造过程中分离出来，成为一个独立的工序。这是对手工业生产方式的一项重大改革。自此，在企业管理中产生了一支专职检验队伍，并由检验人员集中组成了专职检验部门。从20世纪初到40年代前，美国的工业企业普遍设置了集中管理的技术检验机构。

质量检验对手工业生产来说，无疑是一个很大的进步，因为它有利于提高生产率，有利于分工的发展。但从质量管理的角度来看，质量检验的效能较差，因为这一阶段的特点就是按照标准的规定，对成品进行检验，即从成品中挑出不合格品，这种质量管理方法的任务只是“把关”，即严禁不合格品出厂或流入下一工序，而不能预防废品产生。

1924年，美国贝尔电话研究所的统计学家休哈特（W. A. Shewhart）博士提出了“预防缺陷”的概念。他认为，质量管理除了检验外，还应做到预防，解决的办法就是采用他所提出的控制图。

与此同时，同属贝尔研究所的道奇（H. F. Dodge）和罗米格（H. G. Romig）又共同提出，在破坏性检验的场合采用“抽样检验法”，并提出了第一个抽样检验方案。此时，还有瓦尔德（A. Wald）的序贯抽样检验法等统计方法。但在当时，只有少数企业，如通用电器公司、福特汽车公司等采用他们的方法，并取得了明显的效果。而大多数企业却仍然搞事后检验。这是由于30年代前后，资本主义国家发生了严重的经济危机，在当时生产力发展水平不太高的情况下，对产品质量的要求也不可能高，所以，用数理统计方法进行质量管理未被普遍接受。因此第一阶段，即质量检验阶段一直延续到40年代。

（2）统计质量管理阶段（20世纪40~50年代）。由于第二次世界大战对大量生产（特别是军需品）的需要，质量检验工作立刻显示出其弱点，检验部门成了生产中最薄弱的环节。由于事先无法控制质量，以及检验工作量大，军火生产常常延误交货期，影响前线军需供应。这时，几乎被人们遗忘的、未被普遍接受的休哈特防患于未然的控制产品质量的方法及道奇、罗米格的抽样检查方法被重新重视起来。因此，美国政府和国防部就组织数理统计学家去解决实际问题，制订战时国防标准。即Z1.1《质量控制指南》、Z1.2《数据分析用的控制图法》、Z1.3《生产中质量管理用的控制图》，这三个标准是质量管理中最早的标准。

在美国战时的质量管理方法的研究中，哥伦比亚大学的“统计研究组”作出了较大的贡献。该组是作为政府机关的应用数学咨询机构而成立的（1942年6月成立，1945年9月撤销），在其许多的研究成果中，具有特殊意义的是瓦尔德（A. Wald）提出的逐次抽检（序贯抽检）法。

第二次世界大战后，美国的产业界顺利地从战时生产转入到和平生产，统计方法在国民工业生产中得到了广泛的应用。随后，在欧美各国以至资本主义世界各国相继推行。

这一阶段的手段是利用数理统计原理，预防产生废品并检验产品的质量。在方式上是由专职检验人员转过来的专业质量控制工程师和技术人员承担。这标志着将事后检验的观念转变为预防质量事故的发生并事先加以预防的观念，使质量管理工作前进了一大步。

（3）全面质量管理阶段（20世纪60年代至今）。从60年代开始，进入全面质量管理阶段。50年代以来，由于科学技术的迅速发展，工业生产技术手段越来越现代化，工业产品更新换代也越来越频繁。特别是出现了许多大型产品和复杂的系统工程，质量要求大大提高了，特别是对安全性、可靠性的要求越来越高。此时，单纯靠统计质量控制，已无法满足要求。因为整个系统工程与试验研究、产品设计、试验鉴定、生产准备、辅助过程、使用过程等每个环节都有着密切联系，仅仅靠控制过程是无法保证质量的。这样就要求从系统的观点，全面控制产品质量形成的各个环节、各个阶段。

其次，由于行为科学在质量管理中的应用，其中主要一点就是重视人的作用，认为人是受心理因素、生理因素和社会环境等方面的影响。因而必须从社会学、心理学的角度去研究社会环境、人的相互关系以及个人利益对提高工效和产品质量的影响，发挥人的能动作用，调动人的积极性，去加强企业管理。同时，认识到不重视人的因素，质量管理是搞不好的。因而在质量管理中，也相应地出现了“依靠工人”“自我控制”“无缺陷运动”和“QC小组活动”等。

此外，由于“保护消费者利益”运动的发生和发展，迫使政府制定法律，制止企业生产和销售质量低劣、影响安全、危害健康的劣质品，要求企业对提供产品的质量承担法律责任和经济责任。制造者提供的产品不仅要求性能符合质量标准规定，而且在保证产品售后的正常使用过程中，使用效果良好、安全、可靠、经济。于是，在质量管理中提出了质量保证和质量责任问题，这就要求在企业建立全过程的质量保证系统，对企业的产品质量实行全面的管理。

基于上述理由，美国通用电器公司的费根堡姆（A. V. Feigenbaum）和质量管理专家朱兰博士等先后提出了全面质量管理的思想，或称“综合质量管理”。费根堡姆于1961年出版了《全面质量管理》一书，主张用全面质量管理代替统计质量管理，提倡讲究质量成本，加强企业经营的全面质量管理。从统计的质量管理发展到全面的质量管理，是质量管理工作的又一个大的进步。全面质量管理阶段的标志是把企业的经营管理、数理统计等管理手段和现代科学技术密切地结合起来，建立一套质量管理工作系统，以保证经济地生产出满足用户要求的产品。这个时期的质量，无论是在深度上还是在广度上均有所发展。美国人把这个时期的质量管理工作叫做质量管理工作“完善期”，而日本人则称为质量管理工作的“巩固期”。

全面质量管理（Total Quality Management，TQM）从过去的就事论事、分散管理，转变为以系统观念为指导的全面的综合治理，它不仅仅强调各方面工作各自的重要性，而且更加强调各方面工作共同发挥作用时的协同作用。

在传统的质量管理中，一般都是以符合技术标准和规范的要求为目标，即所生产出来的产品只需要符合企业事先制订的技术要求就行。但是，全面质量管理与传统质量管理截然不同，它要求产品的质量必须符合用户的要求，始终以用户的满意为目标。从这个角度来看待全面质量管理，则将涉及所有参与到产品生产过程中的资源和人员。

## 1.3 质量管理的代表人物及理念

### 1.3.1 威廉·爱德华·戴明

威廉·爱德华·戴明（W. Edwards. Deming）的名字，同全面质量管理紧密相连。他从统计学方法在质量管理中的运用入手，经过多年摸索，为质量管理提出了系统全面的思想、理论和方法。

#### 1.3.1.1 戴明的质量管理十四要点

在戴明眼里，质量不是检验出来的，过去所有的质量管制办法，都无助于质量的真正提高。他认为，以用户满意为宗旨，是质量管理的起点。他关于只有高质量才能降低成本的断言，对质量、成本、生产能力和利润之间的关系提出了全新的论证，从而彻底改变了质量研究的传统观念。他提出的质量管理十四要点，在企业管理思想上具有突破性意义，尤其是他关于系统问题和变异问题的区分，在质量管理的方法改进上具有重大作用。

（1）企业要把提高产品和服务的质量作为持续不断的追求目标，以使自己能够具有竞争力，能持续生存下去并提供工作机会。

（2）采用新的管理思想。

因此不允许出现交货延迟或差错和有缺陷的产品。

(3) 停止靠检查来提高质量。取消大规模检查，而代之以在设计产品的第一时间就建立质量保证。

(4) 结束以价格为标准来选择商业伙伴的行为。相反，要最小化总成本。在建立长期忠诚和信赖的基础上，一个项目选择一个供应商。

(5) 要持之以恒地提高生产和服务的系统，以提高质量和生产效率，进而会不断地降低成本。

(6) 建立在岗培训。

(7) 建立领导力。监管的目的应该是帮助人和机器设备更好的工作。只是监管型管理是需要改变的，对生产工人的监管也是一样需要改变的。

因此管理不是监管，不是传统的命令和控制型的，经理人要充分了解他从事的工作，以帮助下属更好地工作，而不是仅仅以目标管理的方式下达指标，没有系统性的思考。所以管理的模式应改变为对下属的帮助和支持而不是命令和控制。

(8) 消除恐惧，这样每个人就有可能为公司提供有效的工作。

(9) 打破部门的界限。在研究、设计、销售和生产等不同部门的人应该以一个共同团队的形式来工作以预测产品或服务在生产中可能会遇到的问题。

(10) 消除那些要求工人零缺陷和新生产效率水平的口号，警告和指标。这些警告只会产生敌对关系，因为大量的质量和生产效率低下的原因是系统的问题，其超出了工人的能力范围。

(11) 废除员工定额标准，废除管理人员的数值目标。

(12) 消除那些剥夺临时工为自己工作技术而骄傲的障碍。管理者的职责必须从调整数字改变到关注质量。

消除那些剥夺在管理和工程岗位上的人为自己工作技术而骄傲的障碍。这就意味着放弃每年的评比和目标管理。

(13) 建立一个强有力的教育和自我发展项目。

(14) 让公司里的每个人都参与到这场变革中，变革是每个人的工作。

1.3.1.2 戴明循环

戴明博士最早提出了PDCA循环的概念，所以称其为“戴明环”。

PDCA循环中的4个字母是英文的缩写，P表示计划（Plan），D表示实施（Do），C表示检查（Check），A表示处理（Action），它反映了质量改进和完成各项工作必须经过的4个阶段。这4个阶段不断循环下去，故称为PDCA循环。它是提高产品质量的一种科学的管理工作方法（见图1-1）。

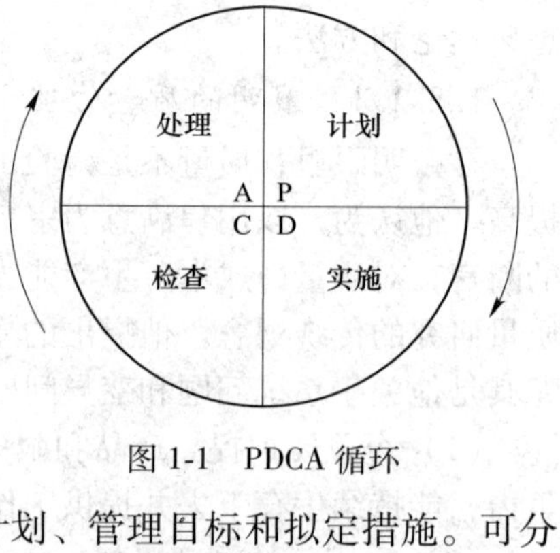

图1-1 PDCA循环

A PDCA四个阶段的基本工作内容

PDCA的工作程序一般可按八个步骤（四个阶段）进行。

(1) P阶段：制订计划。就是确定质量目标、质量计划、管理目标和拟定措施。可分为以下4个步骤：

1）分析质量现状，找出存在的质量问题；

2）分析产品质量问题的各种原因或影响因素；

3）从各种原因中找出影响质量的主要原因；

4）针对影响质量的主要原因制订对策，拟定管理、技术组织措施，提出执行计划和预计效果。

（2）D 阶段：实施。就是按预定计划、目标和措施及其分工去执行。这是第 5 个步骤。

（3）C 阶段：检查。就是把实施的结果和计划的要求对比，检查计划的执行情况和实施的效果是否达到预期的目标，这是第 6 个步骤。

（4）A 阶段：处理。包括以下两个步骤（第 7 步和第 8 步）：

1）总结经验教训。把成功的经验和失败的教训归纳、总结，形成一定的标准、制度和规定，以巩固已经取得的成绩，防止已经发生的问题再重复发生；

2）提出这次循环尚未解决的问题，作为遗留问题转入下一次循环去解决，并为下一阶段制订计划提供资料和依据。

用 PDCA 循环解决质量问题示意图（8 个步骤）见图 1-2。

B　PDCA 循环的特点

（1）PDCA 管理循环是大环套小环，相互衔接，互相促进。

（2）PDCA 管理循环是一个不断上升的循环。如图 1-3 所示。

图 1-2　PDCA 循环的 8 个步骤图

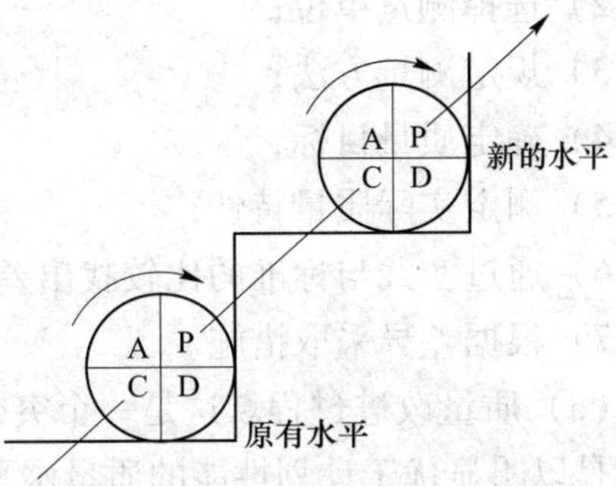


图 1-3　不断上升的循环

PDCA 循环如同爬楼梯，螺旋式地上升，其 4 个阶段周而复始地循环。每循环一次就上升一个台阶，即一次循环解决了一些问题，使质量水平有了提高，下一次循环是在提高了的基础上进行，如此循环，质量水平不断上升。

（3）PDCA 循环的关键在于 A 阶段。对于质量管理来说，经验和教训都是宝贵的，总结经验、教训，形成一定的标准、制度或规定，能使工作做得更好，使质量水平不断提高。

### 1.3.2 约瑟夫·莫西·朱兰

朱兰博士是世界著名的质量管理专家，生于1904年。他所倡导的质量管理理念和方法始终影响着世界以及世界质员管理的发展。朱兰长期在管理领域中从事各种工作，《管理突破》（*Manaecment Breakthrough*）及《质量计划》（*Quality Planning*）是他的经典著作。他最早把帕累托原理引入质量管理。

#### 1.3.2.1 朱兰三步曲

从产品质量形成过程来看，质量管理要贯穿于设计制造、销售、服务等环节的全过程；从管理的角度来看，要搞好质量管理，一般必须抓住以下三个主要环节，计划——控制——改进，即质量计划、质量控制和质量改进。这一管理模式是朱兰博士于1987年提出的，故称朱兰三步曲，每一步都要按照固定的执行程序来实现。

（1）质量计划过程。这是一个为实现质量目标做准备的过程，其最终结果是按照质量计划开展质量活动。其主要内容有：

1）必须从外部和内部认识顾客；

2）确定顾客的要求；

3）开发出能满足顾客需要的产品（包括服务）；

4）制定能满足顾客需求的质量目标，并以最低的综合成本来实现；

5）开发出能生产所需产品的生产程序；

6）验证这个程序的能力，证明它在实施中能达到质量目标。

（2）质量控制过程。这是在经营中达到质量目标的过程，其最终结果是按照质量计划开展经营活动。其主要内容有：

1）选择控制对象；

2）选择测量单位；

3）规定测量方法；

4）确定质量目标；

5）测定实际质量特性；

6）通过实践与标准的比较找出差异；

7）根据差异采取措施。

（3）质量改进过程。这是一个突破计划，并达到前所未有的质量水平的过程，其最终结果是以明显优于计划性能的质量水平进行经营活动。其主要内容有：

1）证明改进的需要；

2）确定改进的对象；

3）实施改进，并对这些改进项目加以指导；

4）组织诊断，寻找原因；

5）提出改进方法；

6）证明这些改进方法有效；

7）提供控制手段，以保持其有效性。

#### 1.3.2.2 质量螺旋

为了表述产品质量形成的这种规律性，朱兰博士提出质量螺旋模型。所谓质量螺旋（Quality spiral），是表述影响质量的相互作用活动的概念模式，是一条呈螺旋上升的曲线，它把全过程中各个质量职能按照逻辑顺序串联起来，用以表征产品质量形成的整个过程及其规律性，通常称之为“朱兰质量螺旋”，如图1-4所示。朱兰质量螺旋反映了产品质量形成的客观规律，是质量管理的理论基础，对于现代质量管理的发展具有重大意义。

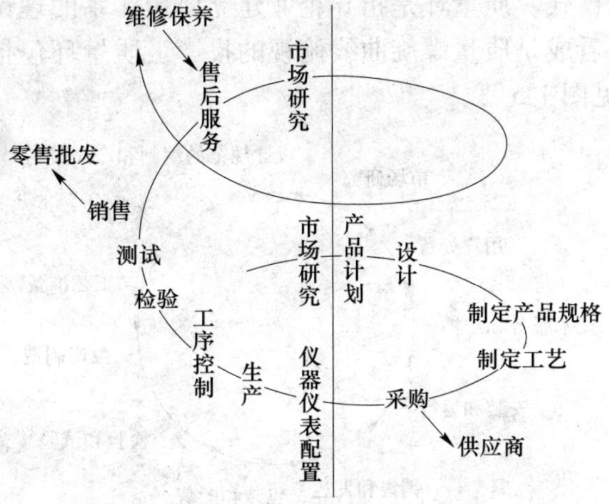


图1-4 质量螺旋

从朱兰质量螺旋可以看出：

（1）产品质量形成全过程包括13个环节（质量职能）：市场研究、产品计划、设计、制定产品规格、制定工艺、采购、仪器仪表配置、生产、工序控制、检验、测试、销售、售后服务。

（2）产品质量的形成和发展是一个循序渐进的过程。13个环节构成一轮循环，每经过一轮循环，产品质量就有所提高。产品质量的提高在一轮又一轮的循环中总是在原有的基础上有所改进、有所突破，且连绵不断、永无止境。

（3）作为一个产品质量系统，系统目标的实现取决于每个环节质量职能的落实和各个环节之间的协调。因此，必须对质量形成全过程进行计划、组织和控制。

（4）质量系统是一个开放的系统，和外部环境有着密切的联系。这种联系有直接的（质量螺旋中箭头所指处），也有间接的。如采购环节和物料供方有联系，销售环节和零售批发商有联系，服务和顾客有联系等等。此外，市场研究环节需要研究产品市场，几乎所有环节都需要人来工作，而人力资源主要由社会来培养和提供，所以，产品质量的形成和改进并不只是企业内部行为的结果。质量管理是一项社会系统工程，需要充分考虑外部因素的影响。

（5）产品质量形成全过程中的每一个环节均需依靠人员的参与和完成，人的质量以及对人的管理是过程质量和工作质量的基本保证。所以，人是产品质量形成全过程中最重要、最具能动性的因素。现代质量管理十分强调以人为本的管理，其理论根据即在于此。

1.3.2.3　质量环

朱兰质量螺旋深刻而形象地揭示了产品质量形成的客观规律性，和它有异曲同工之妙的常见表述还有质量环。

质量环是从认识市场需要直到评定能否满足这些需要为止的各个阶段中，影响产品或服务质量的相互作用活动的理论模式。也就是说，它是指从了解和掌握用户对产品质量要求和期望开始，到质量实现的产品寿命周期内，将影响产品或服务质量的各项活动划分为若干个环节的一种理论模式。质量环是指导企业建立质量体系的理论基础和基本依据。从图形上看，质量环可以看成是质量螺旋曲线俯视的投影。质量环包括从市场调研一直到用户处置等11个环节，见图1-5。

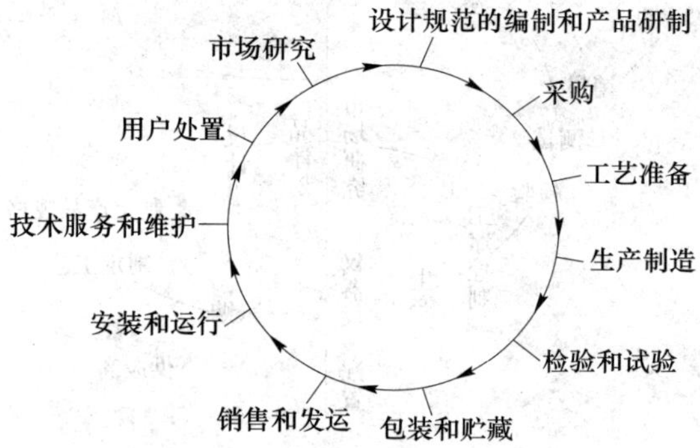


图1-5　质量环

质量环与质量螺旋的比较见表1-2。

**表1-2　质量环与质量螺旋的比较**

| 产品寿命周期各阶段 | 质量螺旋 | 质量环 |
|---|---|---|
| 概念和定义阶段 | 1. 市场调研 | 1. 营销与市场调研 |
| 设计阶段 | 1. 开发；<br>2. 设计；<br>3. 规范 | 1. 设计规范的编制和产品研制 |
| 生产阶段 | 1. 制定制造计划；<br>2. 采购；<br>3. 器具仪表配置；<br>4. 生产；<br>5. 工序控制；<br>6. 检验；<br>7. 测试 | 1. 采购；<br>2. 工艺策划与开发；<br>3. 生产制造；<br>4. 检验、试验和检查；<br>5. 包装与贮存 |
| 使用阶段 | 1. 销售；<br>2. 服务 | 1. 销售与分发；<br>2. 安装与运行；<br>3. 技术服务和维护；<br>4. 用户处理 |

续表 1-2

| 产品寿命周期各阶段 | 质 量 螺 旋 | 质 量 环 |
|---|---|---|
| 特点 | 1. 运用系统思想，按产品质量形成过程，用质量螺旋上升方式表示，划分为 13 个环节阶段或活动；<br>2. 突出影响产品质量有关环节，强调设计阶段，分为开发、设计和规范三个环节；<br>3. 在生产阶段强调“工序控制”和“器具配备” | 1. 运用系统思想，按产品质量形成全过程用质量螺旋的俯视图来表示，划分为 11 个环节阶段或活动；<br>2. 站在用户立场和使用角度，突出了“安装和运行”“用户处置阶段”；<br>3. 在生产阶段，将“包装和贮存”独立出来，成为一个阶段 |

### 1.3.3 菲利浦·克罗斯比

质量管理大师菲利浦·克罗斯比（PhilipB. Crosby）对世人有卓越贡献及深远影响，被誉为当代“伟大的管理思想家”“零缺陷之父”“世界质量先生”，终身致力于“质量管理”哲学的发展和应用，引发全球质量活动由生产制造业扩大到工商企业领域。

零缺陷理论自 20 世纪 70 年代末创立至今，经过不断完善，已成为一整套品质管理的经典哲学，备受包括 IBM、GEA、摩托罗拉、施乐等世界顶级公司推崇，已成为企业创造质量奇迹进而迅速发展壮大的强劲动力。零缺陷理论核心为：“第一次就把事情做对”。

原则一：质量就是符合要求，而不是好。

品质不可以用“好”“美丽”“漂亮”等词来形容，不可加入主观色彩，因为要求永远是客观存在的，符合要求就是有品质的产品、服务或过程。

原则二：真正意义上的质量问题不存在。

质量问题应归结到生产、设计等一系列问题上。如果能够预防，那么就不会出现质量问题，质量不是检验出来的。

预防是从设计源头发现和解决问题，检验只能发现问题的结果，会在品质成本及客户满意度等各个方面造成某些不可挽回的损失，因为检验时缺陷已产生，且部分缺陷会遗漏。预防行动是防患于未然，因而比较经济。

原则三：品质是用缺陷造成的金钱损失来衡量的。

缺陷损失来衡量品质比用不良数据来衡量品质，更能引起高层重视进而采取行动。

原则四：对于工作表现的唯一标准就是“零缺陷”。

它意味着每一时间，每一个作业都需满足工作过程的全部要求，而不是某些方面满足要求。

## 1.4 质量经济性分析

### 1.4.1 质量经济性

质量问题实际上是一个经济问题。质量经济性分析以用户和社会需求的质量为出发点，从经济的角度分析质量问题，围绕产品的适用性和经济性，寻求质、本、利的最佳组合，以提高企业经济效益。

质量经济分析的要点：

（1）质量经济分析，实质上是以经济方法为手段，以经济效益为目的，探求产品（或服务）的适用性。

（2）质-本-利是质量经济分析的基本内容，同时也是质量经济分析指标体系的主体内容。

（3）产品质量的产生，形成和实现的全过程，是质量经济分析的主要对象。

（4）提高企业和社会经济效益是质量经济分析的最终目的。

### 1.4.2 质量成本管理

1.4.2.1 质量成本的概念

质量成本是指将产品质量保持在规定的水平所需的有关费用。它包括企业为保证和提高产品质量所进行的质量活动应支付的费用以及因未达既定质量水平，由于质量不良所造成损失的费用的总和。

质量成本是产品质量经济性的重要体现，它从经济的角度反映了质量体系的运行情况。因此，开展质量成本管理能为评价质量体系的有效性提供手段，并为制定内部改进计划提供依据，对不断完善质量体系、提高经济效益都具有重要意义。

1.4.2.2 质量成本的构成

质量成本由两部分组成，一部分为运行质量成本，一部分为外部质量保证成本。如图1-6 所示。

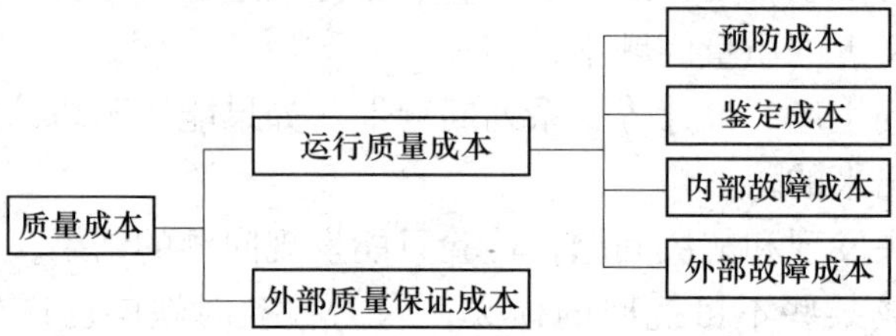


图 1-6 质量成本的构成

A 运行质量成本

运行质量成本是企业为保证和提高产品质量而支付的一切费用，以及因质量故障所造成的损失费用之和。运行质量成本又分为 4 类成本，即企业内部损失成本、鉴定成本、预防成本和外部损失成本。

（1）企业内部损失成本。企业内部损失成本，或内部故障成本是指产品出厂前因不满足规定的质量要求而支付的费用。一般包括以下项目：废品损失费用、返修损失费用、复试复验费用、停工损失费用、处理质量缺陷费用、减产损失和产品降级损失费用等。

（2）鉴定成本。鉴定成本是评定产品是否满足规定的质量水平所需要的费用。一般包括以下的费用项目：进货检验费用、工序检验费用、成品检验费用、质量审核费用、保持检验及试验设备精确性的费用、试验及检验损耗费用、存货复试复验费用、质量分级费用、检验仪器折旧费用和计量工具购置费用等。

（3）预防成本。预防成本是指用于预防产生不合格品与故障等所需的各种费用。一般包括：质量计划工作费用、质量教育培训费用、新产品评审费用、工序控制费用、质量改进措施费用、质量审核费用、质量管理活动费用、质量奖励费用以及专职质量管理人员的工资及其附加费用等。

（4）外部损失成本。企业外部损失成本是指成品出厂后因不满足规定的质量要求，导致索赔、修理、更换或信誉损失等而支付的费用。一般包括以下几项费用：申诉受理费用、保修费用、退换产品的损失费用、折价损失费用、产品责任损失费用等。

B 外部质量保证成本

外部质量保证成本是为用户提供所要求的客观证据所支付的费用，其费用项目有：

（1）为提供特殊附加的质量保证措施、程序、数据所支付的费用。

（2）产品的验证试验和评定的费用，如经认可的独立试验机构对特殊的安全性能进行试验所发生的费用。

（3）为满足用户要求，进行质量体系认证所发生的费用。

1.4.2.3 质量成本的特点

质量成本属于企业生产总成本的范畴，但它又不同于其他的生产成本，诸如材料成本、运输成本、设计成本、车间成本等的生产成本，因而需要有不同的核算方法。概括起来，质量成本具有以下特点。

（1）质量成本只是针对产品制造过程的符合性质量而言的。

也就是说，在设计已经完成、标准和规范已经确定的条件下，才开始进入质量成本计算。因此，它不包括重新设计和改进设计以及用于提高质量等级或质量水平而支付的费用。

（2）质量成本是那些与制造过程中出现不合格品密切相关的费用。

例如，预防成本就是预防出现不合格品的费用；鉴定成本是为了评定是否出现不合格品的费用；内、外损失成本是因成品不合格而在厂内阶段或厂外阶段所产生的损失费用。

（3）质量成本并不包括制造过程中与质量有关的全部费用，而只是其中的一部分。

这部分费用是制造过程中同质量水平（合格品率或不合格品率）最直接、最密切的那一部分费用。其他费用，如工人生产时的工资或材料费、车间或企业管理费等，都不计入质量成本，它们都是正常生产前所必须具备的条件。计算和控制质量成本，目的在于用最经济的手段达到预定的质量目标。因此，应从这个角度来确定质量成本的项目和成本量。

1.4.2.4 质量成本分析

质量成本分析是质量成本管理的重要环节。企业质量成本分析是为了找出产品质量的主要缺陷和质量管理体系的薄弱环节，为指出质量改进建议提供依据，为降低成本、调整质量成本结构、寻求最佳质量水平指出方向，并为撰写质量成本报告提供素材。

A 质量成本分析的内容

（1）质量成本总额分析。质量成本总额分析包括企业质量成本总额的计划目标分析、相关指标分析和趋势分析。

1）企业质量成本总额的计划目标分析。企业质量成本总额的计划目标分析，是指比较计划期内质量成本总额、计划年度内质量成本累计总额与企业质量成本计划控制目标，求出增减值和增减率，用此分析企业质量成本计划控制目标的执行情况。

2）企业质量成本总额的相关指标分析。企业质量成本总额的相关指标分析，是指将企业计划期内质量成本总额、计划年度内质量成本累计总额与企业其他有关的经营指标进行比较，计算产值质量成本率、销售质量成本率、利润质量成本率、总成本质量成本率和单位产品质量成本等，并与这些相关指标的计划控制目标进行比较分析。这些相关指标从不同的角度反映了企业质量成本与企业经营状况的关系。

3）企业质量成本总额的趋势分析。企业质量成本总额的趋势分析，是指将企业质量成本总额的计划目标分析和相关指标分析中的各种计算结果分别按时间序列作图进行分析，观察各种指标值的变动情况，用以推断企业质量成本的变化趋势。

（2）质量成本构成分析。企业质量成本的构成是指质量成本总额中预防成本、鉴定成本、内部质量损失、外部质量损失的发生金额和各自占的比重，可用于分析企业质量成本的项目构成是否合理，寻求比较合理的质量成本水平。一般分两个方面，即企业质量成本构成的计划目标分析和构成比例分析。

1）企业质量成本构成的计划目标分析。企业质量成本构成的计划目标分析，是指根据企业质量成本核算的结果计算计划期内预防成本、鉴定成本、内部质量损失和外部质量损失的发生金额，以及这些项目在计划年度内的累计发生金额，分别与原定的计划控制目标进行比较，求出增减值和增减率，分析各项目计划控制目标的执行情况。有条件的话，企业还可将这些项目与产值、销售额、利润、总成本、产量等相关指标进行比较分析，如百元销售收入损失成本等。

2）企业质量成本的结构比例分析。企业质量成本的结构比例分析，是指计算和分析企业在计划期内及计划年度内的预防成本、鉴定成本、内部质量损失、外部质量损失占质量成本总额的比重，以及上述各项目之间相互的比例关系。开展企业质量成本构成分析可以对企业质量成本总额的构成情况有清楚的认识，对于企业质量改进、调整质量成本构成、降低质量成本有很大的作用。

（3）质量损失分析。由于预防成本、鉴定成本和外部质量保证成本的计划性较强，而故障成本发生偶然性因素较多，所以，故障成本分析是查找产品质量缺陷和管理工作中薄弱环节的主要途径。可以从部门、产品种类、外部故障等角度进行分析。

1）造成企业质量损失问题的原因是多方面的，涉及企业的各个部门。对企业内各责任部门开展质量损失的分析，目的是掌握各部门的质量管理和质量保证状况，这样既可以促使企业各部门自觉加强和改进质量管理工作，又有利于企业领导对各部门的质量管理工作进行监督和控制，及时帮助各部门抓好质量整改工作。常用的统计图有部门故障成本汇总金额时间序列图和部门故障成本累计金额统计图，如图 1-7 和图 1-8 所示，图中实线表

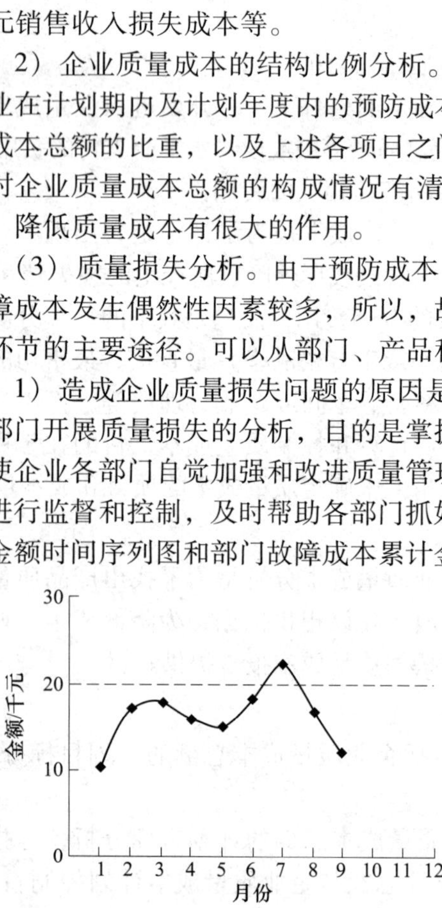


图 1-7　车间质量损失时间序列图

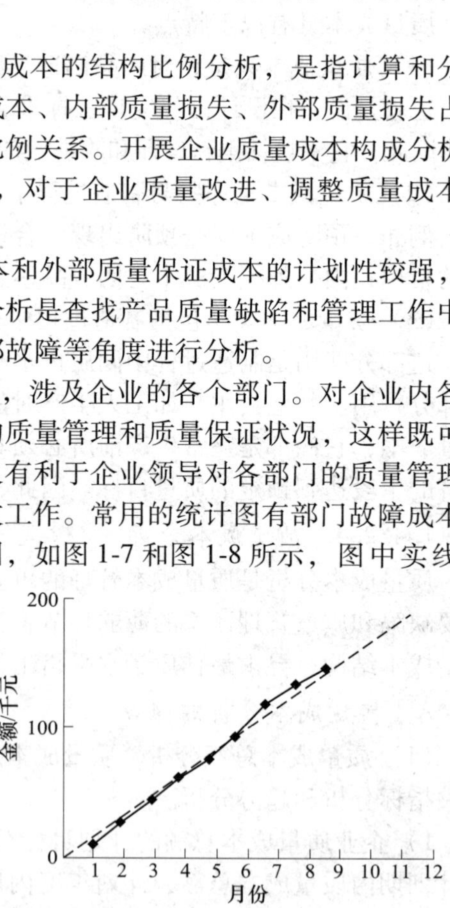


图 1-8　车间质量损失累计金额统计图

示损失的实际金额，虚线表示计划目标。

2）各产品的质量损失分析。由于设计、设备、工艺、材料以及其他种种原因，产品之间会有较大的质量差异。考虑到各产品的产量有差别，分析时可采用相对数，如各产品的故障损失与各自销售额的比率。在此基础上做 ABC 分类，选择重点研究对象。经 ABC 分析确定为 A 类产品，其故障成本的比重可达 70%。图 1-9 为某产品故障成本的责任分析。

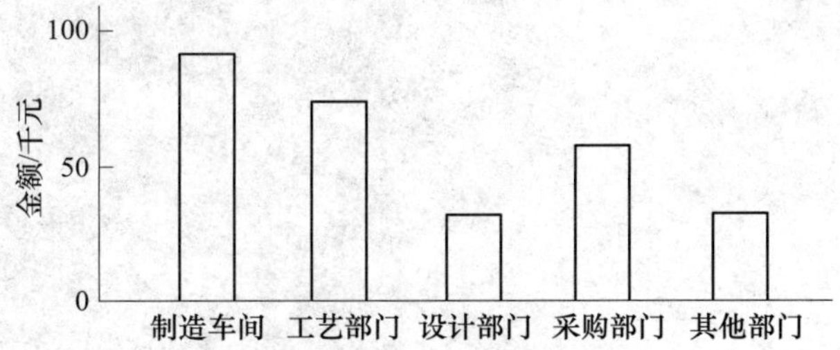


图 1-9 产品故障成本的部门责任分析

3）外部故障成本分析。一般从三个方面进行分析：第一，作质量缺陷分类分析，从中可以发现产品的主要缺陷和对应的质量管理工作的薄弱环节；第二，按产品分类作 ABC 分析，即占外部故障成本总额 70%左右的产品属于 A 类，占 25%左右的为 B 类，其余的为 C 类，从中找出几种外部故障成本较高的产品作为重点研究对象；第三，按产品的销售区域分析，不同的地理环境往往有可能引起不同的故障，按地区分析有利于查找原因，分析的结果对于改进产品设计，提高产品质量有很重要的意义。

B 质量成本的分析方法

质量成本分析的方法包括定性分析和定量分析两类方法。

定性分析主要是对质量成本管理实施情况与管理水平作分析。如调查和分析企业领导和职工质量意识的提高情况、有关决策的实行情况、加强基础工作提高管理水平的情况等。定性分析有助于考察，并进而加强质量成本管理的科学性和实效性。

定量分析是用于对质量成本管理的经济效果作出分析，并定量地对质量工作或质量系统作出评价。应用于质量成本管理的定量分析方法主要有以下几种。

（1）指标分析法。这种方法是对质量成本指标的实际发生值与上期的指标值作出比较，从它们的增减变化或增减的变化率，来了解其变动情况，进而找出变化的原因，以便采取措施加以改进。

（2）质量成本趋势分析。趋势分析就是要掌握质量成本在一定时间期内的变动趋势。其中，分析一年内各月的变化情况属于短期趋势分析，五年以上的属于长期趋势分析。趋势分析可采用表格法和作图法两种形式。前者以具体的数值表达，准确明了；后者以曲线表达，直观清晰。

（3）排列图分析。排列图分析就是应用排列图原理对质量成本进行分析，以找出影响质量成本的主要因素的一种方法。具体做法将在第 3 章中介绍。

（4）敏感度分析。敏感度分析是指当质量成本中预防成本和鉴定成本的投入量发生变化时，会使企业内外部损失成本发生怎样的相应变化。

## 复习思考题

1. 质量管理的概念是什么？
2. 什么是质量螺旋和质量环，它们有何异同？
3. 朱兰三步曲是什么？
4. 质量成本由哪些构成？

# 2 质量管理基本原理

## 2.1 全面质量管理

最早提出全面质量管理概念的是美国通用电器公司质量管理部的部长菲根堡姆(A. V. Feigenbaum)博士。1961年,他出版了一本著作,该书强调执行质量只能是公司全体人员的责任,应该使全体人员都具有质量的概念和承担质量的责任。因此,全面质量管理的核心思想是在一个企业内各部门中做出质量发展、质量保持、质量改进计划,从而以最为经济的水平进行生产与服务,使用户或消费者获得最大的满意。

### 2.1.1 全面质量管理的发展

从1961年菲根堡姆提出全面质量管理的概念开始,世界各国对它进行了全面深入的研究,使全面质量管理的思想、方法、理论在实践中不断得到应用和发展。概括地讲,全面质量管理的发展经历了以下四个阶段:

(1)日本从美国引入全面质量管理。1950年,戴明博士在日本开展质量管理讲座,日本人从中学习到了这种全新的质量管理的思想和方法。当时,全面质量管理的思路和概念并没有被完整地提出来,但是它对日本经济的发展起到了极大的促进作用。到1970年,质量管理已经逐步渗透到了全日本企业的基层。

(2)质量管理中广泛采用统计技术和计算机技术。从20世纪70年代开始,日本企业从质量管理中获得巨大的收益,充分认识到了全面质量管理的好处。日本人开始将质量管理当作一门科学来对待,并广泛采用统计技术和计算机技术进行推广和应用,全面质量管理在这一阶段获得了新的发展。

(3)全面质量管理的内容和要求得到标准化。随着全面质量管理理念的普及,越来越多的企业开始采用这种管理方法。1986年,国际标准化组织ISO把全面质量管理的内容和要求进行了标准化,并于1987年3月正式颁布了ISO 9000系列标准,这是全面质量管理发展的第三个阶段。因此,我们通常所熟悉的ISO 9000系列标准实际上是对原来全面质量管理研究成果的标准化。

(4)质量管理上升到经营管理层面。随着质量管理思想和方法往更高层次发展,企业的生产管理和质量管理被提升到经营管理的层次。无论是学术界还是企业界,很多知名学者如朱兰、石川馨、久米均等人,都提出了很多有关这个方面的观念和理论,"质量管理是企业经营的生命线"这种观念逐渐被企业所接受。

### 2.1.2 全面质量管理的概念及特点

#### 2.1.2.1 全面质量管理的概念

全面质量管理(Total Quality Management)是指企业单位开展以质量为中心,全员参与为基础的一种管理途径，其目标是通过使顾客满意，本单位成员和社会受益，而达到长期成功。

定义中的“全员”，指的是组织结构中所有部门和所有层次的人员。定义中“社会受益”，意味着满足社会的要求，取得好的效益。也就是说，“全面质量管理”是指经营管理某一组织的一种方式，其目的是使全体成员持续地参加和协作，在符合社会需要的条件下，使用户满意，本组织长期盈利，成员也受益。

中国质量管理协会在《质量管理名词术语》（1982 年）中，对全面质量管理的内涵有如下表述：全面质量管理是指“企业全体职工及有关部门同心协力，综合运用管理技术、专业技术和科学方法，经济的开发、研制、生产和销售用户满意产品的管理活动。”显然，它与国际标准的说法在本质上是一致的。

2.1.2.2　全面质量管理的特点

全面质量管理的特点是“三全”“一多样”，即：

（1）全面质量的管理。质量管理的对象不限于狭义的产品质量，而是扩大到工作质量、一切质量，即广义的质量。即不仅要保证产品质量，还要保证低消耗、低成本、按期交货、服务质量等，以及对质量管理的各项工作质量实行全面的综合管理。

（2）全过程的管理。全过程包括从市场调查、设计、生产、销售，直至售后服务等过程的质量管理。产品质量有一个产生、形成和实现的过程，要保证产品质量，不仅要搞好生产制造过程的质量管理，还要搞好设计过程和使用过程的质量管理。对产品质量形成的全过程各个环节加以管理，形成一个综合性的质量管理工作体系。做到以防为主，防检结合，重在提高。

通常认为，影响质量的因素有人员、机器、材料、方法、环境，简称人、机、物、法、环。“4M”指 Man（人员），Machine（机器），Material（材料），Method（方法），指工作中要充分考虑人、机、物、法这四个方面因素，“1E”：Environments（环境），合称 4M1E 法，也就是人、机、物、法、环现场管理五大要素，如图 2-1 所示。

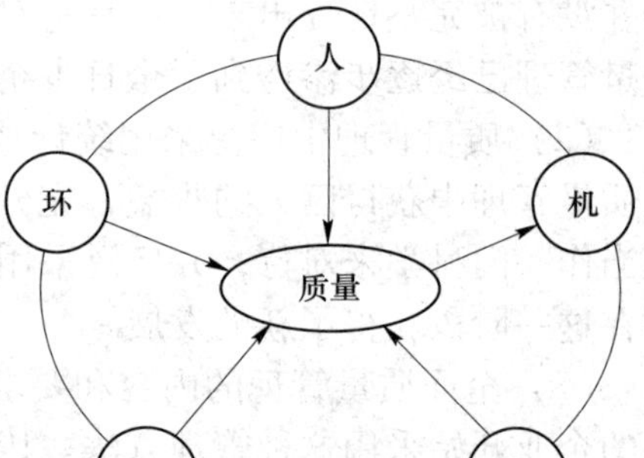

图 2-1　影响产品质量的五大因素

为了保证和提高产品质量，既要管理好生产过程，还必须管理好设计和使用的过程，要把所有影响质量的环节和因素控制起来，形成综合性的质量体系。因此，全面质量管理不仅要求有全面的质量概念，还需要进行全过程的质量管理，并强调全员参与。

（3）全员参加的管理。质量管理的全员性、群众性，是科学质量管理的客观要求。工业产品质量的好坏，是许多生产环节和各项管理工作的综合反映。企业任何一个环节、任何一个人的工作质量，都会不同程度地直接或间接地影响产品质量。因此可以说，质量第一，人人有责。企业要通过质量责任制将质量方针落实到全体职工，企业从厂长、技术人员、经营管理人员一直到每个工人，以及所有部门，人人都要为保证和提高产品质量努力。

（4）质量管理方法多样化。全面、综合地运用多种多样的方法进行质量管理，是科学质量管理的客观要求。随着现代化大生产和科学技术的发展，以及生产规模的扩大和生产效率的提高，对产品质量也提出了越来越高的要求。影响产品质量的因素也越来越复杂，既有物质因素，又有人的因素；既有生产技术因素，又有管理的因素；既有企业内部的因素，又有企业外部的因素。要把如此众多的影响因素系统地控制起来，统筹管理，单靠数理统计一两种方法是不可能实现的，必须根据不同情况，区别不同的影响因素，灵活运用各种现代化管理方法和措施加以综合治理。

全面质量管理的特点如图 2-2 所示。

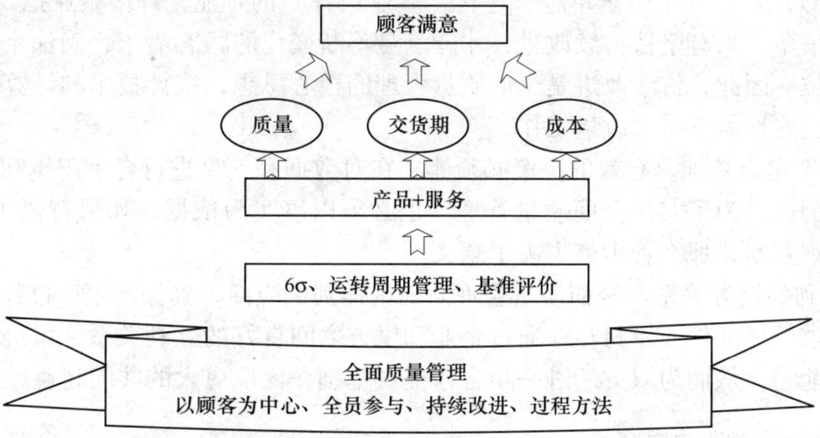


图 2-2 全面质量管理的特点

### 2.1.3 全面质量管理的原则

(1) 以顾客为中心。企业必须依赖于顾客才能得以生存和发展，顾客的需求是企业存在的源头和动力。全面质量管理强调以顾客为关注焦点，以顾客满意为宗旨，根据顾客的需要来确定质量标准，在最经济的水平上最大限度地向顾客提供满意的产品和服务。

在竞争日益残酷的当今社会，要想在竞争中立于不败之地，唯有从顾客的角度分析需求，以顾客的观点评价产品，使顾客完全满意，进一步促进顾客忠诚度的培养和巩固。

顾客所购买的不是产品和服务本身，而是其效用和价值，企业所能做的就是达到并且超出顾客的需求。如果在一次交易中，顾客的需求没有得到满足，那么，企业就增加了一个不满意顾客。不满意顾客有可能成为对企业产品或服务不满意的扩散源，影响企业的声誉和效益。

(2) 领导的作用。全面质量管理实施的重要前提是企业的决策层必须对质量管理给予足够的重视。企业最高管理层所做的决策关系到企业的生死存亡，决策层所做的努力对于建立和完善质量体系至关重要。他们要为企业树立一个长期的质量目标，确定质量战略和质量保证模式，为员工树立一个核心质量观，制定有助于质量管理能力开发和增强的方针政策，有效地协调各部门的工作，努力推动持续改进。

(3) 全员参与。人力资本是企业资源与能力的共生体，他们拥有的知识和技能是进行企业管理活动的重要财富。全面质量管理强调全员参与，要求充分授权给员工，在组织内部发扬团队精神，共同承担起质量责任。

（4）过程方法。全面质量管理将所有相关资源和活动都作为一个过程来进行管理。PDCA 循环实际上就体现了一个完整的质量管理过程。因此必须将注意力集中到产品生产和质量管理的全过程。

（5）系统管理。全面质量管理认为质量管理是一个系统工程，它贯穿于产品价值创造、管理、支持等过程，每一个环节对于质量的产生、形成和实现都是不可或缺的。企业应通过建立体系，运用有效的过程方法对全方位、全过程进行管理和监控，并且能够确保具体操作的可行性。

（6）持续改进。为了追求卓越，建立“基业长青”的企业，许多企业把“持续改进”作为自己的信条。只有坚持持续改进，才能满足不断变化的顾客需求，确保企业核心竞争力的领先地位。因此，持续改进是全面质量管理的核心思想，统计技术和计算机技术的应用正是为了更好地做好持续改进工作。

（7）以事实为基础。有效的决策必须建立在对数据和信息进行合乎逻辑和直观的分析的基础上，因此，为了实行全面质量管理，也必须以事实为依据，如果背离了事实依据，单纯依靠主观判断，那么管理就失去了意义。

（8）互利的供方关系。全面质量管理向前延伸到供应商，确保其生产过程中能够用到符合企业要求的零部件或原材料。通过企业和供方之间良好的互利关系，增进了两个组织创造价值的能力，从而为双方的进一步合作提供基础，谋取更大的共同利益。

### 2.1.4 全面质量管理的内容

全面质量管理过程的全面性，决定了全面质量管理的内容应当包括设计过程、制造过程、辅助过程、使用过程等四个过程的质量管理。

（1）设计过程质量管理的内容。产品设计过程的质量管理是全面质量管理的首要环节。这里所指设计过程，包括着市场调查、产品设计、工艺准备、试制和鉴定等过程（即产品正式投产前的全部技术准备过程）。主要工作内容包括通过市场调查研究，根据用户要求、科技情报与企业的经营目标，制定产品质量目标；组织有销售、使用、科研、设计、工艺、制度和质管等多部门参加的审查和验证，确定适合的设计方案；保证技术文件的质量；做好标准化的审查工作；督促遵守设计试制的工作程序，等等。

（2）制造过程的质量管理的内容。制造过程，是指对产品直接进行加工的过程。它是产品质量形成的基础，是企业质量管理的基本环节。它的基本任务是保证产品的制造质量，建立一个能够稳定生产合格品和优质品的生产系统。主要工作内容包括组织质量检验工作；组织和促进文明生产；组织质量分析，掌握质量动态；组织工序的质量控制，建立管理点，等等。

（3）辅助过程质量管理的内容。辅助过程，是指为保证制造过程正常进行而提供各种物资技术条件的过程。它包括物资采购供应，动力生产，设备维修，工具制造，仓库保管，运输服务等。它主要内容有：做好物资采购供应（包括外协准备）的质量管理，保证采购质量，严格入库物资的检查验收，按质、按量、按期提供生产所需要的各种物资（包括原材料、辅助材料、燃料等）；组织好设备维修工作，保持设备良好的技术状态；做好工具制造和供应的质量管理工作等。另一方面，企业物资采购的质量管理也将日益显得重要。

（4）使用过程质量管理的内容。使用过程是考验产品实际质量的过程，它是企业内部质量管理的继续，也是全面质量管理的出发点和落脚点。这一过程质量管理的基本任务是提高服务质量（包括售前服务和售后服务），保证产品的实际使用效果，不断促使企业研究和改进产品质量。它主要的工作内容有：开展技术服务工作，处理出厂产品质量问题；调查产品使用效果和用户要求。

### 2.1.5 全面质量管理的实施

#### 2.1.5.1 实施全面质量管理的方法

一般认为实施全面质量管理的方法包括以下四个方面。

（1）找出顾客所希望要的；

（2）设计符合顾客需要的产品或服务；

（3）预防容易发生错误之处，这可称为“防呆”；

（4）持续追踪结果。

#### 2.1.5.2 实施全面质量管理的关键要素

全面质量管理涉及要素众多，较为关键的要素包括以下八个方面：

（1）持续改善：持续设法改善所有与生产过程有关的因素，包括设备、方法、物料与人员等方面。

（2）建立标杆：找出其他在某方面表现最好的组织，研究和学习其方法，以改善自己的作业。

（3）授权：充分赋予员工改善的责任及进行改变的权利。

（4）团队：让员工参与和合作，采用团队来解决问题。

（5）收集和分析数据来做决策。

（6）供应商质量：将供应商纳入质量保证与质量改善之中。

（7）源头质量：使每位员工负责自己的工作质量，即每位员工是自己工作的质量检验者。

（8）和供应商维持一种长期的伙伴关系：也期望供应商提供源头质量，以减少或去除供应商的交货检验。

#### 2.1.5.3 全面质量管理的推行步骤

全面质量管理在具体推行过程中，我们可以从以下几个步骤来实施：

步骤一：搞好培训教育。使企业员工牢固树立“质量第一”和“顾客第一”的思想，制造良好的企业文化氛围，采取切实行动，改变企业文化和管理形态。

步骤二：制订企业人、事、物及环境的各种标准。这样才能在企业运作过程中衡量资源的有效性和高效性。

步骤三：推动全员参与，对全过程进行质量控制与管理。以人为本，充分调动各级人员的积极性，推动全员参与。只有全体员工的充分参与，才能使他们的才干为企业带来收益，才能够真正实现对企业全过程进行质量控制与管理。并且确保企业在推行 TQM 过程中，采用了系统化的方法进行管理。

步骤四：做好计量工作。计量工作包括测试、化验、分析、检测等，是保证计量的量值准确和统一，确保技术标准的贯彻执行的重要方法和手段。

步骤五：做好质量信息工作。企业根据自身的需要，应当建立相应的信息系统，并建立相应的数据库。

步骤六：建立质量责任制，设立专门质量管理机构。全面质量管理的推行要求企业员工自上而下地严格执行。从一把手开始，逐步向下实施；TQM 的推行必须要获得企业一把手的支持与领导，否则难以长期推行。

### 2.1.6　案例分析

**【例 2-1】**　海尔集团应用全面质量管理的案例分析。

1985 年 12 月的一天，时任青岛海尔电冰箱总厂厂长的张瑞敏收到一封用户来信，反映工厂生产的电冰箱有质量问题。张瑞敏带领管理人员检查了仓库，发现仓库的 400 多台冰箱中有 76 台不合格。张瑞敏随即召集全体员工到仓库开现场会，问大家怎么办？

当时多数人提出，这些冰箱是外观划伤，并不影响使用，建议作为福利便宜点儿卖给内部职工。而张瑞敏却说："我要是允许把这 76 台冰箱卖了，就等于允许明天再生产 760 台、7600 台这样的不合格冰箱。放行这些有缺陷的产品，就谈不上质量意识。"他宣布，把这些不合格的冰箱要全部砸掉，谁干的谁来砸，并抡起大锤亲手砸了第一锤。

砸冰箱砸醒了海尔人的质量意识，砸出了海尔"要么不干，要干就要争第一"的精神。在 1988 年的全国冰箱评比中，海尔冰箱以最高分获得中国电冰箱史上的第一枚金牌。在海尔的发展中，质量始终是海尔品牌的根本。如今，海尔冰箱已经成为世界冰箱行业中销量排名第一的品牌，海尔集团已经成长为世界第 4 大白色家电制造商。

从起步开始，海尔就实施了一种全面质量管理的驱动战略。简而言之，它的目标是要成为一个高质量的组织，干出高质量的工作，生产高质量的产品。以"零缺陷"为目标使质量百分之百合格。多数人认为这是荒诞的，但实际上，并不能这么轻易下判断。从统计学的观点来说，"零缺陷"是没有道理的，在大公司里，根据大数定律，总会有残次品的出现。但是从另一方面来看，如果不为百分之百而奋斗，那就是容忍错误，而错误也真的会发生。因此，海尔集团对全体员工进行了全面质量管理重要性的教育，使全面质量管理深入人心，增强每个员工的责任感。

海尔的做法是把质量的认同扩大到企业，即所谓"产品质量就是企业生命"。因此，海尔对上至企业管理层下至工厂里的生产线都进行了全面质量管理。首先提高对生产线的改进，使内部缺陷成本降到最低；并努力做好售后服务。其次是协调各部门的组织协作能力，全面质量管理重在"全面"，各部门协调就显得非常重要了。消费者对海尔人 20 多年来艰苦卓绝树立的海尔质量品牌具有深刻的形象认识，对其质量产生一致的认同，并以企业树立的良好质量形象作为购买依据，从而给海尔带来了综合效益。如今，"海尔"已经成为纯正的"中国造"精品的代名词，并以"产品零缺陷、使用零抱怨、服务零烦恼"的特色向全球展示自己的风采。

## 2.2　持续质量改进

质量改进是质量管理的一部分，它致力于增强满足质量要求的能力。当质量改进是渐进的并且组织积极寻找改进机会时，通常称为“持续质量改进”。质量改进的最终效果是获得比原来目标高得多的产品（或服务）。

### 2.2.1 质量改进的概念

质量改进（Quality Improvement），是为向本组织及其顾客提供增值效益，在整个组织范围内所采取的提高活动和过程的效果与效率的措施。质量改进是消除系统性的问题，对现有的质量水平在控制的基础上加以提高，使质量达到一个新水平、新高度。

### 2.2.2 质量改进的重要性

（1）质量改进具有很高的投资收益率。

（2）可以促进新产品开发、改进产品性能，延长产品的寿命周期。

（3）通过对产品设计和生产工艺的改进，更加合理、有效地使用资金和技术力量，充分挖掘企业潜力。

（4）提高产品制造质量，减少不合格品的产生，实现增产、增效的目的。

（5）通过提高产品的适用性，从而提高企业产品的市场竞争力。

（6）有利于发挥企业各部门的质量职能，提高工作质量，为产品质量提供强有力的保证。

### 2.2.3 质量改进的过程

质量改进可应用于生产经营活动所有过程，要按照一定规则进行，否则会影响改进成效，甚至会徒劳无功。质量改进的基本过程是 PDCA 模式（大环套小环不断上升的循环）。

（1）选择课题。企业需要改进的问题会有很多，一般有质量、成本、交货期、安全、激励、环境六方面，选择课题时通常也围绕这六方面来选。

（2）掌握现状。质量改进的课题确定后，就要了解把握当前问题的现状。

（3）分析问题原因。摸清现状后，应分析问题产生的原因。

（4）拟定对策并实施。原因分析出来后，就要制定对策，加以实施。对策一定要消除引起结果的原因，防止再发生。

（5）确认效果。对质量改进的效果要正确确认，确认的失误会误认为问题已经得到解决，从而导致问题再次发生。反之，也可能导致对质量改进的成果视而不见，从而挫伤了持续改进的积极性。

（6）标准化。对质量改进有效的措施，要进行标准化，纳入质量文件，以防止同样的问题再次发生。

（7）总结。对改进效果不显著的措施及改进实施过程中出现的问题，要予以总结，为开展新一轮的质量改进活动提供依据。

质量改进具体流程如图 2-3 所示。

### 2.2.4 QC 小组

“QC 小组”是“质量管理小组”的简称，也可用“QCC”表示，是员工参与全面质量管理的一种非常重要的组织形式。开展 QC 小组活动能够体现现代化管理以人为本的思

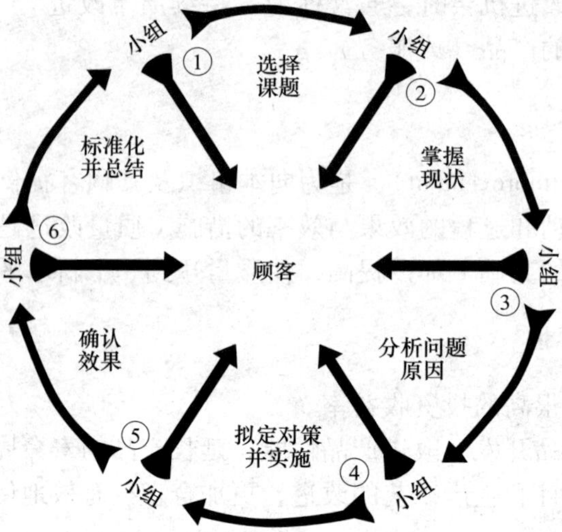


图 2-3　质量改进流程

想，调动全体员工参与质量管理、质量改进的积极性和创造性，可以为企业提高质量、降低成本、创造效益；通过小组成员共同学习、互相切磋，有助于提高员工的素质，塑造充满生机和活力的企业文化。

2.2.4.1　QC 小组的概念

在生产或工作岗位上从事各种劳动的员工，围绕企业的经营战略、方针目标和现场存在的问题，以改进质量、降低消耗、提高人的素质和经济效益为目的组织起来，运用质量管理的理论和方法开展活动的小组，可统称为 QC 小组。

QC 小组是企业中群众性质量管理活动的一种有效的组织形式，是员工参加企业民主管理的经验同现代科学管理方法相结合的产物。

2.2.4.2　QC 小组的特点

(1) 明显的自主性。QC 小组是以职工自愿参加为基础，实行自主管理、自我教育、互相启发、共同提高，充分发挥小组成员的个人潜能和创造性。

(2) 广泛的群众性。QC 小组是吸引全员参加质量管理的有效组织形式，除包括高层领导在内的管理者、技术人员外，更容易吸引在生产、服务第一线的操作人员参加。

(3) 高度的民主性。QC 小组组长可以民主推选，也可由小组成员轮流担任，人人都有发挥聪明才智和锻炼成长的机会，QC 小组内部讨论时，小组成员间是平等的，不分职位与技术等级高低，各抒己见，互相启发，集思广益，保证既定目标实现。

(4) 严密的科学性。QC 小组要遵循 PDCA 的工作程序，运用 TQM 的理论和方法开展活动，步步深入地分析问题、解决问题，坚持用数据说话，而不是凭个人经验。

2.2.4.3　QC 小组的类型

由于企业的特点与情况不同，以及企业内部各部门的生产、工作性质不同，主要有下列四种类型：

(1) 攻关型。多数以跨部门的“三结合”的形式为主，这种以工人、工程技术人员、干部“三结合”组成的小组，人员搭配、知识互补，效果明显，值得提倡。

（2）现场型。现场型QC小组以改进现场存在的问题为课题，以生产班组的操作工人为主体组成。它一般选择的活动课题较小，难度不大，小组成员所能及，活动周期较短，较易出成果。

（3）管理型。这主要是由计划、财务、供应、政工、后勤等各专业部门组成的，以改善或提高工作质量为目的的小组，这种形式也应大力发展。

（4）服务型。服务型QC小组由从事服务工作的职工组成，以推动服务工作标准化、程序化、科学化，提高服务质量和经济、社会效益为目的。一般活动课题不大，活动时间不长，见效较快。其社会效益往往比经济效益明显。

不同类型的小组可以由不同的人员组成。对班组岗位的质量管理小组来说，基本上以工人为主，同时考虑到每个人的爱好、兴趣、志向，并且相互关系要融洽，以利于统一活动。对车间部门级的质量管理小组，可以实行领导干部、工程技术人员和工人“三结合”，以利于指导和协调。对联合攻关型的质量管理小组，一般也是采取“三结合”的形式，但是更要充分发挥工程技术人员的作用，以利于尽快取得成果。质量管理小组的人数以3~10人为宜。

2.2.4.4 QC小组活动的方法和程序

A QC小组活动遵循的原则

（1）遵循PDCA循环。通常所说的QC小组活动的“四个阶段，八个步骤”的四个阶段就是指PDCA。P（计划）阶段包含4个步骤，即找出存在的问题，分析产生问题的原因，确定主要原因，制定对策措施；D（执行）阶段为1个步骤，即实施制定的对策；C（确认）阶段为1个步骤，即检查确认活动的成效；A（处置）阶段包含2个步骤，即制定巩固措施，防止问题再次发生；提出遗留问题及下步打算。

（2）以事实为依据，用数据说话。QC小组活动过程中的课题确定、目标制定、问题分析、要因确认、对策措施的制定和效果评价等，都要有证据来说明，而所提供的证据必须是客观存在、经得起检验和推敲的事实和数据。

（3）应用统计方法和其他多种工具方法。

B QC小组活动的程序

QC小组活动的程序如图2-4所示。

### 2.2.5 案例分析

**【例2-2】** 打造“零缺陷”质量管理体系。

2016年3月29日，中国质量领域最高政府性荣誉“中国质量奖”颁奖仪式在人民大会堂举行，华为公司获得了该奖项制造领域第一名的殊荣。这其中的秘密是什么呢？

无止境：零缺陷跟随客户导向而不断完善。

从流程管理，到标准量化，而后是质量文化和零缺陷管理，再到后来的以客户体验为导向的闭环，华为质量管理体系可跟随客户的发展而逐渐完善的，在这一过程中还特别借鉴了日本、德国的质量文化，与华为的实际相结合，建设尊重规则流程、一次把事情做对、持续改进的质量文化。

华为公司有着复杂的业务线条，质量体系也相当复杂，由文化与机制两部分相辅相成

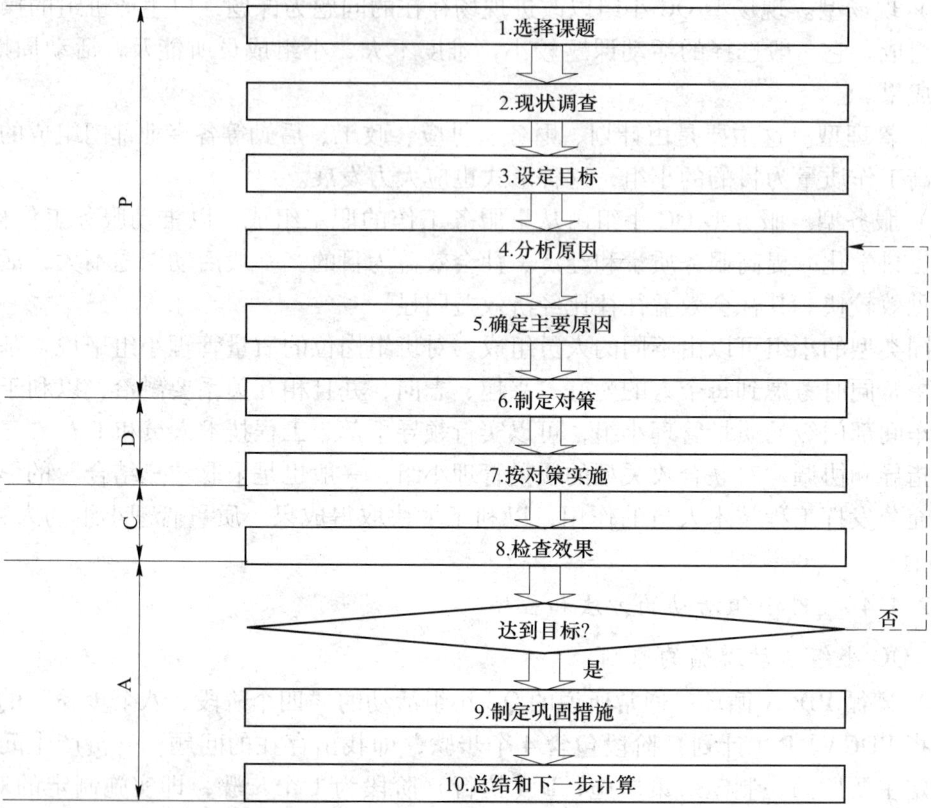


图 2-4 QC 小组活动的程序

并且互为支撑，很难用一张完整的架构图来说明华为公司的质量体系。用 Mars 的话说：质量不是独立的，是一种结果。要达成产品的质量，需要每一个人的工作质量去保证。如果只是一个独立的组织作为监管方去抓质量，肯定是抓不好的。

在这样的体系内，每个人都对最终的质量有贡献。质量与业务不是两张皮，而是融在产品开发、生产以及销售、服务的全过程中。“所以，华为公司的质量管理是融入在各个部门的工作流程中去开展的。”

华为公司 2010 年建立了一个特别的组织：客户满意与质量管理委员会（英文简称：CSQC）。这个组织作为一个虚拟化的组织存在于公司的各个层级当中。在公司层面，由公司的轮值 CEO 亲任 CSQC 的主任，而下面各个层级也都有相应的责任人。“这样，保证我们每一层级的组织对质量都有深刻的理解，知道客户的诉求，把客户最关心的东西变成我们改进的动力。”

公司技术零缺陷，第一次就把事情做对。

零缺陷观念意味着质量是完完全全的符合要求，而不是浪费时间去算计某个瑕疵的可能危害能否容忍，其核心就是“第一次就把事情做对”，并且是在所有环节上都要第一次就把事情做对。

对公司来讲，就是每一个层级都要把事情做对。华为公司认为这需要分层分解，全员参与：在公司层面需要有明确的目标牵引，在管理层要有明确的责任，在员工层面要有全体参与的意愿和能力。

在公司的最高层，每年轮值CEO都会设定质量目标，实行目标牵引。轮值CEO设定目标的原则是：如果质量没有做到业界最好，那么就把目标设为业界最好，尽快改进。如果已经达到业界最好，那每年还要以不低于20%的速度去改进。华为公司2001年就引入盖洛普每年对客户进行调查，并对质量打分，这个分数成为第二年设定目标的基数。

从管理层来讲，在不同的产品体系里每年都会对管理者做质量排名，排名靠后的主管要问责。这一规划每年都坚定执行，促进后进的主管，让每个主管都尽最大的力量往前跑，让管理层真正起到带头作用。

在员工层面，华为公司强调全员参与。全员参与有两个层面的问题要解决：一是意愿，二是能力。从意愿上，华为公司会设定考核目标，将质量作为员工考核的重要项目，同时也会设定很多奖项对质量方面表现突出的员工实施奖励。从能力上，公司引进很多先进的管理方式，员工都要经过必要的培训，为全体员工提供提高质量的方法和工具，以保证每一个人都有能力去参与。

具体总结华为公司的质量文化，就是将“一次把事情做对”和“持续改进”有机结合起来，在“一次把事情做对”的基础上“持续改进”。

## 2.3 5S现场管理

### 2.3.1 5S的来源及发展

5S起源于日本，是指在生产现场中对人员、设备、材料、方法等生产要素进行有效的管理。它针对企业中每位员工的日常行为方面提出要求，倡导从小事做起，力求使每位员工都养成事事“讲究”的习惯，从而达到提高整体工作质量的目的。5S是日式企业独特的一种管理方法。1905年，日本劳动安全协会提出“安全始于整理整顿，而终于整理整顿”的宣传口号，当时只推行了5S中的整理、整顿，目的在于确保生产安全和作业空间，后来因生产管理的需求及水准的提升，才继续增加了其余3个S，即“清扫、清洁、素养”，从而形成目前广泛推行的5S架构，也使其重点由环境品质扩及至人的行为品质，在安全、卫生、效率、品质及成本方面得到较大改善。

日本企业将5S活动作为工厂管理的基础，推行各种质量管理手法，使“二战”后产品质量得以迅速提高，从而奠定了经济大国的地位。而在日本最有名的就是丰田公司倡导推行的5S，由于5S对于塑造企业形象、降低成本、准时交货、安全生产、高度的标准化、创造令人心怡的工作场所等现场改善的巨大作用。20世纪90年代后期，东南亚发生了波及整个世界的严重金融危机，世界经济萧条，国际贸易剧减，依靠对外出口的生产企业普遍开工不足，导致大批企业破产。但日本企业却在这一段时间里苦修内功，通过培训员工，系统导入5S管理等措施，强化了企业内部管理，增强了企业的抗风险能力，提高了整个企业大生产性，渡过了世界性的经济危机。在经济复苏后，日本企业迅速迸发出了强大的生命力。5S管理手法也随着日本企业大成功得到了全世界的关注和研究，并当作日本企业的成功经验为世界各国所大力推广。5S现已成为工厂管理的一股新潮流。

### 2.3.2 5S 的含义

5S 现场管理法，现代企业管理模式，5S 即整理（SEIRI）、整顿（SEITON）、清扫（SEISO）、清洁（SEIKETSU）、素养（SHITSUKE）。因日语的罗马拼音均以“S”开头，所以简称 5S。

（1）整理。整理就是把工作现场的所有物品，分为“要的”和“不要的”，要的东西摆在指定位置挂牌明示，实行目标管理；不要的东西则坚决处理掉，“可能会用的”则暂时放置于货仓或储存室。区分“要”与“不要”的标准是“现使用价值”而不是“原购买价值”，这是改善工作现场的第一步。整理的目的是改善和增加作业面积，减少磕碰的机会，保障安全，提高质量，消除管理上的混放、混料等差错事故，有利于最大限度的减少库存，节约资金，改变工作作风，提高工作情绪。

（2）整顿。整顿就是人和物放置方法的标准化，把所有物品在恰当的时间放在恰当的地方，使工作场所一目了然，消除寻找物品的时间。整顿，是提高工作效率的基础。整顿的关键是做到定位、定品、定量、定责，除必需物品放在能够立即取到的位置外，一切乱堆乱放、暂时不需放置而又无特别说明的东西，均应受到现场管理的责任追究。为使工作现场看上去井井有条，有必要在地板上标出通道线和分界线。为提高空间利用率，应在 5W 和 1H 的基础上，对每项物品提出这些问题，并定期采取时间研究方法。

（3）清扫。清扫就是将工作场所、环境、仪器设备、材料、工模夹量具等的灰尘、污垢、碎屑、泥沙等脏东西清扫抹拭干净，设备异常时马上维修，使之恢复正常。创造一个一尘不染的环境，所有人员都应一起来执行这个工作。清扫的目的是稳定产品品质，减少工业伤害，确保安全生产。清扫活动的重点是必须确定清扫对象、清扫人员、清扫方法、准备清扫器具、实施清扫的步骤实施，并且定期实施。5S 管理就是要寻求达到无尘埃和污垢，消除在关键监察点的微小瑕疵和斑点。

（4）清洁。清洁就是要不断地、重复地、保持整洁和干净，形成制度和习惯，以巩固整理、整顿、清扫的成果。其目的是维持清扫之后的场区整洁美观，营造员工舒适的工作环境，培养员工的清洁意识与行为习惯，增强员工做好工作的信心。

（5）素养。素养就是通过上述 4S 活动使每位员工养成严格执行各项规章制度、工作程序和作业标准的良好习惯和作风，培养员工积极工作、主动负责和爱岗敬业的品质，这是 5S 活动的核心。素养的目的是培养好习惯，打造好团队。5S 管理始于素质，也终于素质。

### 2.3.3 5S 之间的关系

5S 不是各自独立、互不相关的，它们之间是相辅相成、缺一不可的关系。整理是整顿的基础，整顿是整理的巩固，清扫显现整理、整顿的效果，而通过清洁和素养在企业形成整体的改善氛围。而且 5S 活动在推进过程中是逐一推进的。以整理为基础然后推进整顿，在做好整顿后在进行清扫，清洁就建立在完成好清扫的基础上，最后在前四个 S 完成后自然就推进到了第五个 S，也就是 5S 的最高境界及最终目标，如图 2-5 所示。

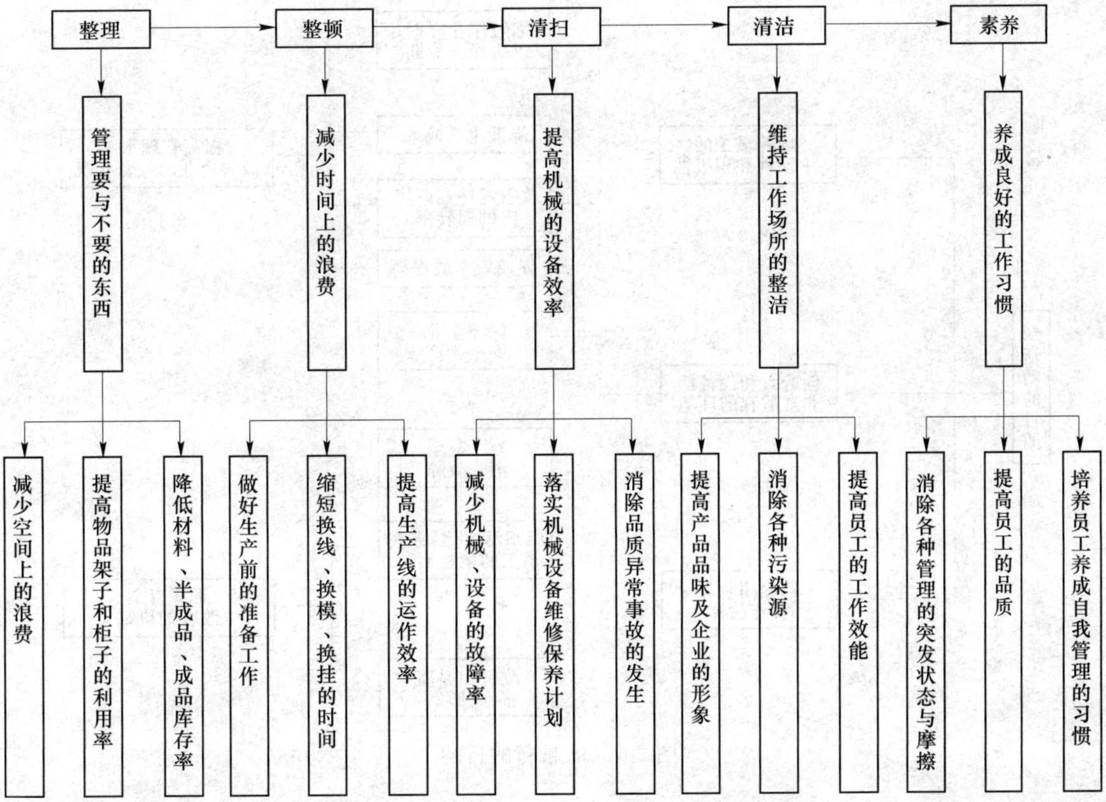


图 2-5 5S之间关系

### 2.3.4 5S推行的目的

5S倡导优雅的工作环境，良好的工作次序，严明的工作纪律，它是提高工作效率、生产高质量产品、减少浪费、节约成本以及确保安全生产的基本要求，推行5S管理主要有以下目的，如图2-6所示。

（1）改善和提高企业形象；

（2）促成效率的提高；

（3）改善零件在库周转率；

（4）减少直至消除故障，保障品质；

（5）保障企业安全生产；

（6）降低生产成本；

（7）改善员工精神面貌，使组织活力化；

（8）缩短作业周期，确保交货期。

### 2.3.5 5S的发展

随着管理的不断完善和精细，5S管理的内容也不断地被扩充，已经逐步发展到13S，即在5S的基础上增加安全、节约、服务、满意、坚持、共享、效率、学习。

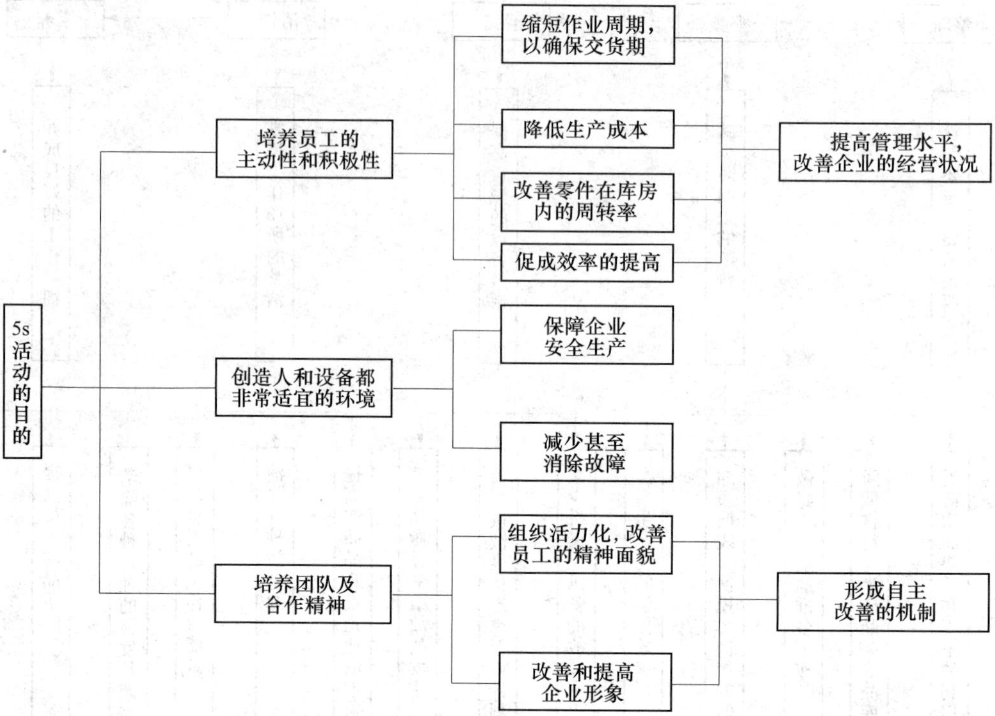


图 2-6　5S 推行的目的

（1）安全。清除隐患，排除险情，预防事故的发生，确保工作生产安全，关爱生命以人为本，严格按照规章流程工作，确保客人、员工及设备的安全。目的是保障员工的人身安全，保证工作的连续安全正常地进行，同时减少因安全事故而带来的经济损失。

（2）节约。勤俭节约，爱护公司公物；以公司为家，共同发展。对时间、空间、能源等方面合理利用，以发挥它们的最大效能，从而创造一个高效率的，物尽其用的工作场所。实施时秉持三个观念：能用的东西尽可能利用；以自己就是主人的心态对待企业的资源；切勿随意丢弃，丢弃前要思考其剩余之使用价值。节约是对整理工作的补充和指导。

（3）服务。强化服务意识，倡导奉献精神，为集体（或个人）的利益或为事业工作，服务与你有关的同事、客户。

（4）满意。追求完美，做到同事满意和客户满意。

（5）坚持。不管是对个人还是企业，在之前所做的一系列管理只是一个过程，而一个企业在运作中或是个人在成长发展的过程中，需在不间断的持续性的去保持这种管理方式，才能保持不间断的竞争力，而不是一蹴而就。因此，坚持是管理中的一项重要的因素。目的是在保持之前的管理成果，在不断发展过程中，都会出现不同的情况需要去处理解决，只有坚持之前的管理方法，才能持续保持企业的管理质量。

（6）共享。社会在发展进步中，不断地出现各种不同的竞争与环境，需要企业或是个人去面对，但个人的能力、企业的管理会因各种因素出现限制，在这种情况下，最快的解决方法就是共享。一个人是无法完成所有的事情，也没办法学到所有的知识，一个企业再强大，也总有其薄弱的一环，也会受到各种的限制；与人共享，能达到互补，达到互利，制造共赢。目的是互补知识面与技术面的薄弱，互补能力的缺陷，提升公司整体的竞争力与应变能力。

（7）效率。以最少的投入换取最大的效能。

（8）学习。员工的成长也就是公司的成长，成长的过程需要不断地去学习，学习各种新的技能技巧，才能不断去的满足公司发展的需求。通过学习，能让员工得到更好的提升空间。目的在于让员工能更好的发展，从而注入企业新的动力去应对未来可能存在的竞争与变化。

### 2.3.6 案例分析

**【例2-3】** 辽宁铁岭钢水包倾覆特大事故。

2007年4月18日7时53分，辽宁省铁岭市清河特殊钢有限公司发生一起钢水包倾覆特大事故，造成32人死亡，6人重伤，直接经济损失866.2万元。

（1）企业概况。辽宁省铁岭市清河特殊钢有限公司成立于2005年5月，是一家以民营资本为主的股份制企业，法人代表为高峰。该公司位于铁岭市清河区向阳街，注册资金800万元，其中高峰个人出资600万元，控股75%；铁岭市清河区国有资产管理局出资200万元，持股25%。

清河特殊钢有限公司炼钢车间于2006年9月投产，生产规模为年产钢14万吨，主要产品包括轴承钢、模具钢、易切钢、不锈钢等100多个钢号的锻造用钢锭。主要工艺流程为：30t EBT电弧炉→LF钢包炉→VD真空炉→铸锭→退火→精整。炼钢厂房内的主要设备有：长春电炉厂生产的EBT电弧炉和LF钢包炉各一座；西安秦翔科技公司生产的VD真空炉一座；80t、50t、30t、10t电动双梁桥式起重机各一台；12t电动双梁桥式起重机2台。

事故所在的炼钢车间下设甲、乙、丙3个工段和独立的机械、电气检修班组，3个工段实行三班两倒，每个工段连续工作12h。4月18日事故发生时，丙工段当班，甲工段准备接班。

（2）事故经过。当钢水包位于浇注台车上方，包底距地面约5.5m，开始下行作业时，由于电气控制系统故障，驱动电动机处于失电状态，而制动器仍通电打开，重达60t的钢水包失去控制，迅速下坠，高速转动的电动机和传动系统发出异常声响。当司机发现钢水包下降异常时，将操纵手柄打回零位，制动器开始抱闸，但由于制动力矩严重不足，钢水包下降惯性较大，导致钢水包继续失控下坠，在距地面约2.0m处，包底猛烈撞击浇注台车的框架梁。撞击后，浇注台车往东南方向偏移，钢水包往西偏北方向倾覆，包内近30t约1590℃钢水涌出，冲向约6.0m外的真空炉平台下方工具间，造成正在工具间内开班前会的30名接班工人和1名车间副主任当场死亡，当班作业人员中1人当场死亡，6人重伤。

（3）事故原因分析。

1）清河特殊钢有限公司的炼钢车间无正规工艺设计，未按要求选用冶金铸造专用起重机，违规在真空炉平台下方修建工具间，起重机安全管理混乱，起重机司机无特种作业人员操作证，车间作业现场混乱，制定的应急预案操作性不强。

2）班前会地点选择错误导致重大人员伤亡。

据调查，班前会地点原本是由立柱和 VD 真空炉平台构成的开放空间，2006 年 11 月在各立柱间砌起砖墙，形成房间，用作临时堆放杂物的工具间。该工具间离铸锭坑仅 7.0m、长期处于高温钢水危险范围之内，没有供人员紧急撤离的通道和出口，北面窗户又被墙外的多个铁柜挡住。2007 年春节后，各工段逐渐将此工具间作为班前会地点。钢水包倾覆后，正在工具间内开班前会的人员无法及时撤离，导致重大人员伤亡。

## 复习思考题

1. 影响质量的因素有哪些？
2. 全面质量管理的原则是什么？
3. QC 小组的类型有哪些？
4. 5S 的含义是什么？并举例说明。

# 3 质量管理工具

质量管理是通过管理来保证生产出用户满意的产品，为达到此目的就必须规定明确的质量特性，而用数据表示的质量特性最有说服力，最能反映事物的本质。没有数据就不能进行定量分析，更谈不上科学管理，通过数据的整理、分析和判断，从中找出质量的活动规律，并做出正确的判断，以达到控制和提高产品质量的目的。

## 3.1 数据处理

质量管理的目的就是通过管理来保证生产出用户满意的产品，为达到此目的就必须规定明确的质量特性，而用数据表示的质量特性最有说服力，最能反映事物的本质。没有数据就不能进行定量分析，更谈不上科学管理，全面质量管理尽可能使说明质量水平的事实数据化，通过数据的整理、分析和判断，从中找出质量的活动规律，并做出正确的判断，以达到控制和提高产品质量的目的。

### 3.1.1 数据的分类与概念

#### 3.1.1.1 数据的分类

数据按其性质和使用目的不同，可分为两大类，即计量值数据和计数值数据。

（1）计量值数据。计量值数据是可以连续取值的数据，通常是使用量具、仪器进行测量而取得的。如长度、温度、重量、时间等。对于长度，在 1~2mm 之间，就可以连续测出 1.1mm、1.2mm、1.3mm 等数值。

（2）计数值数据。计数值数据是不能连续取值的，只能以个数计算的数据。这类数据一般是不用量仪进行测量就可以“数”出来，它具有离散性。如不合格品数、铸件砂眼数、气孔数等。

计数值数据还可以细分为计件值数据和计点值数据。计件值数据是指按件计数的数据，如不合格品件数等；计点值数据是指按点计数的数据，如疵点数、单位缺陷数等。

#### 3.1.1.2 数据的概念

（1）总体和个体。总体是指研究对象的全体。研究对象可以是一批产品，一批零件，也可以是一道工序。构成总体的基本单位，叫做个体。这个基本单位又可叫做单位产品。单位产品有时可以很自然地划分出来，如果总体是一批电灯泡，那么其中的每只灯泡都可以看作一个个体。有些单位产品却不能自然地进行划分。例如，把一匹布作为一批产品，即叫做一个总体，那么这个总体的每个个体可以是 1m 布、10m 布或 20m 布，在这种情况下，个体的划分需要由具体问题而定。

总体中的每个个体肯定要与某一个（组）数值相对应，这是确定无疑的事实。这个数值就是每个个体的质量表征。如电阻元件与阻值、电灯泡与其使用寿命、1m 棉布与其上的疵点数等。由于这个数的具体取值因个体的不同而异，因此通常称它为随机变量，并记作 $X$。

（2）样本。从一批产品中抽取一部分进行检验，被抽取的这一部分单位产品的全体，就叫做一个样本。换句话说，样本就是从总体中抽取的一部分个体的全体。

例如，我们要了解即将出厂的一批螺钉的长度是否合格，现从中抽取 $n$ 个个体 $X_1$，$X_2$，…，$X_n$，我们就称：$\{X_1, X_2, \cdots, X_n\}$ 为总体的一个样本。这里的 $n$ 通常称为样本容量或样本大小；其中 $X_1$，$X_2$，…，$X_n$分别表示 $n$ 个螺钉的长度。$n$ 个螺钉被抽取后，客观上就有 $n$ 个长度与其对应。当长度未被测定，则都用随机变量表示。待具体测定它们的长度后，所得值记作：$\{x_1, x_2, \cdots, x_n\}$，称它为样本值。

样本中的每一个个体叫做一个样品。今后，如果说抽取了样本大小为 $n$ 的一个样本，实际上就是抽取了 $n$ 个样品，即抽取了 $n$ 个单位产品。如果在有限总体中，包含个体的总数 $N$，则常称 $N$ 为总体的批量。

上述总体、样本、数据间的关系，如图 3-1 所示。

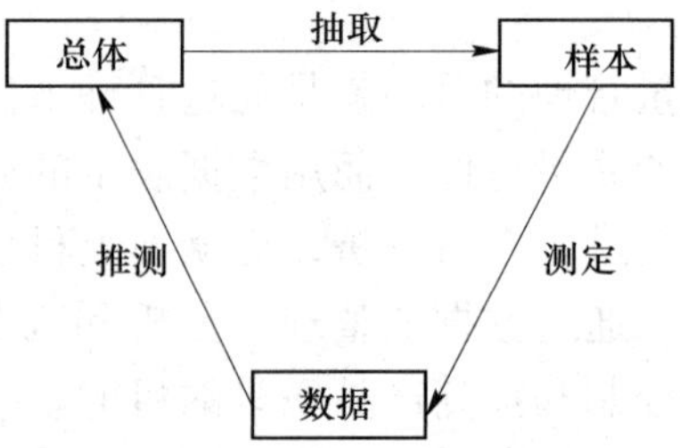


图 3-1 总体、样本、数据间的关系

### 3.1.2 数据的用途

数据的用途是由收集数据的目的来决定的。其用途可分以下几项。

（1）分析用数据。为掌握和分析现场质量情况而收集的数据。如：通过调查钢铁的化学成分来控制钢铁的质量；通过调查纺织厂纱条干 CV% 值来分析 CV%值的波动原因等。

收集这类数据，主要用于分析存在的问题，找出所要控制的影响因素，并确定各因素间的相互关系，为最后进行判断提供依据。

（2）管理用数据。为了掌握工序加工质量特性波动原因，用于对工序状态作出判断而收集的数据，即收集这类数据是为了对生产过程进行预防性控制和管理。每次从工序中抽取的数据个数不多，但却要多次抽取，此时要特别注意每组数据的次序不能混淆。

（3）检验用数据。对产品进行全数检验或抽样检验而收集的数据，即收集这方面的数据是为了对一批产品的质量进行评价和验收。一般说来，此时被研究的对象处于静止状态，常不强调数据搜集的先后次序，但要特别强调抽检数据的随机性，同时抽取的数据量要尽可能大些，以保证数据的代表性。

### 3.1.3 数据的收集

#### 3.1.3.1 数据收集的目的

（1）掌握和了解生产现状。如调查零件特性值的波动，推断生产状态；

（2）分析质量问题，找出产生问题的原因，以便找到问题的症结所在；

（3）对工序进行分析、调查，判断其是否稳定，以便采取措施；

（4）调节、调整生产。如测量电炉温度，然后使之达到规定的标准状态；

（5）对一批产品的质量进行评价和验收。

3.1.3.2 数据收集的方法

运用现代科学方法，开展质量管理，需要认真收集数据。在收集数据时，应当如实记录，根据不同的数据，选用合适的收集方法。在质量管理中，主要通过“抽样法”或“试验法”获得数据。

（1）抽样法。收集数据一般采用的是抽样方法，即先从一批产品（总体）中抽取一定数量的样品，然后经过测量或判断，作出质量检验结果的数据记录。

收集的数据应能客观地反映被调查对象的真实情况。因此对抽样总的要求是随机的抽取。即不挑不拣，使一批产品里每一件产品都有相等的机会被抽到。具体的抽样方案可见本书第5章。

（2）试验法。试验法是用来设计试验方案，分析试验结果的一种科学方法，它是数理统计学的一个重要分支。能在考察范围内以最少的试验次数和最合理的试验条件，取得最佳的试验结果，并根据试验所获得的数据，对产品或某一质量指标进行估计。

### 3.1.4 质量管理中常用的统计特征数

在质量管理中，对每一件产品的质量水平，需要考察和分析，而在很多情况下，更需要对一批产品的整体质量进行考查和分析。表示一批产品的质量情况或一组数据的数学性质的有关数据，通常称为统计特征数。

在质量管理中，一般把统计特征数分为两类：一类是表示数据集中位置的特征数，如平均值，中位数等；另一类是表示数据分散程度的特征数，如极差、标准偏差等。

（1）平均值（$\bar{x}$）。它表示数据集中位置最常用、最基本的特征数之一，常用符号$\bar{x}$表示。其计算公式为：

$$\bar{x} = \frac{x_1 + x_2 + x_3 + \cdots + x_n}{n} = \frac{1}{n}\sum_{i=1}^{n} x_i$$

式中 $\bar{x}$——样本均值；

$x_i$——第$i$个样品的测量值；

$n$——样本大小。

（2）中位数（$\tilde{x}$）。将一组数据从小到大顺序排列，位于中间位置的数叫中位数，常用符号$\tilde{x}$表示。

设一组数据从小到大依次排列，记为：$x_1$，$x_2$，…，$x_n$。其中，$x_1$为最小值，$x_n$为最大值，则中位数$\tilde{x}$的计算公式为：

当$n$为奇数时 $$\tilde{x} = x_{\left(\frac{n+1}{2}\right)}$$

当$n$为偶数时 $$\tilde{x} = \frac{1}{2}\left[x_{\left(\frac{n}{2}\right)} + x_{\left(\frac{n}{2}+1\right)}\right]$$

（3）极差（$R$）。极差是指一组数据中最大值与最小值之差，常用符号$R$表示。其计算公式为：

$$R = x_{\max} - x_{\min}$$

式中 $R$——极差；

$x_{max}$——最大测量值；

$x_{min}$——最小测量值。

极差 $R$ 是最简单的表示数据分散程度的特征数，比较直观，也容易求得，但由于没有充分利用数据组提供的信息，因此，反映数据分散程度的精度较差。

（4）方差与标准偏差。方差是一组数据中的每一个数值与平均值之差的平方和的平均值，通常记作 $s^2$，即

$$s^2 = \frac{1}{n}[(x_1 - \bar{x})^2 + (x_2 - \bar{x})^2 + \cdots + (x_n - \bar{x})^2] = \frac{1}{n}\sum_{i=1}^{n}(x_i - \bar{x})^2$$

式中，$x_1, x_2, x_3, \cdots, x_n$ 为一组样品值；$n$ 为样本大小；$\bar{x}$ 为样本均值。

标准差 $s$ 是方差 $s^2$ 的平方根，它的实际意义与方差完全一样，是反映一组数据离散程度的特征数。所不同的是，标准差 $s$ 的量纲与平均值的量纲完全一样，也和数据本身的量纲一样。标准差的计算公式为：

$$s = \sqrt{\frac{1}{n}\sum_{i=1}^{n}(x_i - \bar{x})^2}$$

方差和标准差也常定义为：

$$s^2 = \frac{1}{n-1}\sum_{i=1}^{n}(x_i - \bar{x})^2$$

$$s = \sqrt{\frac{1}{n-1}\sum_{i=1}^{n}(x_i - \bar{x})^2}$$

从上式可看出，标准差 $s$ 反映了数据的离散程度。由于它的计算利用了每个数据的值，所以它比极差 $R$ 能更精确地反映数据离散程度的实际情况。同时，标准差也客观上刻画了平均值代表性。如 $s$ 值大，$\bar{x}$ 代表性差；$s$ 值小，说明 $\bar{x}$ 的代表性好。即 $s$ 值反映一组数据以什么样的密集程度集中在平均值周围。$s$ 值大，数据密集程度低，离散程度大；$s$ 值小，数据密集程度高，离散程度小。所以，标准差在实际工作中应用十分广泛。

## 3.2 质量管理的常用工具

质量管理中所使用的工具有老工具和新工具，老七种工具分别为分层法、调查表法、排列图法、因果图法、散布图法、直方图法和控制图法。其中，控制图法我们将在第 4 章中学习。新七种工具分别为关联图、KJ 法、系统图、矩阵图、矩阵数据分析法、PDPC 法以及箭条图等，将在下一节中学习。

### 3.2.1 分层法

#### 3.2.1.1 分层法的概念

分层法又称为分类法，是质量管理中用来分析影响质量因素的重要方法。所谓分层法，就是把收集来的数据，根据一定的使用目的和要求，按其性质、来源、影响因素等进行分类整理，以便分析质量问题及其影响因素的一种方法。

分层的目的是将杂乱无章的数据和错综复杂的因素系统化和条理化，以便进行比较分析，找出主要的质量原因，并采取相应的技术措施。分层的依据和方法是根据问题的需要自由选择确定，但应掌握其基本要领。分层时，不能随意地分，而是要根据分层的目的，按照一定的标志加以区分，把性质相同、在同一条件下收集的数据归在一起。分层时，应使同一层内的数据在性质上差异尽可能小，而层与层间的差别尽可能大，这是做好分层的关键所在。

3.2.1.2 分层原则

在企业质量管理活动中，质量数据分层的标志多种多样，一般按以下原则进行。

(1) 时间：按不同的日期、不同的班次分层。

(2) 操作者：按男工、女工、新工人、老工人，男、女不同工龄，操作技术水平高低进行分层。

(3) 操作方法：按不同的工艺方法、不同的切屑用量、温度、压力等工作条件进行分层。

(4) 原材料：按不同的进料时间、不同的供料单位及不同的材料成分分层。

(5) 使用设备：按不同型号的设备、不同的工夹具、不同的新旧程度分层。

(6) 检测手段：按不同的测量仪器、不同的测量者分层。

(7) 产生废品的缺陷项目：按铸件的裂纹、气孔、缩孔、砂眼等缺陷项目分层。

(8) 其他分层：如按不同的工厂、不同的使用单位及不同的使用条件分层。

3.2.1.3 分层法的应用

分层法广泛应用于各行各业、各种生产类型的企业。分层法可以通过表格来表示，也可以通过图形来表示。

**【例 3-1】** 某厂生产汽车发动机，其中一道缸体装配工序是由王师傅、李师傅和张师傅三位师傅操作，已知三位师傅共装配 50 台，漏油 19 台，装配结果调查如表 3-1 所示。但无法判断哪位师傅的装配质量不合格，因此需要按操用者进行分层，从而针对每位师傅的原因采取相应的措施。所使用的汽缸垫是由两个制造厂提供的，因此按生产厂家分层，如表 3-2 所示。

**表 3-1 按操作者分层**

| 操作者 | 漏油 | 不漏油 | 漏油率/% |
|---|---|---|---|
| 小王 | 6 | 13 | 32 |
| 小李 | 3 | 9 | 25 |
| 小张 | 10 | 9 | 53 |
| 共计 | 19 | 31 | 38 |

**表 3-2 按生产厂家分层**

| 生产厂家 | 漏油 | 不漏油 | 漏油率/% |
|---|---|---|---|
| A 厂 | 9 | 14 | 39 |
| B 厂 | 10 | 17 | 37 |
| 共计 | 19 | 31 | 38 |

由表 3-1 和表 3-2 容易得出：为降低漏油率，应采用小李的操作方法并选用 B 厂的汽缸垫。但事实并不是这样，由表 3-3 可以看出，小李用 B 厂汽缸垫时，漏油率为 3/7 = 42.9%，因此这样的简单处理是有问题的。正确的方法是：（1）用 A 厂汽缸垫时，采取小李的操作方法；（2）用 B 厂汽缸垫时，采取小王的操作方法。这时漏油率都是 0%。

**表 3-3 按两种因素交叉分层**

| 操作者 | 漏油情况 | 汽缸垫 | | 合计 |
|---|---|---|---|---|
| | | A 厂 | B 厂 | |
| 小王 | 漏油 | 6 | 0 | 6 |
| | 不漏油 | 2 | 11 | 13 |
| 小李 | 漏油 | 0 | 3 | 3 |
| | 不漏油 | 5 | 4 | 9 |
| 小张 | 漏油 | 3 | 7 | 10 |
| | 不漏油 | 7 | 2 | 9 |
| 合计 | 漏油 | 9 | 10 | 19 |
| | 不漏油 | 14 | 17 | 31 |
| 共计 | | 23 | 27 | 50 |

### 3.2.2 调查表法

#### 3.2.2.1 调查表法的概念

调查表法是利用统计表来进行数据整理和粗略原因分析的一种方法。调查表又叫检查表或核对表，它是为了收集和整理数据而设计的图表，是一种可以根据调查的目的不同，自由选择或自行设计的统计图表。

#### 3.2.2.2 调查表的种类

调查表的类型很多，可根据调查的目的不同，使用不同的调查表。常用的调查表主要有以下几种。

（1）缺陷位置调查表。这种调查表是调查产品各部位的缺陷情况，可将其发生缺陷的位置标记在产品示意图或展开图上，不同缺陷采用不同的符号或颜色标出，见表 3-4。

**表 3-4 汽车车身喷漆质量的缺陷位置调查表**

| 车型 | * * * | 检查处 | 车身 |
|---|---|---|---|
| 工序 | * * * | 检查者 | * * * |
| 调查目的 | 喷漆缺陷 | 调查数 | 2139 辆 |

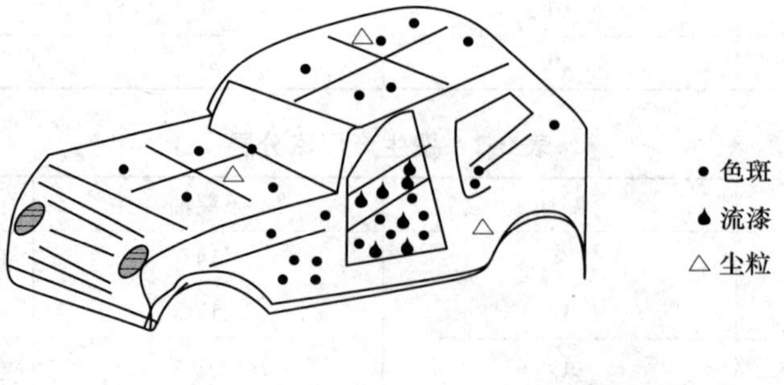


年　月　日

（2）不良项目调查表。为了调查生产中出现的各种不良品，以及各种不良品的比率有多大，以便在技术上和管理上采取改进措施，并加以控制，可以采用这种调查表，表3-5为某公交车站的乘客投诉意见调查表。

**表3-5 乘客投诉意见调查表**

| 项　目 | 核对 | 数量/个 |
|---|---|---|
| 车内不整洁 | 正正一 | 11 |
| 座罩脏 | 正正正正 | 20 |
| 发车不准时 | 正丅 | 7 |
| 到站不报站名 | 正 | 5 |
| 中途停车上人 | 丅 | 2 |
| 其　他 | 一 | 1 |

（3）不良原因调查表。要弄清楚各种不良品发生的原因，就需要按设备、操作者、时间等标志进行分层调查，填写不良原因调查表。

（4）工序分布调查表。在能够测量产品的尺寸、重量、纯度等的计量值数据的工序中，为了掌握这些工序的产品质量状况，可用这种调查表。

### 3.2.3 排列图

#### 3.2.3.1 排列图法的概念

排列图又称为主次因素分析图或帕累托图（Pareto）。排列图最早是由意大利经济学家帕累托用来分析社会财富分布状况的。他发现少数人占有社会上的大量财富，而绝大多数人则处于贫苦的状态，这些少数人却左右着国家的经济命脉，即所谓“关键的少数与无关紧要的多数”的关系。后来，美国质量管理专家朱兰博士把它应用于质量管理中，成为常用的工具。它是用来找出影响产品质量主要因素的一种有效工具。

排列图是由两个纵坐标、一个横坐标、几个直方块和一条折线所构成（如图3-2所示）。排列图的横坐标表示影响产品质量的因素或项目，按其影响程度的大小，从左至右依次排列。排列图的左纵坐标表示频数（如件数、金额、工时、吨位等），右纵坐标表示频率（以百分比表示），直方块的高度表示某个因素影响大小，从高到低，从左到右，顺序排列。折线表示某个影响因素大小的累积百分数，是由左到右逐渐上升的，这条折线就称为帕累托曲线。

#### 3.2.3.2 排列图的做图步骤

（1）收集一定期间的数据。如表3-6所示，表中有A~E五个项目。

（2）将收集的数据进行整理，并填入统计表。不合格品数，即频数，$n_1$，$n_2$，…，$n_5$。

（3）计算各类项目的累计频数即$N_1$，$N_2$，…，$N_5$、频率即$f_1$，$f_2$，…，$f_5$及累计频率即$F_1$，$F_2$，…，$F_5$。计算方法如表3-6所示。

（4）按一定的比例，画出两个纵坐标和一个横坐标。左纵坐标代表频数，右纵坐标代表累计频数。

（5）按各项目不合格品数的大小，依次在横坐标上画出柱形条。

（6）按右纵坐标的比例，找出各类项目的累计频率点，从原点 0 开始，逐一连接各点，画出帕累托曲线。

（7）在柱形条的上方注明各自的频数，在累计频率点旁注明累计频率值。

**表 3-6 累计频率的计算方法**

| 序号 | 项目 | 不合格品数（频数） | 累计不合格品数（累计频数） | 频率/% | 累计频率/% |
|---|---|---|---|---|---|
| 1 | A | $n_1$ | $N_1$ | $f_1=\frac{n_1}{M}\times 100$ | $F_1=f_1$ |
| 2 | B | $n_2$ | $N_2=n_1+n_2$ | $f_2=\frac{n_2}{M}\times 100$ | $F_2=F_1+f_2$ |
| 3 | C | $n_3$ | $N_3=N_2+n_3$ | $f_3=\frac{n_3}{M}\times 100$ | $F_3=F_2+f_3$ |
| 4 | D | $n_4$ | $N_4=N_3+n_4$ | $f_4=\frac{n_4}{M}\times 100$ | $F_4=F_3+f_4$ |
| 5 | E | $n_5$ | $N_5=N_4+n_5$ | $f_5=\frac{n_5}{M}\times 100$ | $F_5=F_4+f_5$ |
| 合计 | | $M$ | | | |

排列图做出后，可将累计百分数分成三类：

累计频率约 80%，一般前 2~3 项为 A 类，是主要因素；

累计频率 80%~90%为 B 类，是次要因素；

累计频率 90%~100%为 C 类，是一般因素。

其中，A 类应作为主要分析的对象，对其采取必要的措施，以求解决问题。

3.2.3.3 绘制排列图应注意的事项

（1）要做好因素的分类。在做排列图时，不仅是为了找出某项特定产品的质量问题，而且要在合理分类的基础上，分别找出各类的主要矛盾及其相关关系。

（2）主要因素不能过多。一般找出主要因素以两项为宜，最多不超过三项。当采取措施解决了这些主要因素之后，原先作为次要的因素，则上升为主要因素，这通过作排列图来分析处理。

（3）数据要充足。为了找到影响产品质量因素的规律，必须收集充足的数据，以便从大量数据中找出统计规律来。当件数不多时，最好做全面分析，必要时也可采用随机抽样分析法。

（4）适当合并一般因素。不太重要的因素可以列出很多项，为简化做图，常将这些因素合并为其他项，放在横坐标的末端。

（5）合理选择计量单位。对于同一项质量问题，由于计量单位不同，主次因素的排列顺序有所不同。要看哪一种计量单位能更好地反映质量问题的实质，便采用哪一种。

（6）在采取措施之后，为验证其实施效果，还要重新画排列图，以便进行比较。

3.2.3.4 排列图的适用范围

由于排列图法可以指出进行改善工作的重点，因此，不仅适用于各行业、各类型的工业企业的质量改进活动，而且也适用于各种企业、事业单位以及各方面的工作。只要想进行改善工作，就可以用排列图找出主要影响因素，以便重点进行有成效的改善。

使用排列图法，不仅可以使所分析的问题主次因素分明、系统、形象，而且能逐步培养用数据说话的科学分析的习惯。排列图可根据不同的目的灵活运用，通常应用时主要的形式有：分析主要缺陷形式；分析造成不合格品的主要工序原因；分析产生不合格品的关键工序；分析不合格品的主次地位；分析经济损失的主次；用于对比采取措施前后的效果等。

3.2.3.5 排列图应用实例

**【例 3-2】** 某公司统计汇总了一周内 X 型产品不良品纪录，如表 3-7 所示，根据统计的数据，试用排列图对问题进行分析。

**表 3-7 不良品调查**

| 序号 | 项 目 | 频数 | 累计频数 | 频率/% | 累计频率/% |
|---|---|---|---|---|---|
| 1 | 原材料品质不佳 | 100 | 100 | 37 | 37 |
| 2 | 工人技术不达标 | 80 | 180 | 29.6 | 66.6 |
| 3 | 机器故障 | 42 | 222 | 15.6 | 82.2 |
| 4 | 工人不在工作岗位 | 21 | 243 | 7.8 | 90 |
| 5 | 作业流程不当 | 11 | 254 | 4.1 | 94.1 |
| 6 | 其 他 | 16 | 270 | 5.9 | 100 |

根据表 3-7 中不良品调查，计算出累计频数、频率和累计频率，并绘制出排列图，如图 3-2 所示。从排列图出可以得出，A 类因素为：原材料品质不佳、工人技术不达标和机器故障。

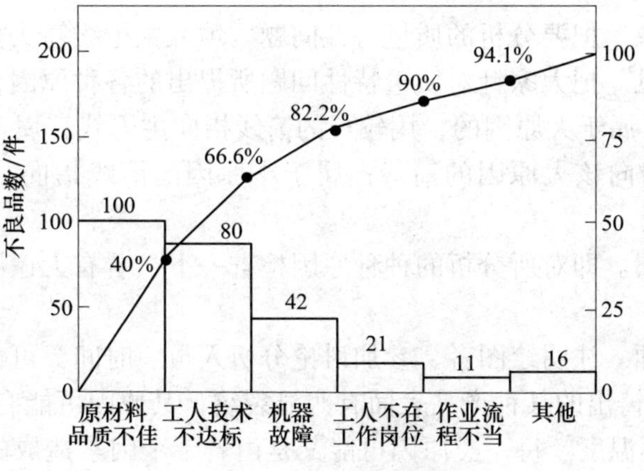


图 3-2 不良品排列图

## 3.2.4 因果图

3.2.4.1 因果图的含义及用途

因果图（因果分析图），有时也叫特性因素图或鱼刺图。它是寻找造成质量问题的原因的一种简明有效的方法。

在进行质量分析时，如果想用直观方法找出属于同一层的有关因素的主次关系，可以用排列图法对它进行分析。但是，若因素在层间还存在着纵向因果关系，这就要求有一种方法能同时整理出这两种关系。因果分析图就可以解决这个问题，它是整理和分析影响质量（结果）的各因素之间的一种工具。因果分析图形象地表示了探讨问题的思维过程，利用它分析问题能取得顺藤摸瓜、步步深入的效果。即利用因果分析图可以首先找出影响质量问题的大原因，然后寻找到大原因背后的中原因，再从中原因找到小原因和更小的原因，最终查明主要的直接原因。这样有条理地逐层分析，可以清楚地看出“原因—结果”“手段—目标”的关系，使问题的脉络完全显示出来。

因果分析图是整理和分析影响质量问题各因素之间关系的一种常用工具。它是以质量问题的结果作为特性，以产生原因作为因素，在它们之间分层次地用箭头联系起来，表示因果关系的图。因果图的基本格式由特性、原因、枝干三部分构成，如图3-3 所示。

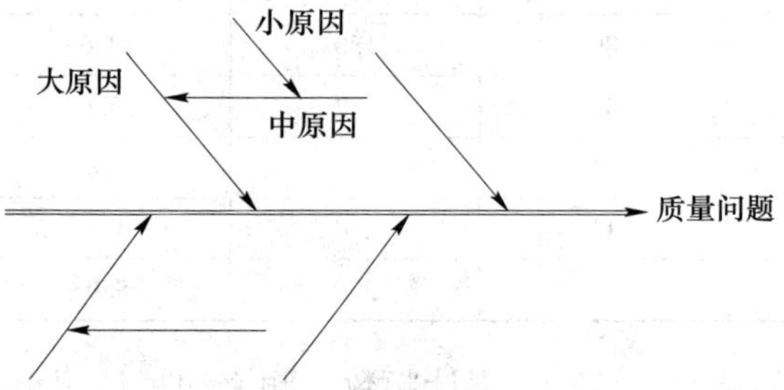

图 3-3 因果图

3.2.4.2 因果分析图的作图步骤

（1）确定分析对象。把要分析的质量特性问题，填入主干线箭头指向的方块中。

（2）记录分析意见。把大家针对质量特性问题所提出的各种原因，用长短不等的箭线排列在主干线的两侧。属于大原因的，用较长的箭线指向主干线；属于大原因次一级的中原因，用略短的箭线指向该大原因的箭线；属于小原因的箭线指向与它关联的中原因的箭线。

（3）检查有无遗漏。即对所分析的种种原因检查一下，看有无遗漏，若有遗漏可及时补上。

（4）记上必要事项。注明绘图者、参加讨论分析人员、时间等可供参考事项。

**【例 3-3】** 某企业铸出的某种产品表面有明显裂纹，其原因可能有四大类：浇铸温度、铸模、金属成分和铸模温度。每一类原因可能又是由若干个因素造成的。与每一因素有关的更深入的考虑因素还可以作为下一级分支。当所有可能的原因都找出来以后，就可以绘制因果图，如图 3-4 所示。

### 3.2.5 散布图

3.2.5.1 散布图的概念和用途

将具有相关关系的两个变量的对应观察值作为平面直角坐标系中点的坐标，并把这些点描绘在平面上，于是就能得到一张具有相关关系的分布图，通常称这种反映两个变量之

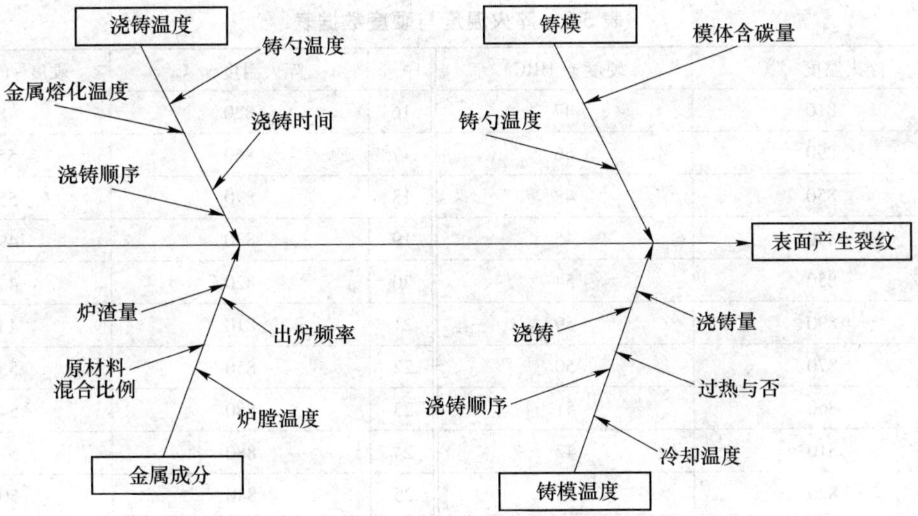


图 3-4　产品表面有明显裂纹因果图

间关系的图为散布图或相关图。

图 3-5 表示在某汽车组装检验工序上，检验时间 $x$（min）与对应的错检率 $y$（%）的点子画在坐标上所形成的显示二者之间关系的图形。它表明，随着检验时间 $x$ 的增加，错检率 $y$ 相应减小的明显趋势。二者之间的关系，虽然不像圆的面积 $S$ 与半径 $R$ 之间存在关系$S=\pi R^2$ 那样完全确定，但却是相互依赖、紧密相关的，即二者之间存在相关关系。

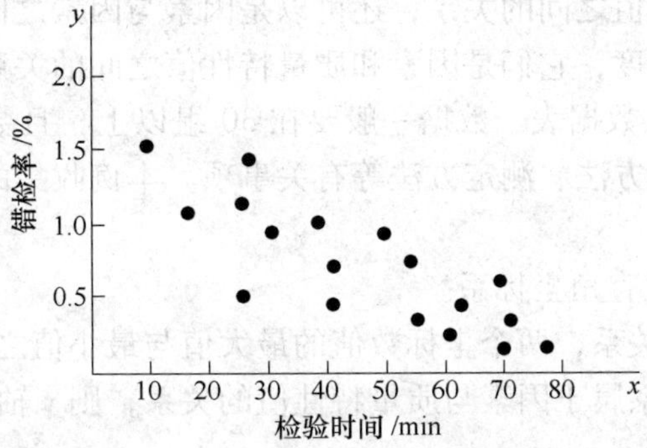


图 3-5　检验时间与错检率散布图

在质量管理中，散布图是用来分析和判断质量问题中质量特性与某一变化的因素之间，或两个因素之间是否存在相关关系，进而确定影响产品质量因素的有效手段。

3.2.5.2　散布图的绘制

在质量管理活动中，经常需要绘制散布图。现对下面的实际问题，具体给出绘制散布图的步骤和注意事项。

**【例 3-4】** 某厂为了调查某种规格的机器零件的淬火温度与硬度之间的相关关系，于是从最近的生产日报表上收集了 30 组有关该机器零件的淬火温度 $x$（℃）与硬度 $y$（HRC）之间的对应数据，如表 3-8 所示。试绘出散布图。

表 3-8 淬火温度与硬度数据表

| 序号 | 淬火温度 $x$/℃ | 硬度 $y$(HRC) | 序号 | 淬火温度 $x$/℃ | 硬度 $y$(HRC) |
|---|---|---|---|---|---|
| 1 | 810 | 47 | 16 | 820 | 48 |
| 2 | 890 | 56 | 17 | 860 | 55 |
| 3 | 850 | 48 | 18 | 870 | 55 |
| 4 | 840 | 45 | 19 | 830 | 49 |
| 5 | 850 | 54 | 20 | 820 | 44 |
| 6 | 890 | 59 | 21 | 810 | 44 |
| 7 | 870 | 50 | 22 | 850 | 53 |
| 8 | 860 | 51 | 23 | 880 | 54 |
| 9 | 810 | 42 | 24 | 880 | 57 |
| 10 | 820 | 53 | 25 | 840 | 50 |
| 11 | 840 | 52 | 26 | 880 | 54 |
| 12 | 870 | 53 | 27 | 830 | 46 |
| 13 | 830 | 51 | 28 | 860 | 52 |
| 14 | 830 | 45 | 29 | 860 | 50 |
| 15 | 820 | 46 | 30 | 840 | 49 |

具体的绘制步骤如下：

（1）选定分析对象。分析对象的选定，可以是质量特性值与因素之间的关系，也可以是质量特性值与质量特性值之间的关系，还可以是因素与因素之间的关系。本例选定分析对象是钢的淬火温度和硬度，它们是因素和质量特性值之间的关系。

（2）收集数据，填入数据表。数据一般要在 30 组以上，且数据必须是对应的，并记录收集数据的日期、取样方法、测定方法等有关事项。本例收集的 30 组对应数据如表 3-8 所示。

（3）在坐标纸上建立直角坐标系。

1）为便于分析相关关系，两个坐标数值的最大值与最小值之间的范围应基本相等；

2）若分析对象的关系属于因素与质量特性值的关系，则 $x$ 轴表示因素，$y$ 轴表示质量特性值。

（4）描点。把数据组（$x$，$y$）分别标在直角坐标系相应的位置上，如图 3-6 所示。如两组数据相同，其点子必重合，则用“⊙”表示。

（5）当散布图上出现明显偏离其他数据点时，应查明原因，以便决定是否删除或校正。

3.2.5.3 散布图的判断

散布图的分析判断主要有以下两种方法。

A 简易判断法

首先，把画出的散布图与典型图（表 3-9）对照，判断两个变量之间是否相关及属于哪一种相关。其次，通过符号检定法（又称中值法）进一步检验其相关性。

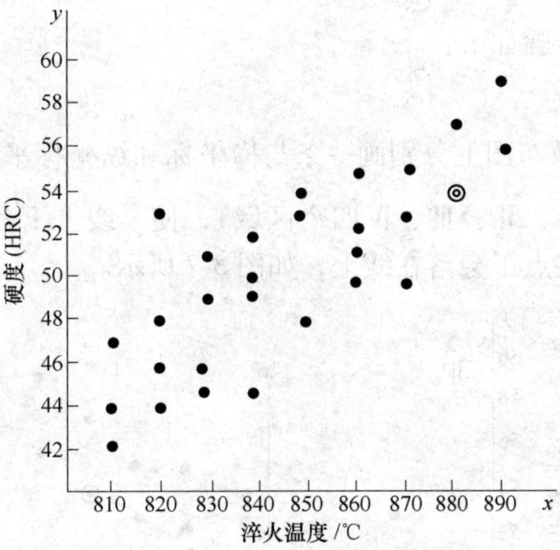


图 3-6　淬火温度与钢的硬度关系散布图

**表 3-9　散布图的几种形状与分析**

| 图　　形 | $x$ 与 $y$ 的关系 | 说　明 |
| --- | --- | --- |
| 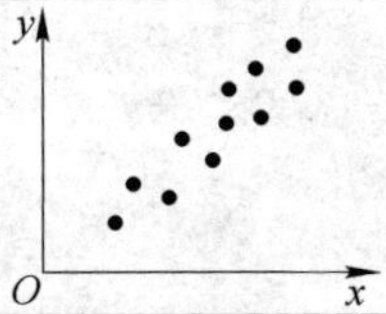 | 强正相关。$x$ 变化大 $y$ 也变化大 | $x$、$y$ 之间，可以用直线表示。对此，一般控制住 $x$，$y$ 也得到相应的控制 |
|  | 强负相关。$x$ 变大时，$y$ 变小；$x$ 变小时，$y$ 变大 | |
| 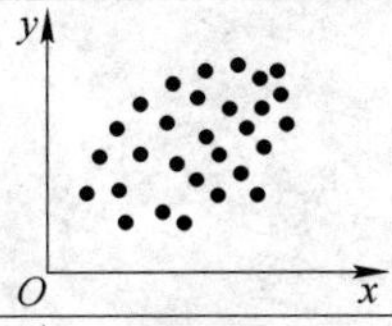 | 弱正相关。$x$ 变化大时，$y$ 大致变大 | 除 $x$ 因素影响 $y$ 外，还要考虑其他的因素（一般可进行分层处理，寻找 $x$ 以外的因素） |
| 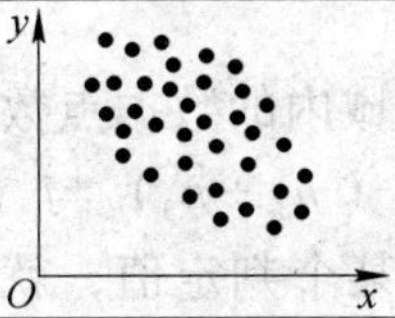 | 弱负相关。$x$ 变化大时，$y$ 大致变小 | |
| 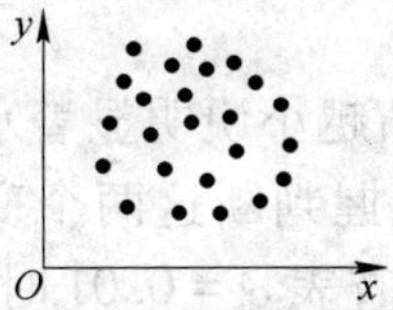 | 不相关。$x$ 与 $y$ 无任何关系 | 不必要计算其相关系数 $r$ |
| 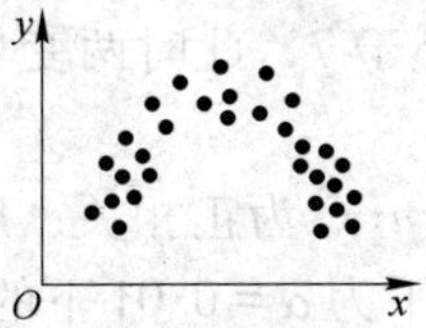 | $x$ 与 $y$ 不是线性关系 | |

符号检验法的检验步骤如下：

（1）绘制散布图。

（2）做中值线。在散布图上分别画一条与横坐标和纵坐标平行的中位线 $\tilde{y}$ 和 $\tilde{x}$（中位线 $\tilde{y}$ 和 $\tilde{x}$ 将散布图分成Ⅰ、Ⅱ、Ⅲ、Ⅳ四个区域），使 $\tilde{y}$ 线上下和 $\tilde{x}$ 线左右点子数基本相等。若点数为奇数，有些点子会落在线上，如图 3-7 所示。

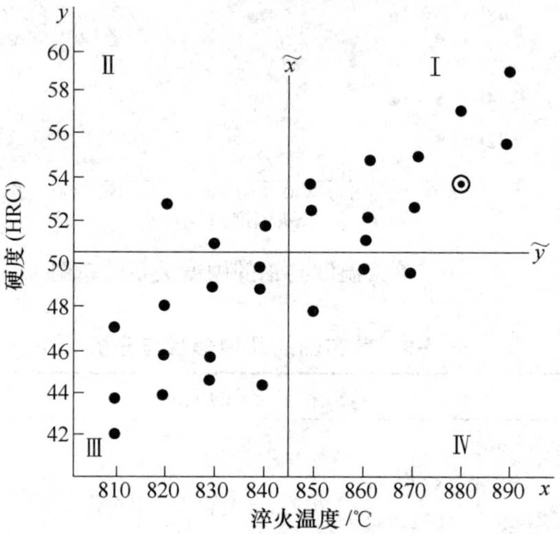


图 3-7　符号检验法的散布图

（3）统计落入各区的点子数。

$$n_1 = 12 \text{ , } n_2 = 3 \text{ , } n_3 = 12 \text{ , } n_4 = 3$$

（4）计算对角区域点数之和。

$$n_1 + n_3 = 24 \text{ , } n_2 + n_4 = 6$$

$$n_{线} = 0 \text{（} \tilde{y} \text{、} \tilde{x} \text{ 中位线上点子数）}$$

（5）分布在区域内的数据点数总和。

$$N = \sum n - n_{线} = 30 - 0 = 30$$

（6）用符号检定表判定。符号检定表 3-10 中，$N$ 为分布在区域内的数据点数总和，对应 $N$ 给出 $\alpha = 0.01$ 和 $\alpha = 0.05$ 两个显著水平的判定值。判定时把（$n_1 + n_3$）与（$n_2 + n_4$）中点数少的一项点数值与判定值进行比较。该点数值少于或等于某个判定值，就判定这个水平下的相关。

显著水平就是发生判断错误的可能性大小，也称风险率。$\alpha$ 值越小说明显著水平越高，风险越小，把握性越大。$\alpha = 0.01$ 就是有 $(1 - 0.01) = 99\%$ 的把握判断这两个变量相关；$\alpha = 0.05$ 就是有 95%的把握判断这两个变量相关。本例 $N = 30$，查表 $\alpha = 0.01$ 时，判定值为 7，（$n_2 + n_4$）的点数值为 6，比（$n_1 + n_3$）点数值少，且小于 7，此时两变量之间相关，且判断把握性是 99%。

当两个变量相关时，符号检定法规定：（$n_1 + n_3$）>（$n_2 + n_4$）为正相关；反之为负相关。本例（$n_1 + n_3$）>（$n_2 + n_4$），故两变量之间存在显著水平为 $\alpha = 0.01$ 下的正相关。

**表 3-10 符号检查表**

| $N$ \ $\alpha$ | 0.05 | 0.01 | $N$ \ $\alpha$ | 0.05 | 0.01 | $N$ \ $\alpha$ | 0.05 | 0.01 |
|---|---|---|---|---|---|---|---|---|
| ≤8 | 0 | 0 | 36 | 11 | 9 | 64 | 23 | 21 |
| 9 | 1 | 0 | 37 | 12 | 10 | 65 | 24 | 21 |
| 10 | 1 | 0 | 38 | 12 | 10 | 66 | 24 | 22 |
| 11 | 1 | 0 | 39 | 12 | 11 | 67 | 25 | 22 |
| 12 | 2 | 1 | 40 | 13 | 11 | 68 | 25 | 22 |
| 13 | 2 | 1 | 41 | 13 | 11 | 69 | 25 | 23 |
| 14 | 2 | 1 | 42 | 14 | 12 | 70 | 26 | 23 |
| 15 | 3 | 2 | 43 | 14 | 12 | 71 | 26 | 24 |
| 16 | 3 | 2 | 44 | 15 | 13 | 72 | 27 | 24 |
| 17 | 4 | 2 | 45 | 15 | 13 | 73 | 27 | 25 |
| 18 | 4 | 3 | 46 | 15 | 13 | 74 | 28 | 25 |
| 19 | 4 | 3 | 47 | 16 | 14 | 75 | 28 | 25 |
| 20 | 5 | 3 | 48 | 16 | 14 | 76 | 28 | 26 |
| 21 | 5 | 4 | 49 | 17 | 15 | 77 | 29 | 26 |
| 22 | 5 | 4 | 50 | 17 | 15 | 78 | 29 | 27 |
| 23 | 6 | 4 | 51 | 18 | 15 | 79 | 30 | 27 |
| 24 | 6 | 5 | 52 | 18 | 16 | 80 | 30 | 28 |
| 25 | 7 | 5 | 53 | 18 | 16 | 81 | 31 | 28 |
| 26 | 7 | 6 | 54 | 19 | 17 | 82 | 31 | 28 |
| 27 | 7 | 6 | 55 | 19 | 17 | 83 | 32 | 29 |
| 28 | 8 | 6 | 56 | 20 | 17 | 84 | 32 | 29 |
| 29 | 8 | 7 | 57 | 20 | 18 | 85 | 32 | 30 |
| 30 | 9 | 7 | 58 | 21 | 18 | 86 | 33 | 30 |
| 31 | 9 | 7 | 59 | 21 | 19 | 87 | 33 | 31 |
| 32 | 9 | 8 | 60 | 21 | 19 | 88 | 34 | 31 |
| 33 | 10 | 8 | 61 | 22 | 20 | 89 | 34 | 31 |
| 34 | 10 | 9 | 62 | 22 | 20 | 90 | 35 | 32 |
| 35 | 11 | 9 | 63 | 23 | 20 | | | |

B　相关系数判断法

前述散布图的简易判断法虽然比较简便、直观，但是一个近似的、粗略的方法，没有进行严格的计算。为了更精确地进行相关判断，要计算出相关系数，以免产生判断的错误。

相关系数就是两个变量之间相互关系密切程度的度量值。用符号 $r$ 表示。$R$ 的取值范围为：$-1 \leqslant r \leqslant 1$。

当 $r>0$ 时，$x$ 与 $y$ 为正相关；
当 $r<0$ 时，$x$ 与 $y$ 为负相关；
当 $r\approx 0$ 时，$x$ 与 $y$ 为不相关；
当 $r$ 趋近 1 时，$x$ 与 $y$ 为强正相关；
当 $r$ 趋近−1 时，$x$ 与 $y$ 为强负相关；
当 $r=\pm 1$ 时，$x$ 与 $y$ 完全相关；
当 $|r|$ 越大时，$x$ 与 $y$ 的相关性越强。

相关系数 $r$ 的计算公式为 $$r=\frac{L_{xy}}{\sqrt{L_{xx}L_{yy}}}$$

式中 $L_{xx}$ —— 表示 $x$ 的偏差平方和；
$L_{yy}$ —— 表示 $y$ 的偏差平方和；
$L_{xy}$ —— 表示 $x$ 与 $y$ 之间的影响。

$$L_{xx}=\sum x_i^2-\frac{\left(\sum x_i\right)^2}{N}$$

$$L_{yy}=\sum y_i^2-\frac{\left(\sum y_i\right)^2}{N}$$

$$L_{xy}=\sum x_iy_i-\frac{\left(\sum x_i\right)\left(\sum y_i\right)}{N}$$

下面结合上述绘制淬火温度与硬度之间关系散布图的例子，来说明 $r$ 的计算方法步骤。

如果收集的数据较大，计算起来就比较繁琐。为此，可首先对收集的较大数据进行更换处理，即将原 $x$ 与 $y$ 值更换为 $X$，$Y$。通常用下式进行更换：

$$X=(x-a)c\,;\quad Y=(y-b)d$$

式中，$a$、$b$、$c$、$d$ 根据数据情况自己选择，但最好使变换后的数据 $X$、$Y$ 要小且为整数，以便计算。

（1）做好计算数据表格（见表 3-11）。本例由于数据过大，需要对数据进行变换。表 3-11 中 $X$、$Y$ 是对 $x$、$y$ 变换以后的数据。如果数字小，可不必进行变换，表中数据仍可以是原来的 $x$ 与 $y$。

（2）计算 $X$、$Y$、$X^2$、$Y^2$、$XY$。本例取 $a=800$，$b=40$，$c=\frac{1}{10}$，$d=1$。则

$$X_1=(x_1-a)c=(810-800)\times\frac{1}{10}=1$$

$$X_2=(x_2-a)c=(890-800)\times\frac{1}{10}=9$$

$$\vdots$$

$$Y_1=(y_1-b)d=(47-40)\times 1=7$$

$$Y_2=(y_2-b)d=(56-40)\times 1=16$$

$$\vdots$$

$$X_1^2 = 1^2 = 1, X_2^2 = 9^2 = 81, \cdots$$

$$Y_1^2 = 7^2 = 49, Y_2^2 = 16^2 = 256, \cdots$$

$$X_1Y_1 = 1 \times 7 = 7, X_2Y_2 = 9 \times 16 = 144, \cdots$$

（3）计算 $\sum X_i$，$\sum Y_i$，$\sum X_i^2$，$\sum Y_i^2$，$\sum X_iY_i$（见表3-11）。

**表3-11 相关系数计算数据表**

| No | $X$ | $Y$ | $X^2$ | $Y^2$ | $XY$ | No | $X$ | $Y$ | $X^2$ | $Y^2$ | $XY$ |
|---|---|---|---|---|---|---|---|---|---|---|---|
| 1 | 1 | 7 | 1 | 49 | 7 | 17 | 6 | 15 | 36 | 225 | 90 |
| 2 | 9 | 16 | 81 | 256 | 144 | 18 | 7 | 15 | 49 | 225 | 105 |
| 3 | 5 | 8 | 25 | 64 | 40 | 19 | 3 | 9 | 9 | 81 | 27 |
| 4 | 4 | 5 | 16 | 25 | 20 | 20 | 2 | 4 | 4 | 16 | 8 |
| 5 | 5 | 14 | 25 | 196 | 70 | 21 | 1 | 4 | 1 | 16 | 4 |
| 6 | 9 | 19 | 81 | 361 | 171 | 22 | 5 | 13 | 25 | 169 | 65 |
| 7 | 7 | 10 | 49 | 100 | 70 | 23 | 8 | 14 | 64 | 196 | 112 |
| 8 | 6 | 11 | 36 | 121 | 66 | 24 | 8 | 17 | 64 | 289 | 136 |
| 9 | 1 | 2 | 1 | 4 | 2 | 25 | 4 | 10 | 16 | 100 | 40 |
| 10 | 2 | 13 | 4 | 169 | 26 | 26 | 8 | 14 | 64 | 196 | 112 |
| 11 | 4 | 12 | 16 | 144 | 48 | 27 | 3 | 6 | 9 | 36 | 18 |
| 12 | 7 | 13 | 49 | 169 | 91 | 28 | 6 | 12 | 36 | 144 | 72 |
| 13 | 3 | 11 | 9 | 121 | 33 | 29 | 6 | 10 | 36 | 100 | 60 |
| 14 | 3 | 5 | 9 | 25 | 15 | 30 | 4 | 9 | 16 | 81 | 36 |
| 15 | 2 | 6 | 4 | 36 | 12 | 合计 | $\Sigma X=$ 141 | $\Sigma Y=$ 312 | $\Sigma X^2=$ 839 | $\Sigma Y^2=$ 3778 | $\Sigma XY=$ 1716 |
| 16 | 2 | 8 | 4 | 64 | 16 | | | | | | |

（4）计算 $L_{XX}$，$L_{YY}$，$L_{XY}$，本例中：

$$L_{XX} = \sum X_i^2 - \frac{\left(\sum X_i\right)^2}{N} = 839 - \frac{141^2}{30} = 176.3$$

$$L_{YY} = \sum Y_i^2 - \frac{\left(\sum Y_i\right)^2}{N} = 3778 - \frac{312^2}{30} = 533.2$$

$$L_{XY} = \sum X_iY_i - \frac{\left(\sum X_i\right)\left(\sum Y_i\right)}{N} = 1716 - \frac{141 \times 312}{30} = 249.6$$

（5）计算相关系数 $r$，本例中

$$r = \frac{L_{XY}}{\sqrt{L_{XX}L_{YY}}} = \frac{249.6}{\sqrt{176.3 \times 533.2}} = 0.814$$

（6）相关系数 $r$ 的检验。$r$ 是检验两个变量之间相互关系密切程度的度量值。但在实际中，即使两个变量 $x$ 与 $y$ 在理论上并不相关，可往往计算得到的相关系数并非等于零，这不能说 $x$ 与 $y$ 就是相关的。正因为有这种现象存在，在计算出相关系数 $r$ 后，应对其进一步检验，才能对两个变量之间是否相关作出判断。结合上述例子，说明 $r$ 的检验方法。

1）计算出相关系数 $r$。本例 $r=0.814$。

2）计算自由度 $\phi$。$\phi=N-2=30-2=28$。

3）确定显著水平 $\alpha$（$\alpha=0.01, 0.05$），本例中，确定 $\alpha=0.05$。

4）查相关系数检验表（见表 3-12），本例中 $\phi=28$，查表得 $r_a=0.361$。

5）判断，当 $|r|>r_a$ 时，$x$ 与 $y$ 两者相关；当 $|r|<r_a$ 时，$x$ 与 $y$ 两者不相关。本例中 $r_a=0.361$，$r=0.814$。所以，$|r|>r_a$。

结论是：钢的淬火温度与硬度是强正相关。

**表 3-12 相关系数检验表**

| $N-2$ \ $\alpha$ | 0.05 | 0.01 | $N-2$ \ $\alpha$ | 0.05 | 0.01 |
|---|---|---|---|---|---|
| 1 | 0.997 | 1.000 | 21 | 0.413 | 0.526 |
| 2 | 0.950 | 0.990 | 22 | 0.404 | 0.515 |
| 3 | 0.878 | 0.959 | 23 | 0.366 | 0.505 |
| 4 | 0.811 | 0.917 | 24 | 0.388 | 0.496 |
| 5 | 0.754 | 0.874 | 25 | 0.381 | 0.487 |
| 6 | 0.707 | 0.834 | 26 | 0.374 | 0.478 |
| 7 | 0.666 | 0.798 | 27 | 0.367 | 0.470 |
| 8 | 0.632 | 0.765 | 28 | 0.361 | 0.463 |
| 9 | 0.602 | 0.735 | 29 | 0.366 | 0.456 |
| 10 | 0.576 | 0.708 | 30 | 0.349 | 0.449 |
| 11 | 0.553 | 0.684 | 35 | 0.325 | 0.418 |
| 12 | 0.532 | 0.661 | 40 | 0.304 | 0.393 |
| 13 | 0.514 | 0.641 | 45 | 0.288 | 0.372 |
| 14 | 0.497 | 0.623 | 50 | 0.273 | 0.354 |
| 15 | 0.482 | 0.606 | 60 | 0.250 | 0.325 |
| 16 | 0.468 | 0.590 | 70 | 0.232 | 0.302 |
| 17 | 0.456 | 0.575 | 80 | 0.217 | 0.283 |
| 18 | 0.444 | 0.561 | 90 | 0.205 | 0.267 |
| 19 | 0.433 | 0.549 | 100 | 0.195 | 0.254 |
| 20 | 0.423 | 0.537 | 200 | 0.138 | 0.181 |

## 3.2.6 直方图

### 3.2.6.1 直方图的含义与用途

直方图（Histogram）是从总体中随机抽取样本，将从样本中经过测定或收集来的数据加以整理，描绘质量分布状况，反应质量分散程度，进而判断和预测生产过程质量及不合格品率的一种常用工具。直方图是连续随机变量频率分布的一种图形表示。以有线性刻度的轴上的连续区间来表示组，组的频率（或频数）以相应区间为底的矩形表示，矩形的面积与各组频率（或频数）成比例，如图3-8所示。

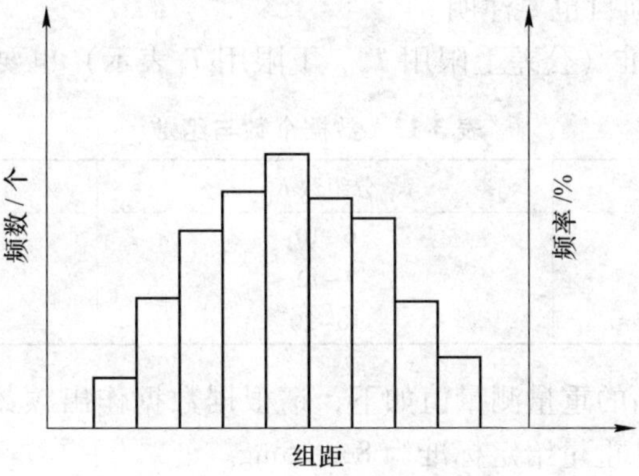


图3-8　直方图形式

直方图的主要用途有以下几点：

（1）能比较直观地看出产品质量特性值的分布状态，判断工序是否处于稳定状态，进行工序质量分析；

（2）便于掌握工序能力及工序能力保证产品质量的程度，并通过工序能力来估算工序的不合格品率；

（3）用以简练及较精确地计算质量数据的特征值。

3.2.6.2　直方图的作图步骤

（1）收集数据。数据个数一般为50个以上，最低不少于30个。

（2）求极差 $R$ 。在原始数据中找出最大值和最小值，计算两者的差就是极差，即

$$R = x_{\max} - x_{\min}$$

（3）确定分组的组数和组距。一批数据究竟分多少组，通常根据数据个数的多少来定。具体内容参考表3-13。

需要注意的是：如果分组数取得太多，每组里出现的数据个数很少，甚至为零，做出的直方图就会过于分散或呈现锯齿状；若组数取得太少，则数据会集中在少数组内，而掩盖了数据的差异。分组数 $K$ 确定以后，组距 $h$ 也就确定了，$h=R/K$。

（4）确定各组界限值。分组的组界值要比抽取的数据多一位小数，以使边界值不致落入两个组内。因此先取测量值单位的1/2。例如，测量单位为0.001mm，组界的末位数应取0.001/2=0.0005mm。然后用最小值减去测定单位的1/2，作为第一组的下界值；再加上组距，作为第一组的上界值，依次加到最大一组的上界值（即包括最大值为止）。为了计算的需要，往往要决定各组的中心值。每组的上下界限相加除以2，所得数据即为组中值，组中值为各组数据的代表值。

（5）制作频数分布表。将测得的原始数据分别归入到相应的组中，统计各组的数据个数，即频数，各组频数填好以后检查一下总数是否与数据总数相符，避免重复或遗漏。

（6）在方格纸上，横坐标取分组的组界值，纵坐标取各组的频数，用直线连成直方块，即成直方图。

（7）在直方图上，要注明数据总个数 $N$ 以及平均值 $\bar{x}$ 和标准偏差 $s$，采取数据的日期和绘图者等可供参考的项目也要注明。

（8）规格或公差标准（公差上限用 $T_u$、下限用 $T_L$ 表示）也要在图上画出。

**表 3-13 数据个数与组数**

| 数据个数 $N$ | 分组数 $K$ | 一般使用 $K$ |
|---|---|---|
| 50～100 | 6～10 | |
| 100～250 | 7～12 | 10 |
| 250 以上 | 10～20 | |

**【例 3-5】** 某厂产品的重量测量值如下，请根据数据作出频数表和直方图，并标注标准差 $s$ 与平均值 $\bar{x}$。产品重量给定标准为 8±0.5mg。

| | | | | |
|---|---|---|---|---|
| 7.88 | 8.37 | 8.03 | 8.18 | 8.13 |
| 8.12 | 8.14 | 7.98 | 8.02 | 8.25 |
| 7.81 | 7.85 | 8.06 | 8.29 | 7.80 |
| 8.29 | 8.21 | 7.84 | 8.06 | 8.27 |
| 8.52 | 8.23 | 7.81 | 8.06 | 7.88 |
| 8.02 | 8.02 | 7.85 | 8.15 | 8.04 |
| 7.97 | 7.73 | 7.90 | 8.22 | 8.42 |
| 7.99 | 8.01 | 8.10 | 8.31 | 8.18 |
| 8.06 | 8.15 | 8.35 | 7.99 | 7.93 |
| 8.05 | 8.04 | 8.17 | 8.12 | 7.85 |

**解：**（1）数据个数 $N=50$。

（2）最大值 $x_{max}=8.52$

最小值 $x_{min}=7.73$

极差 $R=x_{max}-x_{min}=8.52-7.73=0.79$

（3）确定分组的组数 $K$ 和组距 $h$。本例 $K=10$，组距

$$h=\frac{R}{K}=\frac{0.79}{10}\approx 0.08$$

（4）确定各组的界限值。

本例中测量单位为 0.01，所以第一组的下界值为：

$$x_{min}-\frac{\text{测量单位}}{2}=7.73-\frac{0.01}{2}=7.725$$

第二组的上界值为：$7.725+0.08=7.805$

⋮

（5）记录各组中的数据，整理成频数表（见表 3-14）。

（6）绘制直方图，如图 3-9 所示。

（7）在直方图上注明数据数 $N$ 以及平均值 $\bar{x}$、标准偏差 $s$、公差上限 $T_u$、公差下限 $T_L$。

**表 3-14 频数表**

| 组号 | 组界值 | 组中值 $x_i$ | 频数标志 | 频数 $f_i$ |
|---|---|---|---|---|
| 1 | 7.725~7.805 | 7.765 | 丅 | 2 |
| 2 | 7.805~7.885 | 7.845 | 正下 | 8 |
| 3 | 7.885~7.965 | 7.925 | 丅 | 2 |
| 4 | 7.965~8.045 | 8.005 | 正正一 | 11 |
| 5 | 8.045~8.125 | 8.085 | 正下 | 8 |
| 6 | 8.125~8.205 | 8.165 | 正丅 | 7 |
| 7 | 8.205~8.285 | 8.245 | 正 | 5 |
| 8 | 8.285~8.365 | 8.325 | 正 | 4 |
| 9 | 8.365~8.445 | 8.405 | 丅 | 2 |
| 10 | 8.445~8.525 | 7.485 | 一 | 1 |

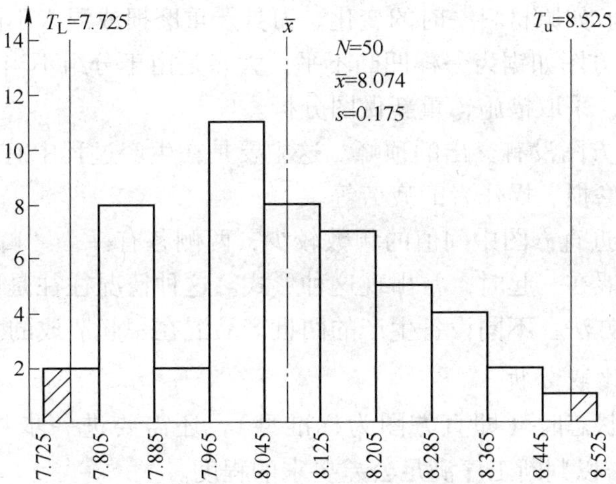


图 3-9 产品重量直方图

#### 3.2.6.3 直方图的判断

直方图的观察、判断主要从以下两方面进行：

A 形状分析

观察直方图的图形形状，看是否属于正常的分布，分析工序是否处于稳定状态，判断产生异常分布的原因。不同形状的直方图由图 3-10 所示。

（1）标准型。标准型又称对称型。数据的平均值与最大和最小值的中间值相同或接近，平均值附近的数据频数最多，频数在中间值向两边缓慢下降，并且以平均值左右手对称。这种形状是最常见的。这时判定工序处于稳定状态。

（2）偏态型。数据的平均值位于中间值的左侧（或右侧），从左至右（或从右至左），数据分布的频数增加后突然减少，形状不对称。一些有形位公差等要求的特性值是偏向型分布，也有的是由于加工习惯而造成的。例如，由于加工者担心产生不合格品，在加工孔时常常偏小，而呈左偏型；加工轴时常常偏大，而呈右偏型。

（3）孤岛型。在直方图的左边或右边出现孤立的长方形。这是测量有误，或生产中出

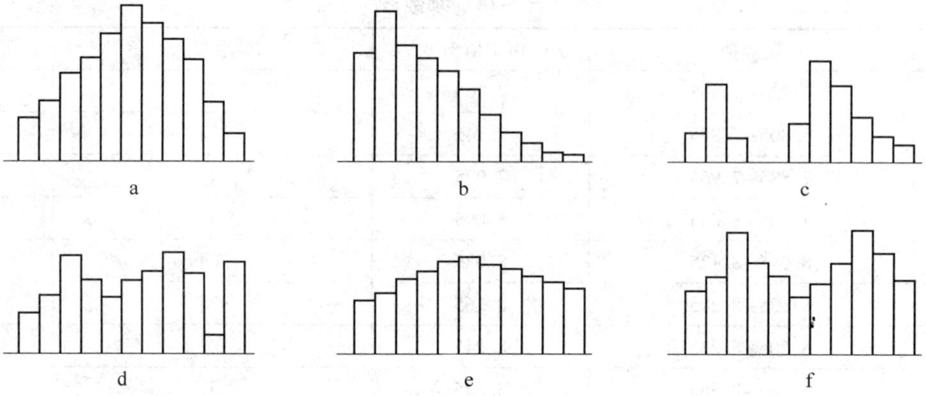


图 3-10 直方图的形状

a—标准型；b—偏态型；c—孤岛型；d—锯齿型；e—平顶型；f—双峰型

现异常因素而造成的。如原材料一时的变化、刀具严重磨损或混入不同规格产品等。

（4）锯齿型。直方图如锯齿一样凹凸不平，大多是由于分组不当或是检测数据不准而造成的。应查明原因，采取措施，重新做图分析。

（5）平顶型。直方图没有突出的顶峰。这主要是在生产过程中有缓慢变化的因素影响而造成的。如刀具的磨损、操作者的疲劳等。

（6）双峰型。靠近直方图中间值的频数较少，两侧各有一个“峰”。当有两种不同的平均值相差大的分布混在一起时，常出现这种形式。这种情况往往是由于把不同材料、不同加工者、不同操作方法、不同设备生产的两批产品混在一起造成的。

B 与规格界限比较分析

当工序处于稳定状态时（即直方图为标准型），还需要进一步将直方图与规格界限（即公差）进行比较，以判断工序满足公差要求的程度。

（1）理想型（图 3-11a）。直方图的分布中心（$\bar{x}$）和公差中心 $T_m$ 近似重合，其分布在公差范围内，且两边有些余量。这种情况，一般来说是很少出现不合格品的。根据概率计算，公差范围 $T$ 大约等于数据标准差 $s$ 的 8 倍，这是最理想的情况。

（2）偏心型（图 3-11b、c）。直方图的分布在公差范围内，但分布中心 $\bar{x}$ 和公差中心 $T_m$ 有较大偏移。这种情况，工序如稍有变化，就可能出现不合格品。因此应调整分布中心 $\bar{x}$ 和公差中心 $M$ 近似重合。

（3）无富裕型（图 3-11d）。直方图的分布在公差范围内，两边均没有余地。这种情况应立即采取措施，设法提高工序能力，缩小标准差 $s$。

（4）胖型（图 3-11e、f、g）。直方图的分布超过公差范围。图 3-11e、f 说明质量分布中心偏离，分散程度也大。这时应缩小分散程度，并把分布中心移到中间来。图 3-11g 说明加工精度不够，应提高加工精度，缩小标准差，也可从公差标准制订的严松程度考虑。

（5）瘦型（图 3-11h）。直方图的分布在公差范围内，且两边有过大的余地。这种情况表明，虽然不会出现不合格品，但很不经济，属于过剩质量。除特殊精密、主要的零件外，一般应适当放宽材料、工具与设备的精度要求，或放宽检验频次以降低鉴别成本。

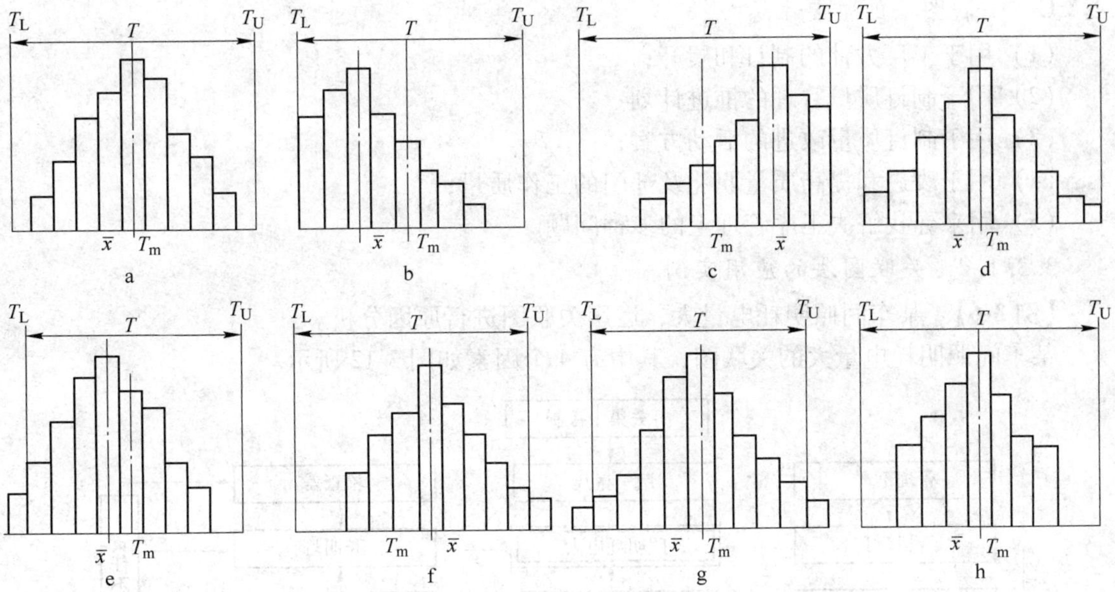


图 3-11 直方图分布与规格界限比较

## 3.3 质量管理的新工具

上一节介绍了“老七种工具”，日本在开展全面质量管理的过程中将关联图、KJ 法、系统图、矩阵图、矩阵数据分析法、PDPC 法以及箭条图统称为“新七种工具”。这新七种工具的提出不是对“老七种工具”的替代，而是对它的补充和丰富。

“老七种工具”的特点是强调用数据说话，重视对制造过程的质量控制；而“新七种工具”则基本是整理、分析语言文字资料（非数据）的方法，着重用来解决全面质量管理中 PDCA 循环的 P（计划）阶段的有关问题。因此，“新七种工具”有助于管理人员整理问题、展开方针目标和安排时间进度。

### 3.3.1 关联图

3.3.1.1 关联图法的概念和用途

A 关联图法的概念

关联图用箭头表示各项存在的问题及其原因以及原因之间、各项目及其手段以及手段之间错综复杂的逻辑关系的图形，从而找出主要因素。

B 关联图的基本构成

(1) 将表示原因或手段的短文或词语用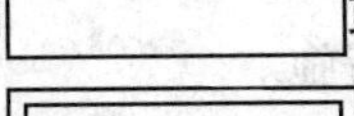或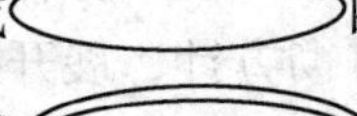圈起来；

(2) 将表示问题或目标的短文或词语用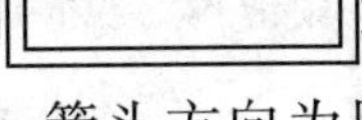或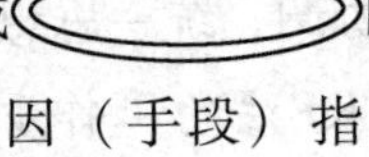圈起来；

(3) 将相关项目用箭头⟶连接起来，箭头方向为原因（手段）指向问题点（目标）。

C 关联图法的主要用途

(1) 用于工厂方针的制订和展开；

(2) 用于制订质量管理的推进计划；

(3) 用于制订质量改进的活动方案；

(4) 用于改进和提高质量职能及部门的工作质量；

(5) 用来寻找解决工序管理上的多种问题。

3.3.1.2 关联图法的应用实例

**【例 3-6】** 某车间照明耗电量大，运用关联图进行原因分析。

某车间照明耗电量大的关联图，其中有 4 个因素如图 3-12 所示。

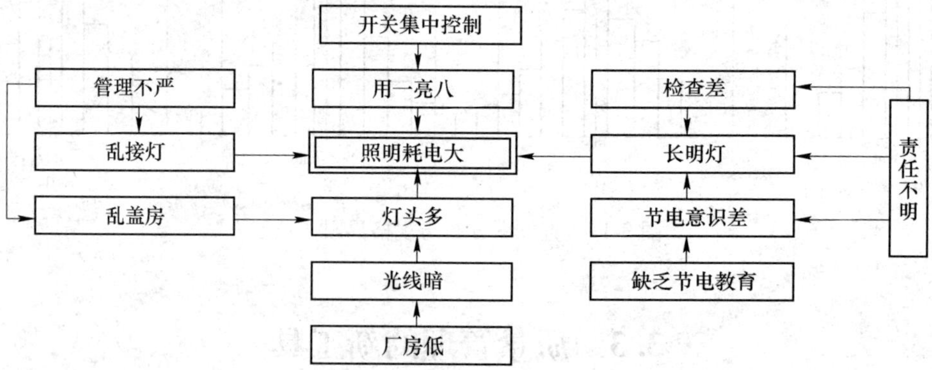


图 3-12 车间照明耗电量大关联图

## 3.3.2 KJ 法

3.3.2.1 KJ 法概念及用途

KJ 法是日本川喜二郎（KAWAKITA JIKO）提出并在实践中推广应用的。这一方法是从错综复杂的现象中，用一定的方式整理思路、抓住思想实质、找出解决问题新途径的方法。

KJ 法不同于统计方法，统计方法强调一切用数据说话，而 KJ 法则主要靠用事实说话、靠“灵感”发现新思想、解决新问题。

KJ 法所用的工具是 A 型图解。而 A 型图解就是把收集到的某一特定主题的大量事实、意见或构思语言资料，根据它们相互间的关系分类综合的一种方法，如图 3-13 所示。

KJ 法一般用于以下情况：

(1) 认识新事物（新问题、新办法）。

(2) 整理归纳思想。

(3) 用于打破常规，标新立异。

(4) 用于贯彻方针，展开措施。

(5) 促进协调，统一思想。

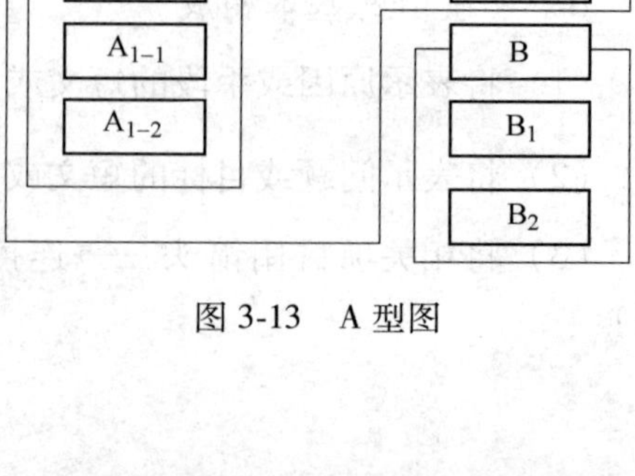


图 3-13 A 型图

3.3.2.2 KJ 法的工作步骤

(1) 确定对象（或用途）。KJ 法适用于解决那种非解决不可，且又允许用一定时间去解决的问题。

（2）收集语言、文字资料。收集时，要尊重事实，找出原始思想。

收集这种资料的方法有三种：

1）直接观察法。

2）面谈阅览法。

3）个人思考法。

（3）把所有收集到的资料，包括“思想火花”，制作成卡片。

（4）整理卡片。反复阅读卡片，把内容相近的卡片汇总在一起，并标记分类标识。

（5）绘制 A 型图。把最终绘制好的卡片，按照比较容易寻找的相互位置进行展开排列，用适当的记号画出其相互关系，用 A 型图表示出来。

（6）口头表达并写出书面报告。

**【例 3-7】** 开设一家受欢迎的快餐店的 KJ 图如图 3-14 所示。

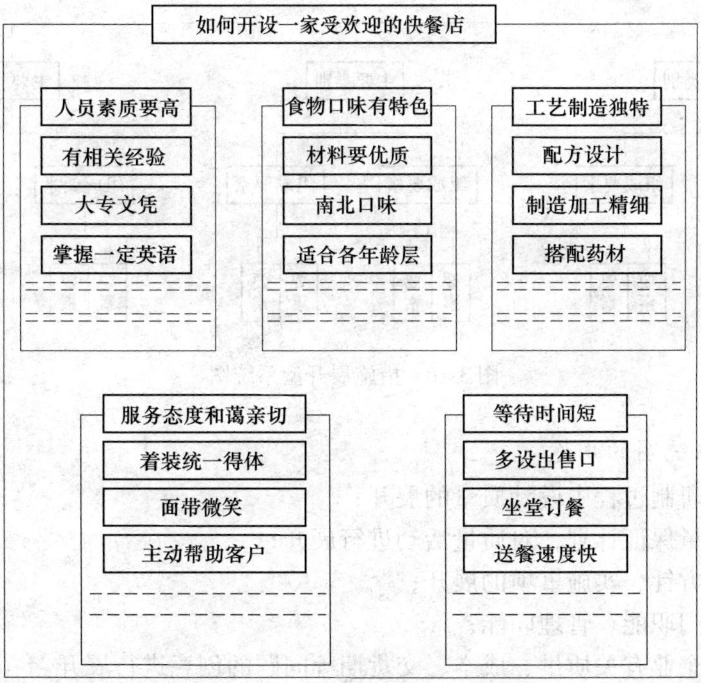


图 3-14 开设一家受欢迎的快餐店的 KJ 图

### 3.3.3 系统图法

#### 3.3.3.1 系统图的概念和分类

系统图就是把要实现的目的与需要采取的措施或手段系统地展开，并绘制成图，以明确问题的重点，寻找最佳手段或措施的一种方法。

在质量管理中，系统图法就是把达到目的所需的手段、方法按系统展开，通过制作出系统图，然后利用此系统图掌握问题的全貌，明确质量问题的重点，进而找出欲达到的目的的手段。

系统图一般分为两类：因素展开型系统图（见图 3-15）和措施展开型系统图（见图 3-16）。

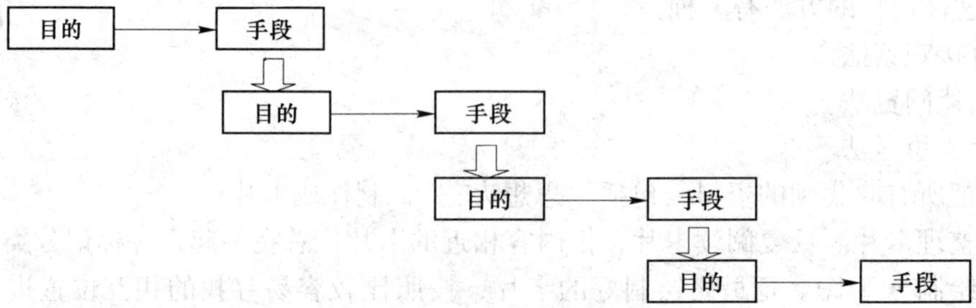


图 3-15 因素展开型系统图

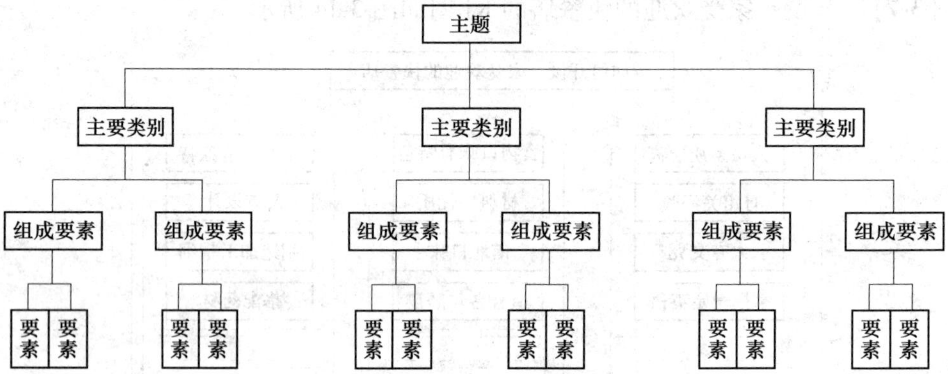


图 3-16 措施展开型系统图

3.3.3.2 系统图的用途

（1）新产品研制过程中设计质量的展开；
（2）制订质量保证计划，对质量活动进行展开；
（3）目标、方针、实施事项的展开；
（4）明确部门职能、管理职能；
（5）对解决企业有关质量、成本、交货期等问题的创意进行展开。

3.3.3.3 系统图的制作步骤

（1）确定目的和目标；
（2）提出手段和措施；
（3）评价手段和措施，决定取舍；
（4）第一次展开，讨论出达成目的的手段；
（5）第二次展开，再展开，直到不能再展开，或认为可具体实施为止；
（6）制作实施手段的评价表；
（7）绘制措施卡片，作成系统图；
（8）制订实施计划。

**【例 3-8】** 如果公司 5S 定置管理不良，请利用系统图法进行原因分析和对策制定。

从5个方面考虑不足现象，即整理、整顿、清扫、清洁和素养，系统图如图3-17所示。

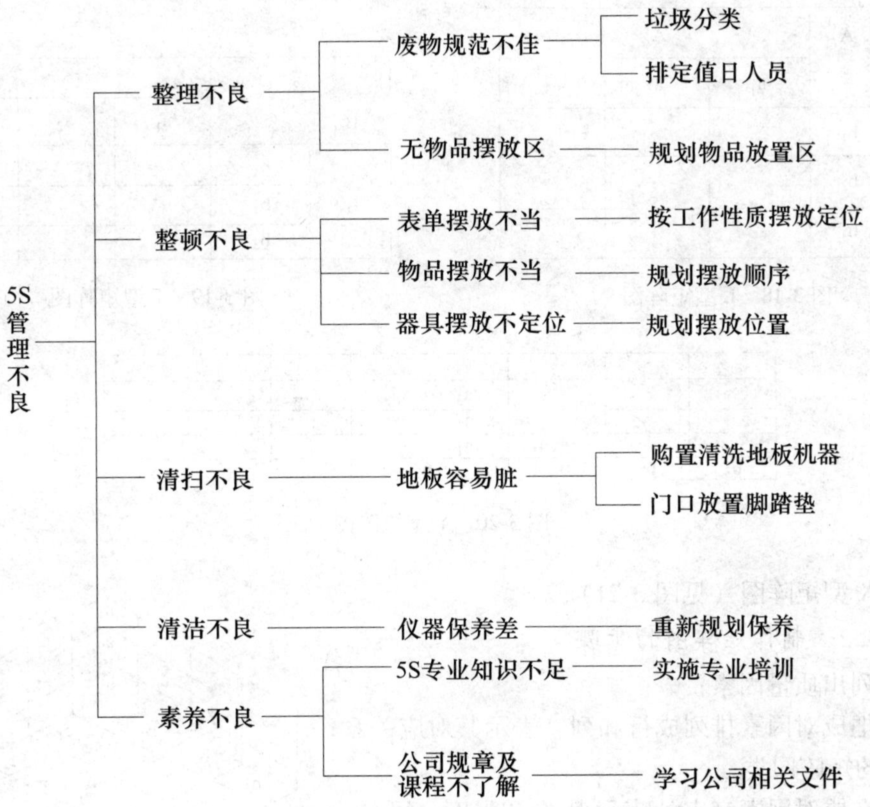


图3-17 公司5S管理不良系统图

### 3.3.4 矩阵图

#### 3.3.4.1 矩阵图的用途及种类

矩阵图是利用数学上矩阵的形式表示因素间的相互关系，从中探索问题所在并得出解决问题的设想。它把与问题有对应关系的各个因素，列成一个矩阵图；然后，根据矩阵图的特点进行分析，从中确定关键点（或着眼点）的方法。

A 矩阵图的用途

在质量管理中，常用矩阵图法解决以下问题：

（1）找出研制新产品或改进老产品的切入点；

（2）用以分析产品出现问题的原因；

（3）强化质量评价体制；

（4）查清不良现象及其产生原因的相互关系。

B 矩阵图的种类

矩阵图根据所分析因素组的多少和因素之间的关系，可分为4种类型：

（1）L型矩阵图（见图3-18）；

（2）T 型矩阵图（见图 3-19）；

（3）Y 型矩阵图（见图 3-20）；

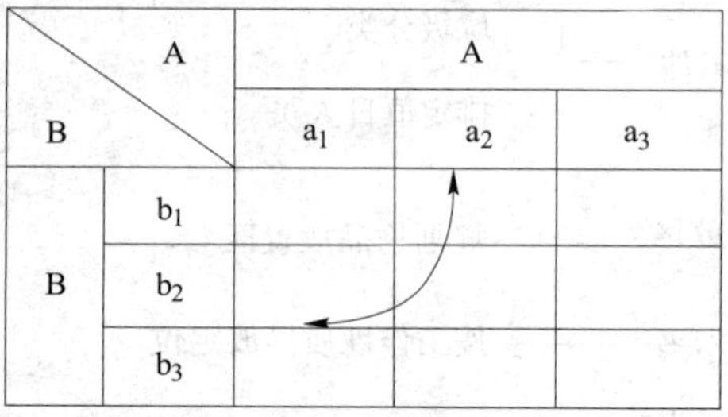


图 3-18 L 型矩阵图

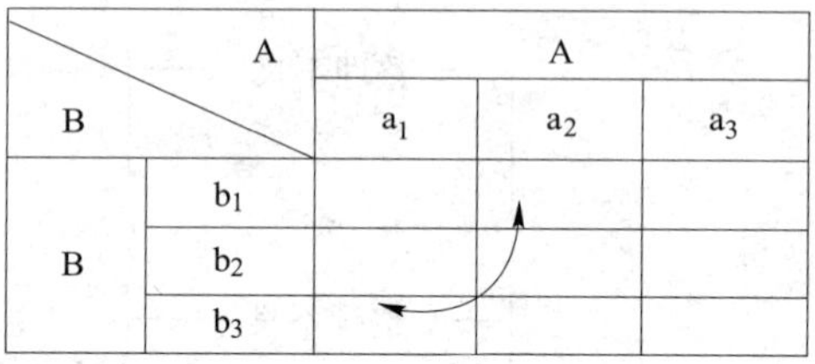


图 3-19 T 型矩阵图

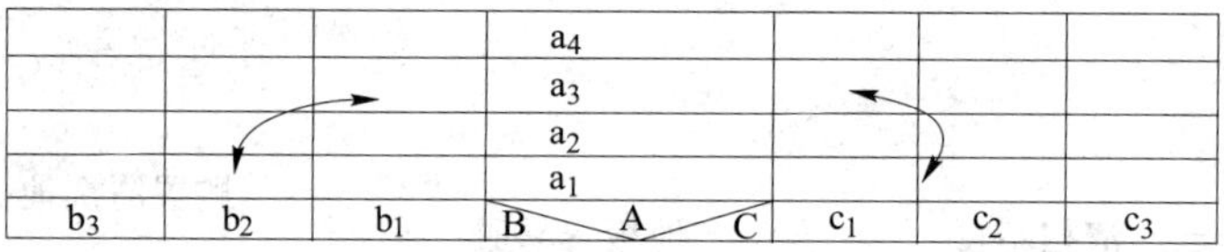


图 3-20 Y 型矩阵图

（4）X 型矩阵图（见图 3-21）。

3.3.4.2 制作矩阵图的步骤

（1）列出质量因素；

（2）把成对因素排列成行和列，表示其对应关系；选择合适的矩阵图类；

（3）在成对因素交点处表示其关系程度，可分为三种：关系密切、关系较密切、关系一般（或可能有关系），并用不同符号表示；

（4）根据关系程度确定必须控制的重点因素；

（5）针对重点因素做对策表。

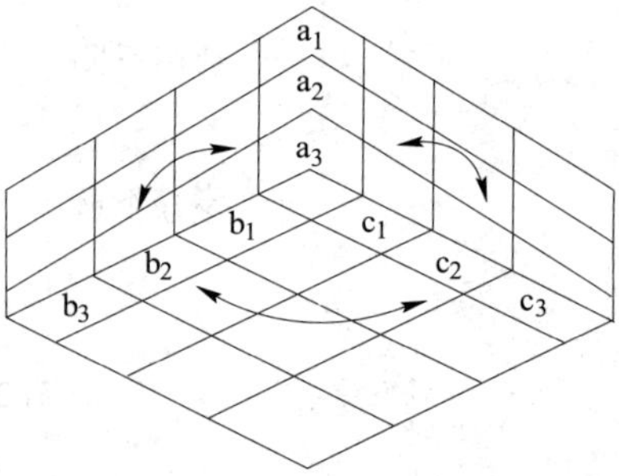


图 3-21 X 型矩阵图

**【例 3-9】** 打火机的要求品质与特性重要程度的矩阵图（L 型）

打火机的要求品质与特性重要程度的矩阵图（L 型）如表 3-15 所示。

**表 3-15 L 型打火机的要求品质与特性重要程度的矩阵图**

| 特性<br>要求品质 | 形状尺寸 | 重量 | 耐久性 | 着火性 | 操作性 | 外观 |
|---|---|---|---|---|---|---|
| 确实能点着火 | | | △ | ○ | △ | |
| 使用简便 | ○ | ○ | | | △ | |
| 携带安心 | △ | × | ○ | △ | | |
| 可长时间使用 | | | ○ | △ | △ | × |
| 造型良好 | △ | △ | | | | ○ |
| 爱不离手 | | | △ | | △ | ○ |

注：○表示强对应；△：表示中对应；×：表示弱对应。

### 3.3.5 矩阵数据分析法

3.3.5.1 矩阵数据分析法概述

矩阵图上各元素间的关系如果能用数据定量化表示，就能更准确地整理和分析结果。这种可以用数据表示的矩阵图法，叫做矩阵数据分析法。

在 QC 新七种工具中，数据矩阵分析法是唯一一种利用数据分析问题的方法，但其结果仍要用图形表示。它是一种定量分析问题的方法，往往需要借助电子计算机来求解。

矩阵数据分析法，与矩阵图法类似。它区别于矩阵图法的是：不是在矩阵图上填符号，而是填数据，形成一个分析数据的矩阵。

3.3.5.2 矩阵数据分析法的原理

在矩阵图的基础上，把各个因素分别放在行和列，然后在行和列的交叉点中用数量来描述这些因素之间的对比，再进行数量计算，定量分析，确定哪些因素相对比较重要的。

**【例 3-10】** 在做产品设计之前，向顾客调查对产品的要求。利用这个方法就能确定哪些因素是临界质量特性。

（1）确定需要分析的各个方面。我们通过 KJ 图得到以下几个方面，需要确定它们相对的重要程度：易于控制、易于使用、网络性能、和其他软件可以兼容、便于维护。

（2）组成数据矩阵。

（3）确定对比分数。以“行”为基础，逐个和“列”对比，确定分数。自己和自己对比的地方都打 0 分。“行”比“列”重要，给正分。分数范围从 9 到 1 分。打 1 分表示两个重要性相当。譬如，第 2 行“易于控制”分别和 C 列“易于使用”比较，重要一些，打 4 分。和 D 列“网络性能”比较，相当，打 1 分。……如果“行”没有“列”重要，给反过来重要分数的倒数。譬如，第 3 行的“易于使用”和 B 列的“易于控制”前面已经对比过了。前面是 4 分，现在取倒数，1/4 = 0.25。有 D 列“网络性能”比，没有“网络性能”重要，反过来，“网络性能”比“易于使用”重要，打 5 分。现在取倒数，就是 0.20。

（4）加总分。按照“行”把分数加起来。在 G 列内得到各行的“总分”。

（5）算权重分。把各行的“总分”加起来，得到“总分之和”。再把每行“总分”除以“总分之和”得到 H 列每个“行”的权重分数。权重分数愈大，说明这个方面最重要，因此“网络性能”34.92 分，最重要。其次是“易于控制”26.19 分。如表 3-16 所示。

**表 3-16 矩阵数据分析法示例**

| 项目 | 易于控制 | 易于使用 | 网络性能 | 软件兼容 | 便于维护 | 总分 | 权重/% |
|---|---|---|---|---|---|---|---|
| 易于控制 | 0 | 4 | 1 | 3 | 1 | 9 | 26.19 |
| 易于使用 | 0.25 | 0 | 0.20 | 0.33 | 0.25 | 1.03 | 3.0 |
| 网络性能 | 1 | 5 | 0 | 3 | 3 | 12 | 34.92 |
| 软件兼容 | 0.33 | 3 | 0.33 | 0 | 0.33 | 4 | 11.64 |
| 便于维护 | 1 | 4 | 0.33 | 3 | 0 | 8.33 | 24.24 |
| 总分之和 | 9 + 1.03 + 12 + 4 + 8.33 = 34.36 | | | | | | |

### 3.3.6 PDPC 法

PDPC 法（Process Decision Program Chart），又称过程决策程序图法。它是在制订达到研制目标的计划阶段，对计划执行过程中可能出现的各种障碍及结果，作出预测，并相应地提出多种应变计划的一种方法，如图 3-22 所示。这样，在计划执行过程中，遇到不利情况时，仍能有条不紊地按第二、第三或其他计划方案进行，以便达到预定的计划目标。

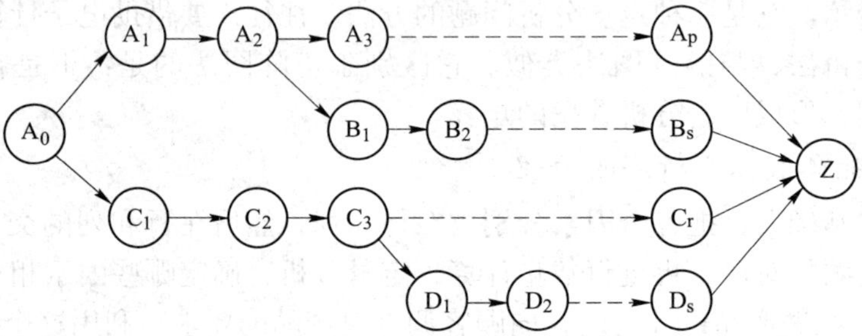


图 3-22 过程决策程序图

首先制订出从 $A_0$ 到 Z 的措施是 $A_1$、$A_2$、$A_3$……$A_p$ 的一系列活动计划。在讨论中，考虑到技术上或管理上的原因，要实现措施 $A_3$ 有不少困难。于是，从 $A_2$ 开始制订出应变计划（即第二方案）经 $A_1$、$A_2$、$B_1$、$B_2$、…、$B_s$ 到达 Z 目标。同时，还可以考虑同样能达到目标 Z 的 $C_1$、$C_2$、$C_3$、…、$C_r$ 或者 $C_1$、$C_2$、$C_3$、$D_1$、…、$D_s$ 的另外两处系列的活动计划。这样，当前面的活动计划遇到问题、难以实现 Z 水平时，仍能及时采用后面的活动计划，达到 Z 的水平。

**【例 3-11】** 某维修 QC 小组制定保证减少设备停机影响生产的 PDPC 图来指导小组工作，如图 3-23 所示。

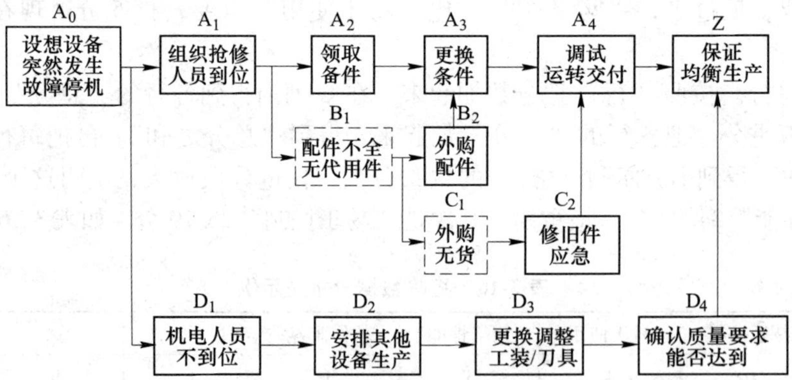


图 3-23 减少设备停机影响生产的 PDPC 图

### 3.3.7 箭条图

箭条图，又称矢线图法。它是计划评审法在质量管理中的具体运用，使质量管理的计划安排具有时间进度内容的一种方法。它有利于从全局出发、统筹安排、抓住关键线路，集中力量，按时和提前完成计划。

箭条图法的工作步骤：

（1）调查工作项目，把工作项目的先后次序，由小到大进行编号。

（2）用箭条“→”代表某项作业过程，如◎→①、①→②等。箭杆上方可标出该项作业过程所需的时间数，作业时间单位常以日或周表示。

各项作业过程的时间的确定，可用经验估计法求出。通常，作业时间按三种情况进行估计：乐观估计时间，用 $a$ 表示；悲观估计时间，用 $b$ 表示；正常估计时间，用 $m$ 表示。则经验估计作业时间 $=(a+4m+b)/6$，这种经验估计法，又称三点估计法。

例如，对某一作业过程的时间估计 $a$ 为 3 天，$b$ 为 7 天，$m$ 为 2 天。则，用三点估计法求得的作业时间为 $(3+4\times2+7)/6=3$（天）

（3）划出箭条图。假定某一箭条图如图 3-24 所示。

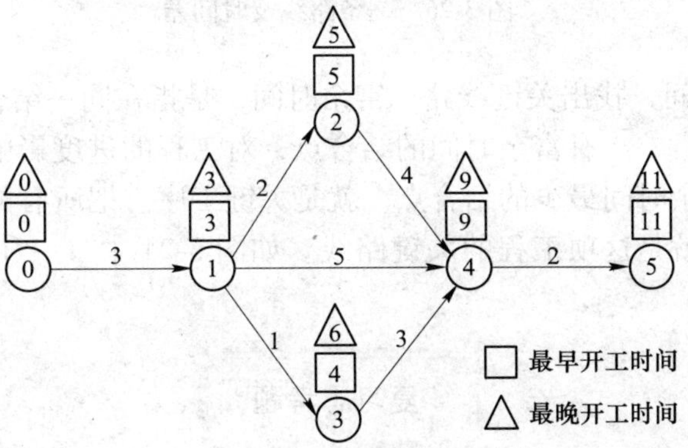


图 3-24 某一箭条图

（4）计算每个结合点上的最早开工时间。某结合点上的最早开工时间，是指从始点开始顺箭头方向到该结合点的各条路线中，时间最长一条路线的时间之和。例如，从图 3-24 的结合点④，就有三条路线：这三条路线的时间之和，分别为 9，8，7，如图 3-25 所示。所以，结合点④的最早开工时间为 9，通常可写在方框内表示。其他各结合点最早开工时间的计算同理。

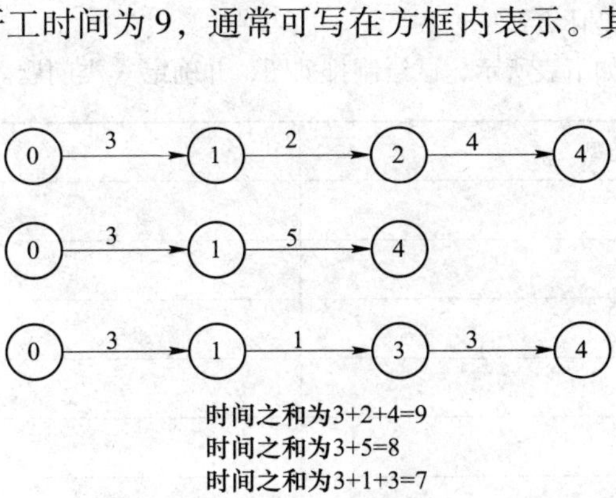


图 3-25 三条路线及时间之和

（5）计算每个结合点上的最晚开工时间。某结合点上的最晚开工时间，是指从终点逆箭头方向到该结合点的各条路线中时间差最小的时间，如图 3-24 中的结合点①。从终点到①有三条路线，这三条路线的时间差，分别为3，4，5，如图3-26所示。所以，结合点①的最晚开工时间为3。通常可将此数写在三角形内表示。其他各结合点的最迟开工时间计算同理。

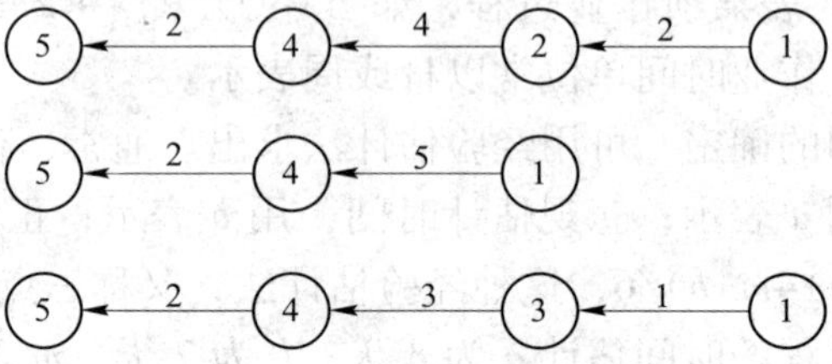


时间差为11–2–4–2=3
时间差为11–2–5=4
时间差为11–2–3–1=5

图3-26　三条路线及时间差

（6）计算富余时间，找出关键线路。富余时间，是指在同一结合点上最早开工时间与最晚开工时间之间的时差。有富余时间的结合点，对工程的进度影响不大，属于非关键工序。无富余时间或富余时间最少的结合点，就是关键工序。把所有的关键工序按照工艺流程的顺序连接起来，就是这项工程的关键路线。如图3-24中◎→①→②→④→⑤就是关键路线。

## 复习思考题

1. 数据的类型有哪些，它们之间有什么区别？
2. 质量特征数主要有哪些，平均数与标准偏差如何计算？
3. 排列图的作图步骤是什么？
4. 因果图、散布图和直方图的作用各是什么？
5. 质量管理的新七种工具分别是什么？
6. 关联图的概念和用途是什么？
7. 某铸件质量缺陷统计如下表所示，试绘制排列图，并确定A类问题。

| 不合格类型 | 数量 |
|---|---|
| 断裂 | 12 |
| 擦伤 | 40 |
| 污染 | 6 |
| 弯曲 | 102 |
| 裂纹 | 4 |
| 砂眼 | 20 |
| 其他 | 16 |
| 合计 | 200 |

8. 从某大学的400名学生的“质量与可靠性”课程的成绩中随机抽取60名学生的成绩如下，请绘制该门课程成绩的直方图。

| | | | | | | | | | | | | | | | | | | | |
|---|---|---|---|---|---|---|---|---|---|---|---|---|---|---|---|---|---|---|---|
| 60 | 62 | 65 | 67 | 67 | 67 | 68 | 68 | 68 | 69 | 69 | 69 | 70 | 71 | 72 | 72 | 72 | 72 | 74 | 75 |
| 76 | 76 | 76 | 76 | 78 | 79 | 80 | 80 | 80 | 81 | 81 | 82 | 82 | 82 | 83 | 83 | 83 | 83 | 83 | 83 |
| 84 | 84 | 85 | 85 | 85 | 87 | 88 | 88 | 88 | 90 | 91 | 91 | 93 | 93 | 94 | 94 | 95 | 96 | 97 | 98 |

# 4 统计过程控制

## 4.1 统计过程控制概述

### 4.1.1 质量的波动和分布

#### 4.1.1.1 质量的波动

工序质量在各种影响因素的制约下，呈现波动性。工序质量波动包括产品之间的波动、单个产品与目标值之间的波动。由于设计已确定了产品质量水平，所以考核工序质量好坏，主要看其波动性大小。波动小，工序质量就稳定；波动大，工序质量就不稳定。如果进一步进行分析，工序质量波动可分为正常波动和异常波动两类。

（1）正常波动。工序中的正常波动又称随机波动。应当指出，即使是在符合规定的工艺条件下生产，仍会产生原材料性质上的微小差异，机床的轻微振动，刀具的正常磨损，夹具的微小松动，工人操作上的微小变化，车间温度、湿度的微小变化等，它们都会使工序质量产生波动。但是它们在什么时候发生，具有一定的随机性（偶然性），因此，亦称随机波动。正常波动对工序质量的影响较小，在技术上难以测量和消除。

（2）异常波动。工序中的异常波动又称系统波动。它是由某种特定原因引起的，例如混入了不同规格成分的原材料，机床、刀具的过度磨损，夹具的严重松动，机床或刀具安装和调整不准确，孔加工基准尺寸的误差，界限量规基准尺寸的误差等，引起了工序质量的较大波动。异常波动对工序质量的影响较大。

当工序只存在正常波动时，我们说工序是处于正常控制之中，此时的工序生产性能是可以预测的。生产过程控制系统的目标是当工序出现异常波动时迅速发出信号，使我们能很快查明原因并采取行动消除波动。

这两类波动的具体区别，详见表4-1。

**表4-1　正常波动与异常波动的比较**

| 类型 | 发生原因 | 对工序质量影响程度 | 是否避免 | 消除难免 | 消除费用 | 处理 |
|---|---|---|---|---|---|---|
| 正常波动 | 许多 | 小 | 不可避免 | 难 | 大 | 保持 |
| 异常波动 | 单一 | 大 | 可避免 | 易 | 小 | 消除 |

需要注意的是，随着科学技术的发展和人们认识水平的提高，正常波动可能转化为异常波动。此外，在正常情况下，仍需密切重视和控制其在一个适度水平。否则，任其发展，不加控制，机床的轻微振动也有可能转化为严重振动；刀具正常磨损也有可能转化为过度磨损。这时正常波动也可能转化为异常波动。概括地说，工序质量控制的任务就是保持正常波动，消除异常波动。

4.1.1.2 质量的分布

产品质量虽然是波动的，但正常波动是有一定规律的，即存在一种分布趋势，形成一个分布带，这个分布带的范围反映了产品精度。产品质量分布可以有多种形式，如均匀分布、正态分布等。

（1）正态分布曲线。实践证明，在正常波动下，大量生产过程中产品质量特性波动的趋势大多服从正态分布。因此，正态分布是一个最普遍、最基本的分布规律。正态分布图形是一条中间高、两边低的“钟形”状态曲线，它具有集中性、对称性等特点。如图 4-1 所示。

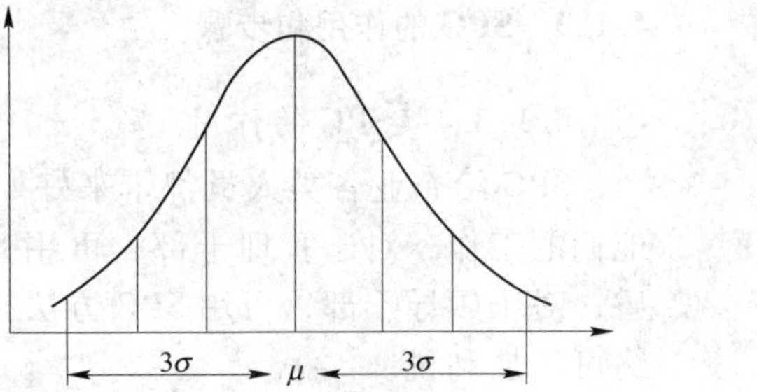

图 4-1 正态分布曲线

（2）正态分布的特点。正态分布由两个参数决定：均值 $\mu$ 和标准差 $\sigma$，均值 $\mu$ 是正态分布曲线的位置参数，当标准差 $\sigma$ 相同时其曲线形状相同，只是曲线中心的位置不同。标准差 $\sigma$ 是衡量数据分布离散程度的参数，当 $\mu$ 值相同时，曲线的中心位置相同，而曲线的形状不同。随 $\sigma$ 值的增大曲线变得越来越“矮”，越来越“胖”。正态分布曲线与坐标横轴所围成的面积等于 1。可以算出：在 $\mu \pm \sigma$ 范围内的面积为 68.26%；在 $\mu \pm 2\sigma$ 范围内的面积为 95.45%；在 $\mu \pm 3\sigma$ 范围内的面积为 99.73%。

### 4.1.2 统计过程控制的概念和发展简史

（1）统计过程控制的概念。统计过程控制即 SPC（Statistical Process Control，SPC）。统计过程控制是应用统计技术对过程中的各个阶段进行评估和监控，建立并保持过程处于可接受的并且稳定的水平，从而保证产品与服务符合规定的要求的一种质量管理技术。SPC 强调全过程的预防为主。

SPC 是一种借助数理统计方法的过程控制工具。它对生产过程进行分析评价，根据反馈信息及时发现系统性因素出现的征兆，并采取措施消除其影响，使过程维持在仅受随机性因素影响的受控状态，以达到控制质量的目的。

当过程仅受随机因素影响时，过程处于统计控制状态（简称受控状态）；当过程中存在系统因素的影响时，过程处于统计失控状态（简称失控状态）。由于过程波动具有统计规律性，当过程受控时，过程特性一般服从稳定的随机分布；而失控时，过程分布将发生改变。SPC 正是利用过程波动的统计规律性对过程进行分析控制。因而，它强调过程在受控和有能力的状态下运行，从而使产品和服务稳定地满足顾客的要求。

（2）SPC 的发展简史。工序控制的概念与实施过程监控的方法早在 20 世纪 20 年代就由美国休哈特（W. A. Shewhart）提出，今天的 SPC 与休哈特的方法并无本质区别。

在第二次世界大战后期，美国开始将休哈特的理论用于实践，首先在军工部门推行。但是，上述统计控制方法未在美国制造业牢固扎根，第二次世界大战以后即已衰退。因此，美国在 1950~1980 年这段时间内，SPC 除了少数企业外，几乎从制造业消失。然而，与此同时在战后经济遭到严重破坏的日本，经过 30 年的努力，却跃居世界质量与生产率方面的领先地位。

在强有力的竞争下，从 80 年代起，SPC 在西方开始复兴，并列为高科技技术之一。

如加拿大钢铁公司（STELCO）在1988年列出的该公司高科技方向中第七项就列为高科技的SPC。美国从80年代起又开始在汽车工业、钢铁工业大规模推行SPC，如福特汽车公司、通用汽车公司，克莱斯勒汽车公司、伯利恒钢铁公司等。此外，SPC在西欧各国及东南亚一些国家也得到了广泛的发展。

### 4.1.3 SPC的作用和步骤

4.1.3.1 SPC的作用

SPC给企业各类人员都带来好处。对于生产第一线的操作者，可用SPC方法改进他们的工作；对于管理干部，可用SPC方法消除生产部门与质量管理部门之间的矛盾；对于领导干部，可用SPC方法控制产品质量，减少返工与浪费，提高生产率，最终可增加利税。

SPC非常适用于重复性生产过程。它能够对过程做出可靠的评估；确定过程的统计控制界限，判断过程是否失控和过程是否有能力；为过程提供一个早期报警系统，及时监控过程的情况以防止废品的发生；减少对常规检验的依赖性，定时的观察以及系统的测量方法替代了大量的检测和验证工作。

SPC作为质量改进的重要工具，不仅适用于工业过程，也适用于服务等一切过程性的领域。在过程质量改进的初期，SPC可帮助确定改进的机会，在改进阶段完成后，可用SPC来评价改进的效果并对改进成果进行维持，然后在新的水平上进一步开展改进工作，以达到更强大、更稳定的工作能力。

SPC的特点是：全系统的，要求全员参加，人人有责；强调用科学方法来保证，这里主要应用统计方法，尤其是控制图。

4.1.3.2 SPC的步骤

实施SPC的过程一般分为两大步骤：首先用SPC工具对过程进行分析，如绘制分析用控制图等；根据分析结果采取必要措施：可能需要消除过程中的系统性因素，也可能需要管理层的介入来减小过程的随机波动以满足过程能力的要求。第二步则是用控制图对过程进行监控。

（1）SPC培训。培训内容主要有下列各项：SPC的重要性；正态分布等统计基本知识；质量管理的7个工具，其中控制图是培训重点；以及制订工序流程图；制定工序控制标准等。

（2）确定关键变量（关键质量因素）。

1）对全厂每道工序都要进行分析（可用因果图），找出对产品质量影响最大的变量，即关键变量（可用排列图）。如美国LTV钢铁公司共确定了大约20000个关键变量。

2）找出关键变量后，列出工序流程图。即在图中按工艺流程顺序将每道工序的关键变量列出。

（3）提出或改进规格标准。

1）对步骤（2）所得到的每个关键变量进行详细分析。

2）对每个关键变量建立工序控制标准，并填写工序控制标准表，见表4-2。

完成本步骤最困难、最费时间。例如制订一个部门或车间的所有关键变量的工序控制标准，一个人干大约需要两年多时间。

(4) 在各部门落实。将具有立法性质的有关工序控制标准的文件编制成明确易懂、便于操作的手册，供各道工序使用。如美国 LTV 钢铁公司共编制了 600 本工序控制标准手册 (见表 4-2)。

**表 4-2 工序控制标准表**

| | | | | | | | | | |
|---|---|---|---|---|---|---|---|---|---|
| 所在车间 | | 控制点 | | 控制因素 | | 文件号 | | 制订日期 | |
| 控制内容 | | | | | | | | | |
| 过程标准 | | | | | | | | | |
| 控制理由 | | | | | | | | | |
| 测量规定 | | | | | | | | | |
| 数据报告途径 | | | | | | | | | |
| 控制图 | 有无建立<br>控制图 | | 控制图<br>类型 | | 制订者<br>制订日期 | | 批准者<br>批准日期 | | |
| 纠正性措施 | | | | | | | | | |
| 操作程序 | | | | | | | | | |
| 审核程序 | | | | | | | | | |
| 制订者 | | | | | 审批者 | | | | |

(5) 统计监控工序。主要应用控制图对工序进行监控。在本步骤，能够清楚地了解关键变量是如何受控的。依据本步骤的实践，可以对工序控制标准手册加以调整，即反馈到步骤 (4)。

(6) 诊断和采取措施解决问题。

1) 可以运用传统的质量管理方法，如 7 个工具进行分析。

2) 可以应用诊断理论，对工序进行分析与诊断。

3) 如果诊断和采取措施解决问题效果显著，则有可能列出一个新变量并制订新的工序控制标准，即反馈到步骤 (2) ~步骤 (4)。

### 4.1.4 案例分析

F 集团是国内一家大型摩托车民营企业集团，已经有 10 年的历史。集团下属摩托车发动机公司、摩托车整车公司、摩托车研究开发中心等二十几家公司，遍布国内外。集团年销售总额已经达到 47 亿元。

F 集团期望通过第二个十年的发展，成为中国摩托车行业的领袖，并在世界摩托车行业确立比较领先的地位。

对于国内摩托车市场的激烈竞争，集团总裁 Z 先生认为：只有打破低层次上的同质化价格竞争，才有可能走出困境，实现发展的抱负。因此，Z 非常重视产品的质量，极力强调质量在差异化战略中的特殊重要地位。

1999年，在Z总裁的强行推动下，集团下属的主要公司都已经通过了ISO 9000质量体系认证，并且根据Z的要求，这些公司广泛地使用了SPC方法。但是时间到了2001年，Z发现，这些公司的质量问题仍然很多，最使Z不能容忍的是以前发生的问题总是在重复发生。Z请来一位质量专家G，让G帮助解决这个难题。

Z提出了两个问题：

一是为什么公司推行了两年多的SPC，却看不到效果呢？

二是SPC到底有没有用？

G先采取了调查的方法。他在发动机公司了解情况，质量部部长拿出资料，显示了各种产品的合格率，并解释说："今年的指标是94%，虽然实际的合格率有一些波动，但是平均已经达到95%。"质量经理面带困惑地打断他说："是呀，指标没问题，可是客户的抱怨不断，我天天都是焦头烂额！"G问道："那么，合格率是怎么统计出来的？"部长说生产部门有统计资料。

于是他们一起来到生产部，看板上贴满了各种统计数据表和直方图、柱图、饼图。在接下来的时间里，G在分析员的帮助下对生产部七月份的某个产品的质量问题统计数据进行了简单的排列，之后，G又与公司的质量部人员、生产部人员、主管技术的总工程师以及公司总经理进行了分别的交谈，对他们所焦虑的问题、采取的措施和他们对采取措施的自我评价得到了比较完整的结果。

三天之后，G、质量副总、质量部长、生产部长和技术部长坐在了一起。G说："根据我的调查和分析，公司的质量问题是这样分布的：有27%的问题无法辨明原因，除此之外，其他73%可以辨明原因的问题是：

（1）部件碰划伤、毛刺等外观问题占26%，居第一位；

（2）螺栓紧不到位的问题占13%，居第二位；

（3）变挡不灵的问题占8%，居第三位；

（4）纸垫漏油的问题占7%，居第四位；

（5）油封螺栓漏油的问题占4%，居第五位；

（6）沙孔漏油的问题占4%，居第六位；

另外，盖体漏油的问题占2%。

除问题（1）、（3）两项外，其余5项都是导致漏油的问题，合并计算占30%，所以，公司生产过程的质量问题以出厂检验中发现发动机漏油为最多。"

G为他们展示了从分析员那里得到的数据，以及他自己根据这些数据重新进行的计算和分析。经过讨论确定了如下的事项：

（1）以73%可以辨明原因的问题为基数（作为100%），漏油问题（41%）和外观问题（37%）累计占78%，按照80/20原则，公司以这两类问题为当前质量工作的重点；

（2）改变统计要求，以辨明主要问题为目的，重新选择SPC工具和数据的归纳、分析方法；

（3）按照解决这些主要问题的目标制定月度、季度和年度的质量计划，并确定考核指标。

过了一个月，公司的漏油问题得到了解决，SPC起到了关键作用。

# 4.2 工序能力分析

## 4.2.1 工序能力和工序能力指数

4.2.1.1 工序能力

工序能力是指工序在一定时间，处于控制状态（稳定状态）下的实际加工能力。它是工序固有的能力，或者说它是工序保证质量的能力。这里所指的工序，是指操作者、机器、原材料、工艺方法和环境五个基本质量因素综合作用的过程，也就是产品质量的生产过程。工序能力是工序控制的基础和重要标志。

通常用产品质量指标的实际波动幅度来描述工序能力的大小，如图 4-2 所示。

$$B = 6\sigma$$

式中，$B$ 表示工序能力；$\sigma$ 为标准偏差。

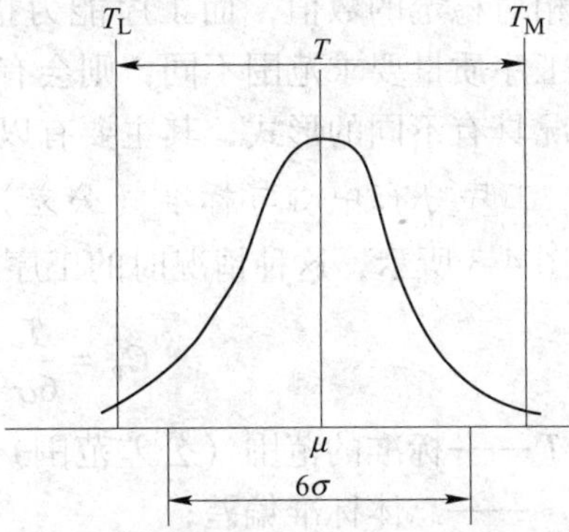

图 4-2 工序能力的概念

显然 $B$ 的数值愈小，工序能力愈强。之所以用 $6\sigma$ 表示工序能力的大小，是因为当生产过程处于控制状态时，在 $\mu \pm 3\sigma$ 范围内的产品占整个产品的 99.73%，即几乎包括了所有的产品。如果范围扩大一些，如取 $\mu \pm 4\sigma$ 或 $\mu \pm 5\sigma$，在此范围内可分别包括整个产品的 99.994% 和 99.99996%，这样会更全面一些，但从 $\mu \pm 3\sigma$（即 $6\sigma$）到 $\pm 4\sigma$（即 $8\sigma$）或 $\pm 5\sigma$（即 $10\sigma$），其波动范围增加了 $2\sigma$ 或 $2.5\sigma$，而包括的产品比例增大的并不多，这从经济上看效果是不好的。因此，工序能力取 $6\sigma$ 表示较为合适。这样确定的工序能力，可以兼顾全面性和经济性两个方面。

$6\sigma$ 的产品合格率是 99.73%，不合格率是 0.27%，这也就是质量管理中著名的六西格玛。

由上可知，工序能力 $B = 6\sigma$ 是有前提条件的，首先质量特性值必须服从正态分布；其次控制的结果，产品的合格率可以达到 99.73%。因此，上述工序能力的概念只能应用于一般质量控制中。对于粗加工或精密加工等特殊工序，不看前提条件，机械地套用 $B = 6\sigma$ 来衡量工序能力，将会有较大的误差。

工序能力除受工序 6 要素影响外，还受现时技术水平和管理水平都无法控制的因素的影响；或技术上虽然能控制，但费用太高，不能实施；或技术上虽然能够控制，但实际上未进行控制的因素的影响。一般说来，技术上或管理上本来能够控制工序能力，而实际上没有进行控制，这是造成工序能力不足的主要原因，因此，控制工序能力应重点抓这一主要原因。因为由于现有技术或投资条件达不到要求而影响工序能力，从目前来看，这不属于工序能力不足的问题，但从长远观点来看，应力求加以解决。

4.2.1.2 工序能力指数

工序能力只表示一种工序固有的实际加工能力，即工序能达到的质量水平，而与产品的技术要求无关。产品的技术要求是指产品质量指标的允许波动范围或公差范围，它是制定产品质量的标准和依据。为了反映和衡量工序能力满足技术要求的程度，引入了工序能力指数的概念。

工序能力指数是表示工序能力满足工序质量标准要求程度的量值，它用工序质量要求的范围（公差）和工序能力的比值表示，即

$$C_P = \frac{T}{6\sigma}$$

式中 $C_P$——工序能力指数；

$T$——公差（技术要求或质量标准）；

$6\sigma$——工序能力。

由上式可知，工序能力指数 $C_P$ 与工序能力 $6\sigma$ 是不同的。工序能力在一定工序条件下是一个相对稳定的数值，而工序能力指数则是一个相对的概念。工序能力相同的两个工序，若工序质量要求范围不同，则会有不同的工序能力指数。工序能力指数的计算，对于不同情况具有不同的形式，其主要有以下几种。

A 工序分布中心与标准（公差）中心重合的情况

如图 4-3 所示，这种情况时的工序能力指数为：

$$C_P = \frac{T}{6\sigma} = \frac{T_u - T_L}{6\sigma} \approx \frac{T_u - T_L}{6s} \tag{4-1}$$

式中 $T$——标准的范围（公差范围）；

$\sigma$——总体标准偏差；

$s$——样本标准偏差；

$T_u$——质量标准的上限值；

$T_L$——质量标准的下限值。

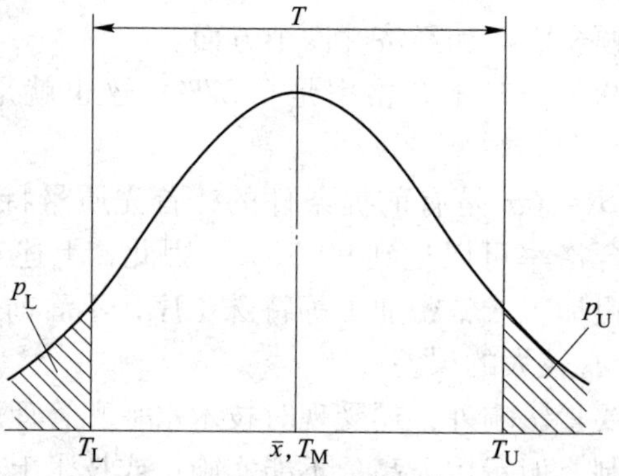


图 4-3 工序分布中心与标准中心重合的情况

从上式中可以看出，$C_P$ 值与质量标准（或公差）范围的大小成正比，与标准偏差成反比。

总体的标准偏差，包括已经生产出来的产品的标准偏差和未生产出来的产品的标准偏差。未生产出来的产品标准偏差无法计算出来。$s$ 表示从已生产出来的产品中抽取一部分样品而计算出来的标准偏差。如果在生产过程中工序处于稳定状态，一般可以用 $s$ 来估计 $\sigma$。

**【例 4-1】** 根据某工序加工零件的测试数据计算得出，$\bar{x}=9.5$，$s=0.0055$，规格要求为 $\phi 9.5^{+0.016}_{-0.016}$。求该工序的工序能力指数。

**解：**

$$\because x = T_M = 9.5$$

$$\therefore\ C_P = \frac{T}{6s} = \frac{T_u - T_L}{6s} = \frac{9.516 - 9.484}{6 \times 0.0055} = 0.97$$

B 工序分布中心与标准中心不重合的情况

在实际生产过程中，质量特性值的实际分布中心往往与质量标准的中心不重合，而产生一定的偏离，如图 4-4 所示。在这种情况下要计算工序能力指数，首先需要设法将实际分布中心（$\bar{x}$）与质量标准范围中心值（$T_M$）重合，再计算工序能力指数。如调整有困难或无必要时，则应对 $C_P$ 值加以修正。这时的工序能力指数用 $C_{Pk}$ 表示，其计算公式为：

$$C_{Pk} = (1-k)C_P = \frac{T - 2\varepsilon}{6s} \tag{4-2}$$

式中 $\varepsilon$——绝对偏移量，$\varepsilon = |T_M - \bar{x}|$；

$T_M$——公差中心，$T_M = \dfrac{T_u + T_L}{2}$；

$\bar{x}$——工序实际分布中心；

$k$——相对偏移量，$k = \dfrac{\varepsilon}{\frac{T}{2}}$。

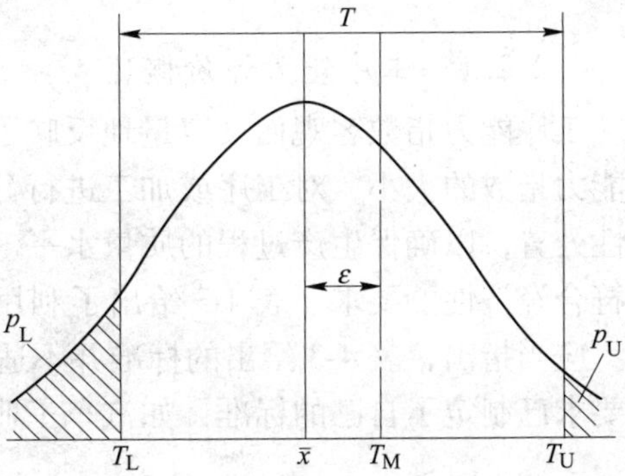


图 4-4 工序分布中心与公差中心不重合的情况

**【例 4-2】** 测试一批零件外径尺寸的平均值 $\bar{x}=14.0101$，$s=0.0143$，规格要求为 $\phi 14^{+0.04}_{-0.03}$，计算工序能力指数。

**解：** $T_u = 14.04$，$T_L = 13.97$

$$T_M = \frac{T_u + T_L}{2} = \frac{14.04 + 13.97}{2} = 14.005 \neq \bar{x}$$

故公差中心与实际分布中心不重合。

$$\varepsilon = |T_M - \bar{x}| = |14.005 - 14.0101| = 0.0051$$

$$T = T_u - T_L = 14.04 - 13.97 = 0.07$$

$$C_{Pk} = \frac{T - 2\varepsilon}{6s} = \frac{0.07 - 2 \times 0.0051}{6 \times 0.0143} = 0.698$$

C 只有单侧标准的情况

某些工序只要求控制单向公差，如清洁度、噪声、杂质含量等，仅需控制公差上限，其下限为零。而材料的强度、零件的寿命则要求控制公差下限，上限可认为是无限大。当质量特性值仅有单向标准时，$C_P$ 值的计算可分下述两种情况：

（1）当只要求公差上限时，则 $C_P$ 值计算公式为：

$$C_P = \frac{T_u - \mu}{3\sigma} = \frac{T_u - \bar{x}}{3s} \tag{4-3}$$

当 $\bar{x} \geqslant T_u$ 时，规定 $C_P = 0$。

（2）当只要求公差下限时，则 $C_P$ 值计算公式为：

$$C_P = \frac{\mu - T_L}{3\sigma} \approx \frac{\bar{x} - T_L}{3s} \tag{4-4}$$

当 $\bar{x} \leqslant T_L$ 时，规定 $C_P = 0$。

**【例 4-3】** 某奶制品厂对某种奶粉加工的质量要求之一是：每百克奶粉中的含水量不得超过 3g，目前抽样结果表明：每百克中平均含水 2.75g，标准偏差为 0.05g。计算此时的工序能力指数。

**解：**

$$T_u = 3 \qquad \bar{x} = 2.75$$

$$C_P = \frac{T_u - \bar{x}}{3s} = \frac{3 - 2.75}{3 \times 0.05} = 1.67$$

## 4.2.2 工序能力评价

### 4.2.2.1 工序能力评价概述

工序能力指数客观而又定量地反映了工序能力满足技术要求的程度，因而可以根据工序能力指数的大小，对工序或加工进行分析和评价。工序能力评价的目的是对工序进行预防性处置，以确保生产过程的质量水平。理想的工序能力既要能满足质量保证的要求，又要符合经济性的要求。表 4-3 给出了利用工序能力指数 $C_P$ 对工序能力做出判断的一般标准。应当指出，表 4-3 给出的标准并不适合所有的生产过程，某些行业根据自身的质量控制要求已制定了自己的标准，如汽车工业要求 $C_P > 1.33$ 才为正常的生产能力。

**表 4-3 工序能力指数的判断标准**

| 工序能力等级 | 工序能力指数 | 工序能力判断 |
|---|---|---|
| 特级 | $C_p > 1.67$ | 过剩 |
| 一级 | $1.67 \geqslant C_p > 1.33$ | 充足 |
| 二级 | $1.33 \geqslant C_p > 1.00$ | 正常 |
| 三级 | $1.00 \geqslant C_p > 0.67$ | 不足 |
| 四级 | $C_p \leqslant 0.67$ | 严重不足 |

应当指出，当发现工序有偏时，原则上应采取措施调整分布中心 $\mu$，以消除或减小分布中心的偏移。考虑到调整时的技术难度及成本，工序有偏时工序调整的一般标准列于表 4-4。

**表 4-4 存在 $k$ 时的判断标准**

| 偏移系数 $k$ | 工序能力指数 | 采取措施 |
|---|---|---|
| $0<k<0.25$ | $C_p > 1.33$ | 不必调整均值 |
| $0.25<k<0.50$ | $C_p > 1.33$ | 要注意均值的变化 |
| $0<k<0.25$ | $1.33 > C_p > 1$ | 密切观察均值 |
| $0.25<k<0.50$ | $1.33 > C_p > 1$ | 采取必要的调整措施 |

#### 4.2.2.2 提高工序能力的途径

由工序能力指数的计算公式 $C_{Pk}=\frac{T-2\varepsilon}{6s}$ 可知，影响工序能力指数的变量有3个，即：

工序产品质量给定公差 $T$；

工序加工的样本分布中心与产品质量给定公差中心的偏移量 $\varepsilon$；

工序加工的质量特性值的分散程度 $\sigma$（样本的标准差）。

因此，要提高工序能力可从以下3个方面考虑。

(1) 调整工序加工的分布中心，减少偏移量 $\varepsilon$。

首先必须分析造成加工分布中心偏移的原因。采取的方法是从影响工序的人、机、料、法、环5大因素进行分析。减少工序加工的中心偏移量的主要措施如下。

1) 对大量生产工序进行统计分析，得出由于刀具磨损和加工条件等随时间的推移而逐渐变化的偏移规律，因而可及时进行中心调整，或采取设备自动补偿偏移或刀具自动调整和补偿等。

2) 根据中心偏移量，通过首件检验，可调整设备、刀具等的加工定位装置。

3) 改变操作者的孔加工偏向下差及轴加工偏向上差的倾向性习惯，以公差中心值为加工依据。

4) 配置更为精确的量规，由量规检验改为量值检验，或采用高一等级的量具检测。

(2) 提高工序能力，减少分散程度。

工序加工的分散程度，即工序加工的标准偏差 $s$。由于材料的不均匀，设备精度等级低，可靠性差，工装、模具精度低，工序安排不合理和工艺方法不正确等，对工序能力指数的影响是十分显著的，提高工序能力，减少分散程度的措施极为广泛，一般有以下几种。

1) 修订工序，改进工艺方法；修订操作规程，优化工艺参数，补充增添中间工作；推广应用新材料、新工艺、新技术；

2) 检修、改造或更新设备。改造、增添与公差要求相适应的精度高的设备；

3) 增添工具、工装，提高工具、工装的精度；

4) 改善现有的现场环境条件，以适应产品对现场环境的特殊要求；

5) 改变材料的进货周期，尽可能减少因材料的进货批次不同而造成的质量波动；

6) 对关键工序、特种工艺的操作者进行技术培训；

7) 加强现场的质量控制。设置工序质量控制点或推行控制图管理；开展QC小组活动；加强质量检验，适当增加检验频次和数量等。

(3) 在保证质量的前提下，放宽给定的公差。

扩大工序加工公差范围，$C_P$ 值随之增大，但这样做必须十分谨慎。扩大加工公差，必须通过严格的论证和实践考察，证实放宽公差确实不致影响产品质量，由工艺设计部门提出，经严格审批程序批准才能执行。实际生产中，有一些产品的次要部位还要经过深加工的工序，公差不必定得过严。产品的保险系数不适当地定得过高，有时会造成功能过剩的现象，例如有一些鞋子，鞋的面料过于坚固，以致鞋底磨穿了，鞋面仍然是很好的；有的还需镗、磨的钻孔工序，对钻孔的孔径公差要求过严，对工序要求不作适当的修订，也是一种浪费。

### 4.2.3 工序能力调查

工序能力调查，是指采用一定的方法，对选定的调查对象，测量其质量特性值，判断工序能力是否充足，并制定相应的改进措施的全部活动。它是发现和解决问题的有效方法。

工序能力调查程序分为以下几个步骤：

（1）明确调查目的。调查目的是具体调查的核心和依据，因此，调查前首先必须明确目的。调查目的可在掌握和分析资料的基础上确定，一般可从以下几方面收集资料。

1）设计方面。技术设计、工艺设计等资料；

2）生产制造方面。工序6要素（5M1E）状况等资料；

3）检查、供应和销售方面。检查方法、手段、标准等资料；材料供应、订货前的指导思想以及用户的意见等资料。

（2）选择调查对象。调查对象选择的是否正确，将影响调查成果的大小。一般调查对象应选择可以进行数据处理的，在生产过程中可以进行实验的主要环节。

（3）进行标准化处理。调查之前，要了解引起质量波动的5M1E是否已标准化。因为其标准化的程度，将影响工序能力调查结果。对于5M1E未标准化的，应根据技术上、经济上所能达到的力量，尽量使其标准化。

（4）选择调查方法。调查的目的不同，所选择的调查方法也不同。因此，应根据调查目的选择合适的调查方法。

（5）收集数据、计算工序能力指数。根据调查目的和选定的调查方法，进行数据的收集、整理、分析，并计算工序能力指数，为工序能力评价和改进提供依据。

（6）工序能力评价与反馈。根据工序能力指数的判断标准，对工序能力进行评价。工序能力评价结果有3种情况：

1）工序能力过高，需要制定改进措施，使其降低成本，提高经济效益；

2）工序能力充分，维持原状，继续进行生产；

3）工序能力不足，找出原因，制定改进措施并加以实施。

工序能力调查的程序如图4-5所示。

### 4.2.4 案例分析

某银行在营业高峰期时，顾客的等待时间最少是4min，银行承诺最多11min要办理完其全部业务，一般的平均等待时间是8min，这反映了其职员处理业务的平均速度和平均熟练程度。统计了在某个高峰时段银行办理了50位客户业务，每位客户的等待时间如下（为了便于计算，0.5表示半分钟）：

9.5，6.0，8.0，8.5，10.5，8.5，10.0，9.0，6.0，9.5，8.0，8.5，7.5，9.0，8.5，10.0，7.5，9.0，6.5，9.5，8.0，8.5，10.0，7.0，7.0，9.5，8.5，9.0，8.0，8.0，11.0，7.5，8.5，6.5，10.5，8.0，7.0，9.0，8.5 ，9.0，8.0，8.0，6.5，7.5，8.5，8.5，7.0，7.5，9.0，9.0

使用统计软件可以计算出样本数据的平均值和标准差分别是8.36和1.165，接下来让我们看一下它们的现实意义。

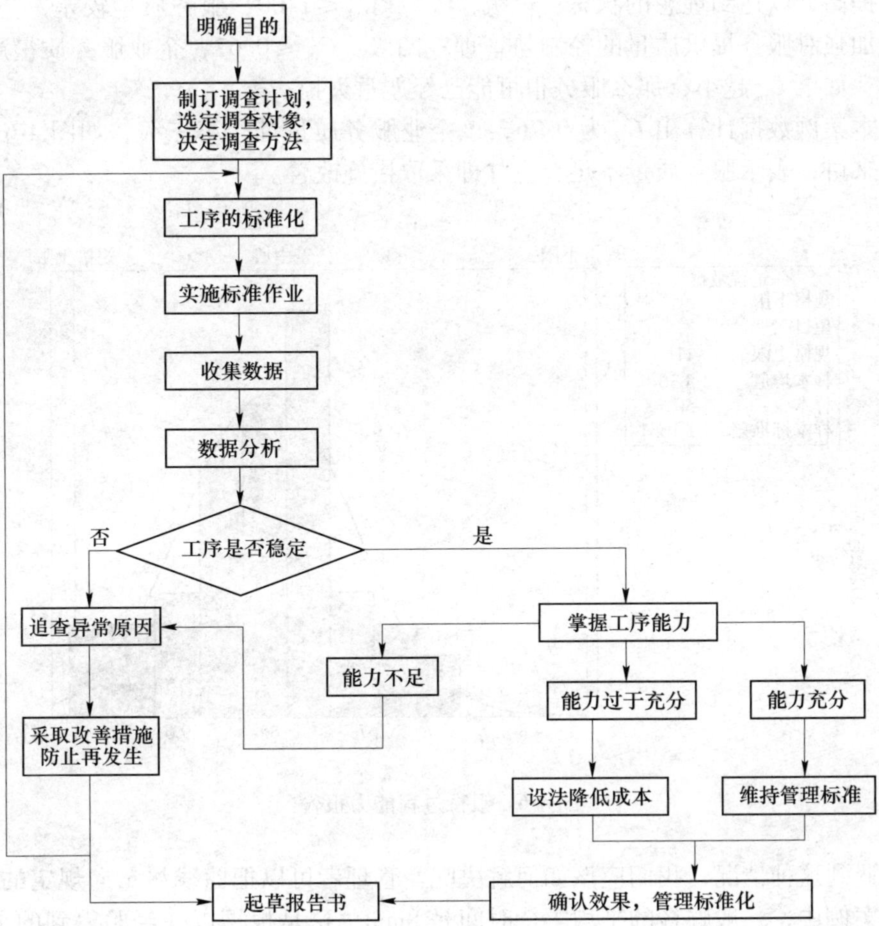


图 4-5 工序能力调查流程图

平均值是 8.36min，反映了曲线的位置，是位置参数。这个数字对于顾客来说，它反映了在该银行办理业务的平均等待时间；对该银行来说，他反映了该部门的平均效率；而对于其职员来说，它反映了职员办理业务的平均熟练程度。

而标准差 $s$ 反映了顾客等待时间，即银行服务速度的波动性，波动的扩大会造成失控，在失控状态下，可能会造成业务的阻碍和客户的不满与抱怨。因此，$s$ 越小越好，因为它越小表示数据越集中，越靠近平均值，即时间长度的差异不大；如果 $s$ 越大，就表示变化范围越大，也就是差异很大，很可能会造成服务质量下降。

顾客等待的标准差 $s=1.165$min，它的意义就是：在平均值的正负三个 $s$ 的分钟里，即从 4.5min 到 12min，大约有 99.73%顾客等待的时间在这个界限范围内。

有了这些数据，我们可以用过程能力指数 $C_{pk}$ 进行评价。

在本案例中 $C_{pk}$ 指银行对顾客履行承诺的能力大小。通常将 $C_{pk}$ 分为五个等级，以便针对不同的情况采取不同的措施来改进质量。特级：$C_{pk}>1.67$，这时服务能力过高，企业可以考虑放宽质量要求；一级：$1.33<C_{pk}\leqslant1.67$，那就是服务能很好地满足标准，是一种理想的状态；二级：$1.00<C_{pk}\leqslant1.33$，可以认为服务质量是正常的，企业应该加强服务质量

的控制和提高，以达到理想的状态；三级：$0.67<C_{pk}\leqslant 1.00$，服务质量较差，企业应该采取措施，加强对服务提供质量的控制与管理；四级：$C_{pk}\leqslant 0.67$，企业服务质量严重不足，需要改进，如果$C_{pk}$越小，那么服务很可能已经严重失控。

代入本案例数据计算出$C_{pk}$为0.76，该企业服务质量处于第三级，如图4-6所示。从管理层面来讲，表示服务质量不足，应立即采取措施改善。

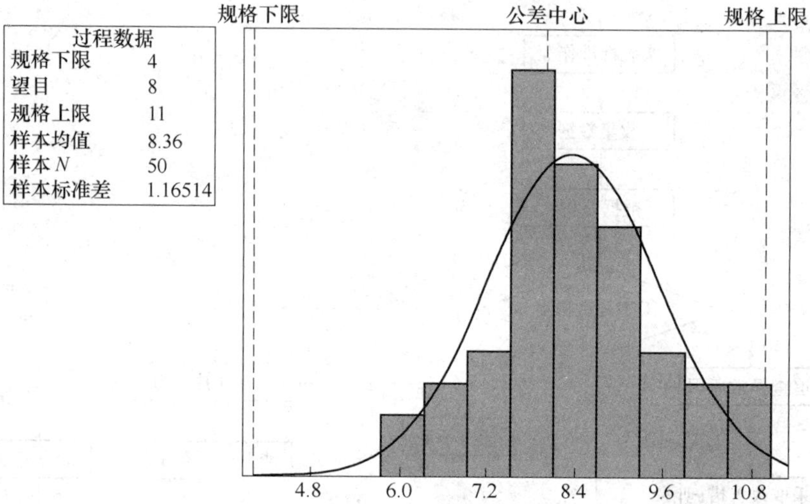


图4-6 银行过程能力报告

如果遇到这种情况，我们应该如何解决呢？管理者可以把曲线尽量向规定的中心位置移动。本案例中，一般顾客的平均等待时间是8min，这是根据以往经验得到的平均效率，是正常的程序运作可以达到的，而顾客实际上平均的等待时间是8.36min，偏离了0.36。因而质量曲线表现出向右偏移的现象，这样就会导致偏移出规定的范围。所以，我们应该尽量把平均时间向中心位置（8min）靠近，即缩短顾客等待时间。产生顾客等待现象的根本原因是服务现场的抵达者数量超过系统的处理能力，因此，减少等待时间的最好方案是消除根本原因，这通常需要对现有的生产和人力资源策略进行重新考察。

鉴于此，我们拟将对减少顾客等待时间的策略浅述如下：

（1）加强员工培训，规范工作程序；

管理者可以通过加强对员工的培训与监督，特别是效绩较差的员工，来改进服务质量，同时管理者应该建立一套规范的工作程序，使服务过程标准化，并且制定遇到特殊情况时的处理方式，以免顾客流失。

（2）切实推行随机动态服务系统，实现服务时间的最优配置；

一般情形下，商业银行提高服务水平自然就会降低顾客等待费用，但却常常增加了服务机构的成本。为解决这个问题，有必要切实推行随机动态服务系统，最大限度缩短顾客等待时间，使商业银行的服务时间达到最优配置。其中要重点考虑和解决以下两个方面的内容：1）性态问题。指各种顾客排队系统的概率规律性，研究队伍长度分布、等待时间分布和高峰期顾客分布等；2）服务系统的统计推算。即判断一个给定的排队系统符合哪种模型，服从于哪种统计分布规律。

（3）创新服务手段，提高服务效率。信息技术的飞速发展使银行逐渐改变了以柜面服务为主的营业方式，而侧重于服务体系的建设，延伸虚拟网点，从而收到“1+1>2”的效果。例如扩展自助设备功能，方便服务一般客户。自助设备相对于柜面服务来说，操作简单快捷，并且能有效减轻柜面的人流压力，使需要办理复杂业务的客户能更快地得到服务。利用互联网技术开通网上银行服务，不仅降低了的运营成本，还克服了时间和空间上的障碍，使顾客金融交易和服务可在任何时间、任何地点进行。

管理者结合上述手段，通过具体的措施实现改进，缩短顾客的等待时间，才可以达到顾客所意想不到的高效率与满意度。同时这是一种以数据和现实分析驱动的管理方法，它可以应用到很多地方，例如，餐饮、物流、零售等服务业，帮助我们改进和提高服务质量。

## 4.3 控制图的原理

### 4.3.1 控制图的概念

控制图（Control Chart）又叫管制图。它是用来分析和判断工序是否处于稳定状态的，并带有控制界限的图形，是判断和预报生产过程中质量状况是否发生异常波动的有效方法。控制图是在 1924 年由美国的休哈特（W. A. Shewhart）首创的，因为它的用法简单、效果良好、便于掌握，因而逐渐成为质量管理中一种重要的工具。控制图的基本形式如图 4-7 所示。

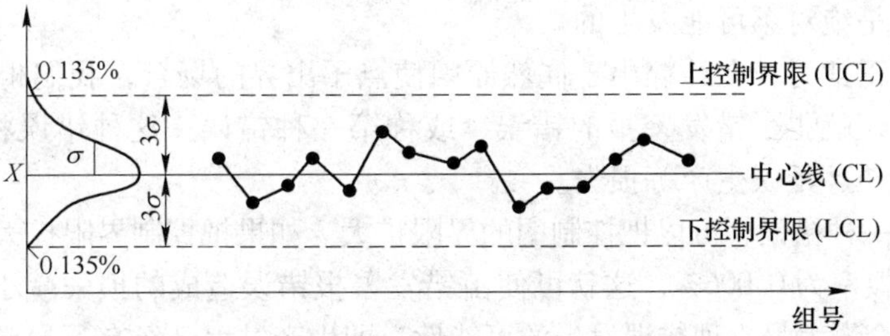


图 4-7 控制图的基本形式

控制图上的控制界限是用来判断工序是否发生异常变化的尺度。在实际工作中，无论在什么情况下（生产条件相同或不同），按一定标准制造出来的大量的同类产品的质量总是存在波动的。在生产过程中，质量控制的任务就是要查明和消除这类异常的因素，使工序始终尽量被控制在正常波动之中。利用控制图对生产过程进行控制，就是把被控制的质量特性值变为点子描在图上，如果点子全部落在上、下控制界限之内，而且点子的排列又没有什么缺陷（如链、倾向、周期等），就判断生产过程是处于控制状态，否则就认为生产过程中存在有异常因素，于是，就要查明其原因，予以消除。

控制图上有三条平行于横轴的直线：中心线（Central Line，CL）、上控制限（Upper Control Limit，UCL）和下控制限（Lower Control Limit，LCL），并有按时间顺序抽取的样本统计量数值的描点序列。UCL、CL、LCL统称为控制限。

### 4.3.2 控制图的理论依据

通常是以样本平均值$\bar{\mu}$为中心线，而上下取3倍的标准偏差（$\bar{\mu} \pm 3\sigma$）来确定控制图的控制界限，因此用这样的控制界限作出的控制图，叫作$3\sigma$控制图。

当生产中不存在系统误差时，产品质量特性（总体）服从正态分布$N(\mu, \sigma^2)$，样品$x$落在（$\mu-3\sigma$，$\mu+3\sigma$）之间的概率为99.73%，落在（$\mu-3\sigma$，$\mu+3\sigma$）之外的概率为100%−99.73%＝0.27%，而超过一侧，即大于$\mu+3\sigma$或小于$\mu-3\sigma$的概率为0.27%/2＝0.135%≈1‰。即

CL＝$\mu$；

UCL＝$\mu+3\sigma$；

LCL＝$\mu-3\sigma$。

在生产过程仅有偶然原因影响的稳定状态下生产出来的产品，其总体产品的质量特性分布为正态分布。根据正态分布的性质，取$\bar{x} \pm 3\sigma$作为上下控制界限，这样质量特性值出现在$3\sigma$界限以外的概率很小，为0.27%，即1000次中大约有3次。如果这3次忽略不计，即认为正态分布总体的产品质量特性值全部分布在$3\sigma$界限以内；如果在生产过程中有特性值出现并超过$3\sigma$界限以外的情况，就可以判断为有异常原因使生产状态发生了变化。因此，把按这种原则确定控制界限的方法称为千分之三法则。

如果产品质量波动服从正态分布，那么产品质量特性值落在$\mu \pm 3\sigma$控制界限外的可能性是0.27%，而落在一侧界限外的概率仅为0.135%。根据小概率事件在一次实验中不会发生的原理，若点子出界就可以判断生产有异常。可是0.27%这个概率数值虽然很小，但这类事件总还不是绝对不可能发生的。

当生产过程正常时，在纯粹出于偶然原因使点子出界的场合，我们根据点子出界而判断生产过程异常，就犯了错发警报的错误，或称第一种错误。这种错误将造成虚惊一场、停机检查劳而无功、延误生产等损失。

为了减少第一种错误，可以把控制图的界限扩大。如果把控制界限扩大到$\mu \pm 3\sigma$，则第一种错误发生的概率为0.006%，这就可使由错发警报错误造成的损失减小。可是，由于把控制界限扩大，会增大另一种错误发生的可能性，即生产过程已经有了异常，产品质量分布偏离了原有的典型分布，但是总还有一部分产品的质量特性值在上下控制界限之内。

如果我们抽取到这样的产品进行检查，那么这时由于点子未出界而判断生产过程正常，就犯了漏发警报的错误，或称第二种错误。这种错误将造成不良品增加等损失。

要完全避免这两种错误是不可能的，一种错误减小，另一种错误就要增大，但是可以设法把两种错误造成的总损失降低到最低限度。即使两项损失之和最小，取为控制界限之所在。以$\mu \pm 3\sigma$为控制界限，在实际生产中广泛应用时，两种错误造成的总损失为最小。这就是大多数控制图的控制界限都采用$\mu \pm 3\sigma$方式的理由。

### 4.3.3 控制图的种类

控制图按其用途可分为两类，一类是供分析用的控制图，用来控制生产过程中有关质量特性值的变化情况，看工序是否处于稳定受控状态；另一类的控制图，主要用于发现生

产过程是否出现了异常情况，以预防产生不合格品。

控制图根据数据的种类不同，基本上可以分为两大类，即计量值控制图和计数值控制图。

计量值控制图一般适用于以长度、强度、纯度等计量值为控制对象的场合。属于这类的有：单值控制图（$x$ 控制图）、平均值和极差控制图（$\bar{x}$-$R$ 控制图）以及中位数和极差控制图（$\tilde{x}$-$R$ 控制图）等。

计数值控制图是以计数值数据的质量特性值为控制对象的。属于这类的有不合格品率控制图（$P$ 控制图）和不合格品数控制图（$P_n$ 控制图），这两种控制图称为计件值控制图；还有缺陷数控制图（$c$ 控制图）和单位缺陷数控制图（$u$ 控制图），这两类控制图称计点值控制图。常用的控制图类型及控制界限的计算如表 4-5 所示。

**表 4-5 常用控制图类型及控制界限的计算**

| 数据类型 | 分布 | 控制图名称 | 代号 | 中心线 | 上、下限 | 国际编号 |
|---|---|---|---|---|---|---|
| 计量 | 正态分布 | 均值-标准差控制图 | $\bar{x}-s$ | $\bar{\bar{x}}$<br>$\bar{s}$ | $\bar{\bar{x}} \pm A_3\bar{s}$<br>$D_4\bar{s}$，$D_3\bar{s}$ | GB 4091. 2 |
| | | 均值-极差控制图 | $\bar{x}-R$ | $\bar{\bar{x}}$<br>$\bar{R}$ | $\bar{\bar{x}} \pm A_2\bar{R}$<br>$D_4\bar{R}$，$D_3\bar{R}$ | GB 4091. 3 |
| | | 中位数-极差控制图 | $\tilde{x}-R$ | $\bar{\tilde{x}}$<br>$\bar{R}$ | $\bar{\tilde{x}} \pm A_2\bar{R}$<br>$D_4\bar{R}$，$D_3\bar{R}$ | GB 4091. 4 |
| | | 单值-移动极差控制图 | $x-R_s$ | $\bar{x}$<br>$\bar{R}_s$ | $\bar{x} \pm 2.66\bar{R}_s$<br>$3.267\bar{R}_s$，0 | GB 4091. 5 |
| 计件 | 二项分布 | 不合格率控制图 | $p$ | $\bar{p}$ | $\bar{p} \pm 3\sqrt{\bar{p}(1-\bar{p})/n}$ | GB 4091. 6 |
| | | 不合格数控制图 | $pn$ | $n\bar{p}$ | $n\bar{p} \pm 3\sqrt{n\bar{p}(1-\bar{p})}$ | GB 4091. 7 |
| 计点 | 泊松分布 | 单位缺陷控制图 | $u$ | $\bar{u}$ | $\bar{u} \pm 3\sqrt{\bar{u}/n}$ | GB 4091. 8 |
| | | 缺陷数控制图 | $c$ | $\bar{c}$ | $\bar{c} \pm 3\sqrt{\bar{c}}$ | GB 4091. 9 |

## 4.4 控制图的作图方法

### 4.4.1 计量值控制图

#### 4.4.1.1 平均值与极差控制图（$\bar{x}$-$R$ 控制图）

平均值与极差控制图是计量值控制图中最常用的一种质量控制工具。它是由平均值（$\bar{x}$）控制图和极差（$R$）控制图联合使用的一种控制图。平均值（$\bar{x}$）控制图是用来控制平均值的变化；极差（$R$）控制图是用来控制工序散差的变化，它是通过调查平均值 $\bar{x}$

和极差 $R$ 是否有异常变化，来对工序进行控制的。

A 控制界限的确定

a $\bar{x}$ 控制图的控制界限

从数理统计的理论可知，特性值 $x$ 服从总体为 $N(\mu,\ \sigma)$ 的正态分布时，则对于大小为 $n$ 的样本 $x_1$，$x_2$，…，$x_n$ 的平均值 $\bar{x}$ 有下式成立：

$\bar{x}$ 的期望值　　$E(\bar{x}) = \mu$

$\bar{x}$ 的标准偏差　　$D(\bar{x}) = \sigma/\sqrt{n}$

而 $\mu$ 和 $\sigma$ 可通过 $k$ 组、大小为 $n$ 的样本数据求得：

$$\mu \text{ 的估计值} = \bar{\bar{x}}$$

$$\sigma \text{ 的估计值} = \frac{\bar{R}}{d_2}$$

式中，$d_2$ 是由 $n$ 确定的系数，可由表 4-6 查出。所以 $\bar{x}$ 控制图的控制界限为：

$$\mathrm{UCL} = \mu + 3\frac{\sigma}{\sqrt{n}} = \bar{\bar{x}} + 3\frac{\bar{R}}{d_2\sqrt{n}} = \bar{\bar{x}} + A_2\bar{R}$$

$$\mathrm{LCL} = \mu - 3\frac{\sigma}{\sqrt{n}} = \bar{\bar{x}} - 3\frac{\bar{R}}{d_2\sqrt{n}} = \bar{\bar{x}} - A_2\bar{R}$$

$$\mathrm{CL} = \bar{\bar{x}}$$

式中，$A_2 = \dfrac{3}{d_2\sqrt{n}}$ 是由 $n$ 确定的系数，可由表 4-6 查出。

b $R$ 控制图的控制界限

从数理统计的理论可知，特性值 $x$ 服从总体为 $N(\mu,\ \sigma)$ 的正态分布时，则对于大小为 $n$ 的样本 $x_1$，$x_2$，…，$x_n$ 的极差 $R$ 有下式成立：

$R$ 的期望值　　$E(R) = d_2\sigma$

$R$ 的标准偏差　　$D(R) = d_3\sigma$

式中，$\sigma$ 可通过样本数据来估计。则

$$\sigma \text{ 的估计值} = \frac{\bar{R}}{d_2}$$

式中，$d_2$、$d_3$ 是由 $n$ 确定的系数。所以 $R$ 控制图的控制界限为：

$$\mathrm{UCL} = d_2\sigma + 3d_3\sigma = \left(1 + 3\frac{d_3}{d_2}\right)\bar{R} = D_4\bar{R}$$

$$\mathrm{LCL} = d_2\sigma - 3d_3\sigma = \left(1 - 3\frac{d_3}{d_2}\right)\bar{R} = D_3\bar{R}$$

式中，$D_4 = 1 + 3\dfrac{d_3}{d_2}$、$D_3 = 1 - 3\dfrac{d_3}{d_2}$ 是由 $n$ 来确定的系数，可由表 4-6 查出。

**表 4-6 求控制界限的系数表**

| $n$ | $A_2$ | $D_4$ | $D_3$ | $E_2$ | $m_3A_2$ | $d_2$ | $d_3$ |
|---|---|---|---|---|---|---|---|
| 2 | 1.880 | 3.267 | — | 2.659 | 1.880 | 1.128 | 0.853 |
| 3 | 1.023 | 2.575 | — | 1.772 | 1.187 | 1.693 | 0.888 |
| 4 | 0.729 | 2.282 | — | 1.457 | 0.796 | 2.059 | 0.880 |
| 5 | 0.577 | 2.115 | — | 1.290 | 0.691 | 2.326 | 0.864 |
| 6 | 0.483 | 2.004 | — | 1.184 | 0.549 | 2.534 | 0.848 |
| 7 | 0.419 | 1.924 | 0.076 | 1.109 | 0.509 | 2.704 | 0.833 |
| 8 | 0.373 | 1.864 | 0.136 | 1.054 | 0.432 | 2.847 | 0.820 |
| 9 | 0.373 | 1.816 | 0.184 | 1.010 | 0.412 | 2.970 | 0.808 |
| 10 | 0.308 | 1.777 | 0.223 | 0.975 | 0.363 | 3.173 | 0.797 |

B $\bar{x}$-$R$ 控制图的做图步骤

$\bar{x}$-$R$ 控制图的作图有如下八个步骤。

（1）收集近期数据 $N$。

（2）将数据分组，一般取组数 $k = 20$，每组容量 $n$ 取 4~5 为宜。

（3）计算 $\bar{x}$、$R$。

$$\bar{x} = \frac{x_1 + x_2 + \cdots + x_n}{n} = \frac{\sum x_i}{n}$$

$$R = x_{\max} - x_{\min}$$

（4）计算 $\bar{\bar{x}}$，$\bar{R}$。

$$\bar{\bar{x}} = \frac{\bar{x}_1 + \bar{x}_2 + \cdots + \bar{x}_k}{k} = \sum \frac{\bar{x}_i}{k}$$

$$\bar{R} = \frac{R_1 + R_2 + \cdots + R_i}{k} = \frac{\sum R_i}{k}$$

（5）计算 $\bar{x}$-$R$ 控制图的控制界限。

$\bar{x}$ 图： 上控制界限 $\text{UCL} = \bar{\bar{x}} + A_2\bar{R}$

下控制界限 $\text{LCL} = \bar{\bar{x}} - A_2\bar{R}$

中心线 $\text{CL} = \bar{\bar{x}}$

上式中的 $A_2$ 为由样本大小 $n$ 决定的系数，可由表 4-6 查出。

（6）画中心线和上下控制限。

（7）打点。用 $\bar{x}$ 和 $R$ 值在图上画点。

（8）记入有关事项。在控制图上，应有记载零件名称、件号、工序名称、质量特性、测量单位、标准要求、使用设备、操作者、记录者、检验者等项目的表头，并应设置查明原因的经过和处理意见等。

**【例 4-4】** 某陶瓷轴承零件规范要求是 $\phi120_{-0.15}^{\ 0}$。随机选取该零件，测量其直径所得数据如表 4-7 所示，试做出其 $\bar{x}$-$R$ 控制图。

**解：**

（1）收集近期数据 $N=125$。

（2）分组 $k=25$，每组容量 $n=5$。

（3）计算 $\bar{x}$、$R$，如表4-7所示。

**表4-7 处理后的测量数据**

| 样本1 | 样本2 | 样本3 | 样本4 | 样本5 | 平均值 | 极差 |
|---|---|---|---|---|---|---|
| 119.95 | 119.89 | 119.995 | 119.989 | 119.961 | 119.957 | 0.105 |
| 119.96 | 119.92 | 119.896 | 119.993 | 119.953 | 119.9444 | 0.097 |
| 119.92 | 119.943 | 119.977 | 119.996 | 119.948 | 119.9568 | 0.076 |
| 119.88 | 119.97 | 119.912 | 119.986 | 119.947 | 119.939 | 0.106 |
| 119.957 | 119.96 | 119.988 | 119.964 | 119.979 | 119.9696 | 0.031 |
| 119.89 | 119.987 | 119.89 | 119.97 | 119.936 | 119.9346 | 0.097 |
| 119.91 | 119.916 | 119.91 | 119.96 | 119.991 | 119.9374 | 0.081 |
| 119.9 | 119.911 | 119.9 | 119.931 | 119.982 | 119.9248 | 0.082 |
| 119.93 | 119.936 | 119.944 | 119.925 | 119.973 | 119.9416 | 0.048 |
| 119.94 | 119.964 | 119.945 | 119.926 | 119.969 | 119.9488 | 0.043 |
| 119.857 | 119.965 | 119.952 | 119.966 | 119.985 | 119.945 | 0.128 |
| 119.93 | 119.927 | 119.97 | 119.957 | 119.938 | 119.9444 | 0.043 |
| 119.92 | 119.935 | 119.995 | 119.926 | 119.922 | 119.9396 | 0.075 |
| 119.91 | 119.942 | 119.927 | 119.98 | 119.933 | 119.9384 | 0.07 |
| 119.937 | 119.976 | 119.943 | 119.998 | 119.934 | 119.9576 | 0.064 |
| 119.96 | 119.955 | 119.966 | 119.939 | 119.936 | 119.9512 | 0.03 |
| 119.92 | 119.946 | 119.953 | 119.962 | 119.942 | 119.9446 | 0.042 |
| 119.945 | 119.948 | 119.982 | 119.947 | 119.994 | 119.9632 | 0.049 |
| 119.887 | 119.899 | 119.968 | 119.94 | 119.985 | 119.9358 | 0.098 |
| 119.94 | 119.941 | 119.954 | 119.972 | 119.982 | 119.9578 | 0.042 |
| 119.96 | 119.949 | 119.969 | 119.929 | 119.969 | 119.9552 | 0.04 |
| 119.925 | 119.942 | 119.974 | 119.994 | 119.994 | 119.9658 | 0.069 |
| 119.944 | 119.928 | 119.989 | 119.938 | 119.989 | 119.9576 | 0.061 |
| 119.89 | 119.989 | 119.888 | 119.977 | 119.988 | 119.9464 | 0.101 |
| 119.87 | 119.947 | 119.876 | 119.99 | 119.948 | 119.9262 | 0.12 |
| 合计 | | | | | 2998.6828 | 1.798 |
| 平均 | | | | | 119.94731 | 0.0719 |

因为

$$\bar{x}=\frac{x_1+x_2+\cdots+x_n}{n}=\frac{\sum x_i}{n}$$

$$R=x_{\max}-x_{\min}$$

则第一组的 $\bar{x}$、$R$ 为

$$\bar{x}_1 = \frac{119.95 + 119.89 + 119.995 + 119.989 + 119.961}{5} = 119.957$$

$$R_1 = 119.995 - 119.89 = 0.105$$

以此类推。

（4）计算 $\bar{\bar{x}}$，$\bar{R}$。

$$\bar{\bar{x}} = \frac{\bar{x}_1 + \bar{x}_2 + \cdots + \bar{x}_k}{k} = \sum \frac{\bar{x}_i}{k}$$

$$\bar{R} = \frac{R_1 + R_2 + \cdots + R_i}{k} = \frac{\sum R_i}{k}$$

对于本例 $\bar{\bar{x}} = \frac{119.957 + 119.944 + \cdots + 119.9262}{30} = 119.94731$

$$\bar{R} = \frac{0.105 + 0.097 + \cdots + 0.12}{30} = 0.0719$$

（5）计算 $\bar{x}$-$R$ 控制图的控制界限。

$\bar{x}$ 图：　上控制界限　$UCL = \bar{\bar{x}} + A_2\bar{R}$

下控制界限　$LCL = \bar{\bar{x}} - A_2\bar{R}$

中心线　$CL = \bar{\bar{x}}$

$n = 5$ 时，查表 4-6 得 $A_2 = 0.577$，$D_4 = 2.115$，$D_3 = —$（不考虑）

$\bar{x}$ 图：　$UCL = \bar{\bar{x}} + A_2\bar{R} = 119.94731 + 0.577 \times 0.07192 = 119.9888$

$LCL = \bar{\bar{x}} - A_2\bar{R} = 119.94731 - 0.577 \times 0.0719 = 119.90583$

$CL = \bar{\bar{x}} = 119.94731$

$R$ 图：　$UCL = D_4\bar{R} = 2.115 \times 0.07192 = 0.15211$

$LCL = D_3\bar{R} = (-)$（不考虑）

$CL = \bar{R} = 0.0719$

（6）绘制 $\bar{x}$-$R$ 控制图，如图 4-8 所示。

4.4.1.2　单值和移动极差控制图（$x$-$R_s$ 控制图）

单值控制图（即 $x$ 图），只有一个测量值。适用于单件加工时间较长的工序，也适用于在较长的抽样间隔期内只能获得一个观察值的情形。如生产成本、生产效率等，或当生产过程质量均匀的场合，如液体的浓度等，每次只需测一个值时，这里的单值是指每次所得的一个测量值。移动极差是指相邻两次观察值的差的绝对值，也即两个数据的极差。

这是把单值控制图和移动极差控制图配合使用，一般是把单值控制图放在上方，把移动极差控制图放在下方。

采用单值控制图时，是把测得的数据逐个直接在图上打点，不用对数据进行分组，不用计算各样本的平均值或选择中位数。单值（$x$）控制图主要应用于以下场合：

（1）希望尽快发现和消除异常原因；

（2）在工序上只能获得一个测定值；

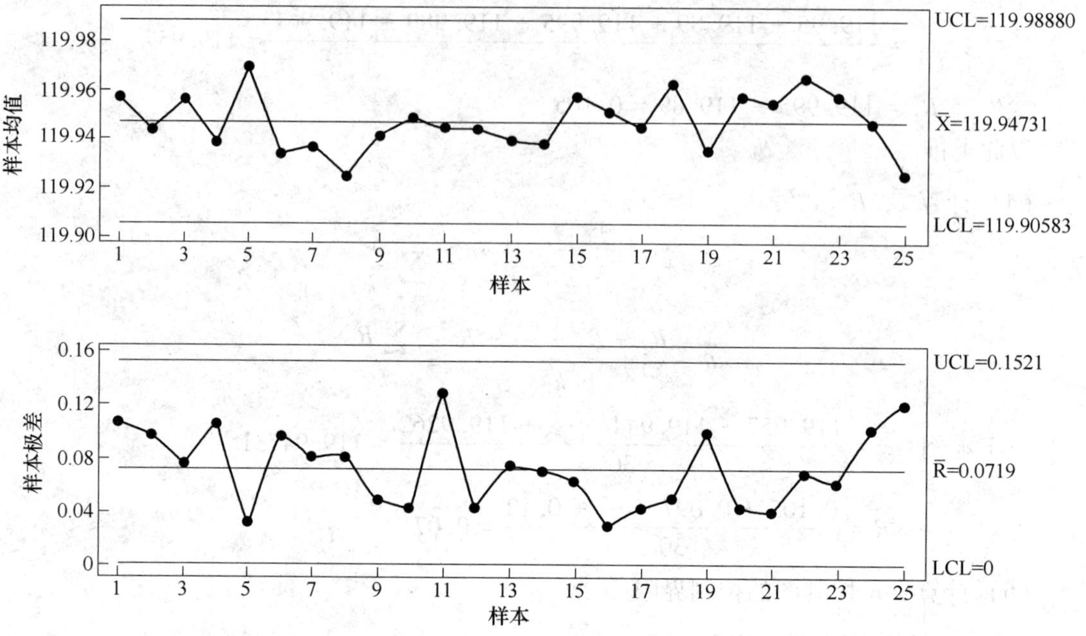


图 4-8 $\bar{x}$-$R$ 控制图

(3) 工序内部均一，不需要测取许多个测定值；

(4) 因费用或时间关系，现实中只能测得一个测定值。

单值（$x$）控制图具有从测试到判断工序状态时间短、情报快的特点。缺点是不易发现工序平均值的变化；与 $\bar{x}$ 控制图相比，发现异常的检出能力差。因此，一般常将 $x$ 控制图与 $R_s$ 控制图配合使用，就是 $x$-$R_s$ 控制图。

(1) 单值控制图（$x$ 控制图）控制界限的计算。从数理统计的理论可知，特性值 $x$ 服从总体为 $N(\mu,\sigma)$ 的正态分布时，则 $x$ 有下式成立：

$x$ 的期望值　　$E(x)=\mu$

$x$ 的标准偏差　$D(x)=\sigma$

式中，$\mu$、$\sigma$ 可用样本数据来估计。则

$$\mu \text{ 的估计值} = \bar{\bar{x}}$$

$$\sigma \text{ 的估计值} = \frac{\bar{R}_s}{d_2} = \frac{\bar{R}_s}{1.128}$$

式中　$\bar{R}_s$ —— 移动极差的平均值；

$d_2$ —— 由 $n$ 决定的系数。

1.128 是 $n=2$ 时的 $d_2$ 值。因此，$x$ 图的控制界限为：

$$\text{UCL} = \mu + 3\sigma = \bar{x} + 3\frac{\bar{R}_s}{1.128} = \bar{x} + 2.66\bar{R}_s$$

$$\text{LCL} = \mu - 3\sigma = \bar{x} - 3\frac{\bar{R}_s}{1.128} = \bar{x} - 2.66\bar{R}_s$$

$$\text{CL} = \bar{x}$$

（2）移动极差控制图控制界限的计算。移动极差 $R_s$，就是测得的相邻两个数据的大值与小值之差，或者取一数据与前一数据差的绝对值，即 $R_s = |x_{i+1} - x_i|$。对于移动极差 $R_s$，则有

$R_s$ 的期望值　　　$E(R_s) = 1.128\sigma$

$R_s$ 的标准偏差　　$D(R_s) = 0.853\sigma$

式中，系数 0.853 为 $n = 2$ 时的 $d_3$ 值。所以，$R_s$ 的控制界限为：

$$\text{UCL} = 1.128\sigma + 3 \times 0.853\sigma = 3.687\sigma$$

$$\text{LCL} = 1.128\sigma - 3 \times 0.853\sigma = -1.4316\sigma\text{（不考虑）}$$

因 $\sigma$ 的估计值为：$R_s/1.128$，故移动极差控制图（$R_s$ 控制图）的控制界限为：

$$\text{UCL} = 3.687 \times \frac{\overline{R}_s}{1.128} = 3.27\,\overline{R}_s$$

$$\text{LCL} = (-)\text{，取作 } 0$$

$$\text{CL} = \overline{R}_s$$

（3）$x$-$R_s$ 控制图的绘图步骤。

下面通过一实例来介绍 $x$-$R_s$ 图的绘制过程。

**【例 4-5】** 某产品新开发过程中，收集到如下 25 组数据，如表 4-8 所示，请绘制均值-移动极差控制图。

**表 4-8　产品数据表**

| 序号 | 1 | 2 | 3 | 4 | 5 | 6 | 7 | 8 | 9 |
|---|---|---|---|---|---|---|---|---|---|
| X | 41 | 40 | 41 | 42 | 41 | 39 | 41 | 41 | 40 |
| 序号 | 10 | 11 | 12 | 13 | 14 | 15 | 16 | 17 | 18 |
| X | 41 | 42 | 41 | 41 | 41 | 41 | 40 | 41 | 41 |
| 序号 | 19 | 20 | 21 | 22 | 23 | 24 | 25 | | |
| X | 41 | 43 | 42 | 41 | 40 | 41 | 41 | | |

**解：**

（1）根据收集到的数据列出数据表（如表 4-9 所示）。

（2）求各样本的移动极差及平均值（如表 4-9 所示）。

第 2 号样本　$R_{s2} = |40 - 41| = 1$

第 3 号样本　$R_{s3} = |41 - 40| = 1$

以此类推，其他样本号的 $R_s$ 已列入表 4-9。

移动极差平均值 $\overline{R}_s$ 为：

$$\overline{R}_s = \frac{\sum R_s}{k-1} = \frac{1 + 1 + \cdots + 0}{24} = 0.833$$

（3）求 $x$ 控制图的中心线和控制界限。

$$\text{CL} = \bar{x} = \frac{\sum x_i}{k} = \frac{41 + 40 + \cdots + 41}{25} = 40.96$$

$$UCL = \bar{x} + 2.66\,\overline{R}_s = 40.96 + 2.66 \times 0.833 = 43.176$$

$$LCL = \bar{x} - 2.66\,\overline{R}_s = 40.96 - 2.66 \times 0.833 = 38.744$$

**表 4-9 机床零件数据**

| 样本号 | 测定值 $X_1$ | 移动极差 $R_1$ | 样本号 | 测定值 $X_1$ | 移动极差 $R_1$ |
|---|---|---|---|---|---|
| 1 | 41 | — | 15 | 41 | 0 |
| 2 | 40 | 1 | 16 | 40 | 1 |
| 3 | 41 | 1 | 17 | 41 | 1 |
| 4 | 42 | 1 | 18 | 41 | 0 |
| 5 | 41 | 1 | 19 | 41 | 0 |
| 6 | 39 | 2 | 20 | 43 | 2 |
| 7 | 41 | 2 | 21 | 42 | 1 |
| 8 | 41 | 0 | 22 | 41 | 1 |
| 9 | 40 | 1 | 23 | 40 | 1 |
| 10 | 41 | 1 | 24 | 41 | 1 |
| 11 | 42 | 1 | 25 | 41 | 0 |
| 12 | 41 | 1 | 合计 | 1024 | 20 |
| 13 | 41 | 0 | 平均 | 40.96 | 0.833 |
| 14 | 41 | 0 | | | |

（4）求 $R_s$ 控制图的中心线和控制界限。

$$UCL = D_4\overline{R}_s = 3.27 \times 0.833 = 2.723$$

$$LCL = D_3\,\overline{R}_s = (-)\text{（不考虑）}$$

$$CL = \overline{R}_s = 0.833$$

（5）根据上述计算结果，画上、下控制界限和中心线，并将数据在图上打点，如图4-9所示。

### 4.4.2 计数值控制图

有些工序质量特性只能区分合格与不合格，例如，对于外形、色泽、缺陷等；或虽然是计量值数据，但由于经济性和检测效率的原因，常常按合格与不合格处理，这就必须用计数值控制图。这种图的优点在于无需专门收集数据，仅用质量记录、统计报表提供的信息，可以节省大量费用。

计数值控制图包括计件值与计点值两类控制图，而计件值控制图又可分为不合格品数（$np$）和不合格品率（$p$）控制图；计点值控制图还可分为缺陷数（$c$）控制图和单位缺陷数（$u$）控制图两类。

4.4.2.1 计件值控制图（$np$ 及 $p$ 控制图）

在生产过程充分稳定时，产品的不合格品率有一个比较固定的数值，设 $\bar{p}$ 为过程平均

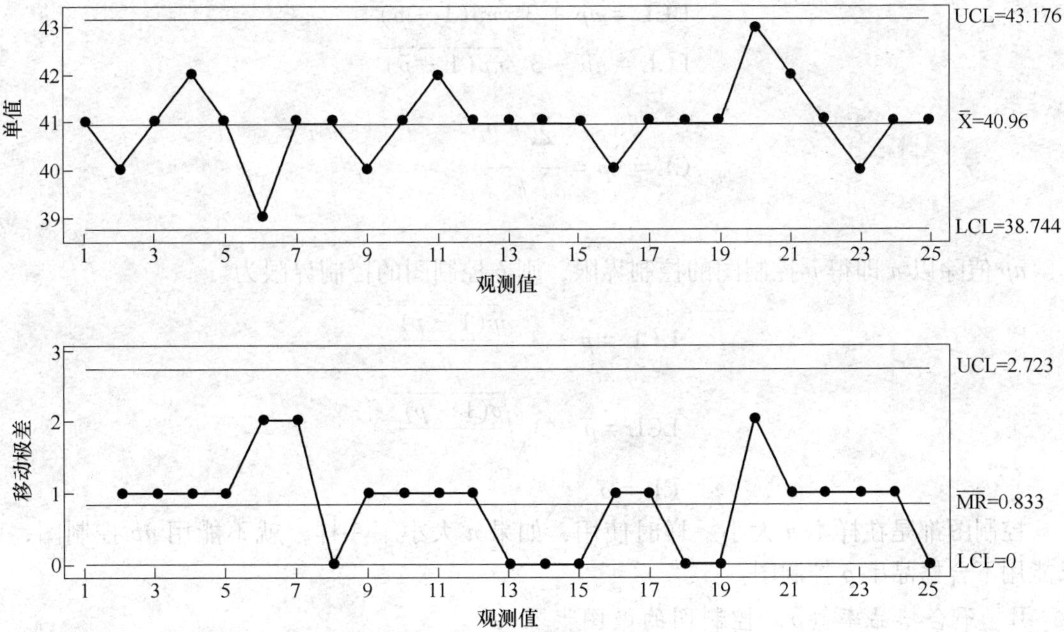


图 4-9 机床零件的 $x$-$R_S$ 图

不合格品率，用 $n$ 表示样本大小，则 $n\bar{p}$ 为样本中的平均不合格品数。如果生产过程不发生变化或处于统计的控制状态，则无论是不合格品数或是不合格品率，则都在很小的范围内变动。反之，则不合格品数和不合格品率变化较大。用统计方法可以规定一个不合格品率的界限，当不合格品数或不合格品率超过了这个界限，就说明生产过程发生了异常变化，需要进行调整，这就是不合格品数和不合格品率控制图的基本原理。

A $np$ 及 $p$ 控制图控制界限的确定

生产实践表明，计件值一般服从二项分布，因此，计算计件值控制图的控制界限和中心线时，要依据二项分布的性质。

当总体不合格品数为 $np'$ 时，从中抽取样本大小为 $n$ 的产品，其中不合格品数 $np$ 不一定恰好为 $np'$，而是一个服从二项分布 $b(n, p')$ 的随机变量，并且当 $np \geqslant 5$ 时，不合格品数 $np$ 近似服从正态分布 $N(np, np(1-p))$。于是有：

$np$ 的期望值 $E(np) = np'$

$np$ 的标准偏差 $D(np) = \sqrt{np'(1-p')}$

式中，$np'$、$p'$ 可通过 $k$ 组样本、大小为 $n$ 的平均不合格品数和平均不合格品率 $\bar{p}$ 的数据来估计：

$$np' = n\bar{p} = \frac{\sum np}{k} = \frac{\text{不合格品总数}}{\text{样本组数}}$$

$$p' = \bar{p} = \frac{\sum np}{\sum n} = \frac{\text{不合格品总数}}{\text{检查样品总数}}$$

因此，$np$ 控制图的控制界限为

$$UCL = n\bar{p} + 3\sqrt{n\bar{p}(1 - \bar{p})}$$

$$LCL = n\bar{p} - 3\sqrt{n\bar{p}(1 - \bar{p})}$$

$$CL = n\bar{p} = \frac{\sum_{i=1}^{k} n_i p_i}{k}$$

$np$ 值除以 $n$ 即得 $p$ 控制图的控制界限，则 $p$ 控制图的控制界限为

$$UCL = \bar{p} + 3\sqrt{\frac{\bar{p}(1 - \bar{p})}{n}}$$

$$LCL = \bar{p} - 3\sqrt{\frac{\bar{p}(1 - \bar{p})}{n}}$$

$$CL = \bar{p}$$

控制图都是在样本 $n$ 大小一样时使用，如果 $n$ 大小不一样，就不能用 $np$ 控制图，而只能用不合格品率 $p$ 控制图。

B 不合格品率（$p$）控制图的做图步骤

由于在生产稳定条件下，产品的不合格品率有一个相对固定的数值，因此，一些企业通常把不合格品率作为反映产品质量的综合性指标。所以，在质量管理中，不合格品率控制图也是应用比较多的一种控制图。

**【例 4-6】** 现以某厂检查零件的质量不合格品率为例，来说明不合格品率（$p$）控制图的作图步骤（见表 4-10）。

**表 4-10 零件不合格品率数据表**

| 样品组号 | 检查样品数 | 不合格品数 | 不合格品率 | 样品组号 | 检查样品数 | 不合格品数 | 不合格品率 |
|---|---|---|---|---|---|---|---|
| 1 | 100 | 5 | 0.05 | 17 | 100 | 8 | 0.08 |
| 2 | 100 | 3 | 0.03 | 18 | 100 | 2 | 0.02 |
| 3 | 100 | 4 | 0.04 | 19 | 100 | 5 | 0.05 |
| 4 | 100 | 3 | 0.03 | 20 | 100 | 6 | 0.06 |
| 5 | 150 | 4 | 0.027 | 21 | 100 | 3 | 0.03 |
| 6 | 150 | 2 | 0.013 | 22 | 100 | 1 | 0.01 |
| 7 | 150 | 5 | 0.033 | 23 | 100 | 2 | 0.02 |
| 8 | 100 | 3 | 0.03 | 24 | 100 | 8 | 0.08 |
| 9 | 100 | 6 | 0.06 | 25 | 100 | 3 | 0.03 |
| 10 | 100 | 5 | 0.05 | 26 | 100 | 3 | 0.03 |
| 11 | 100 | 2 | 0.02 | 27 | 150 | 5 | 0.033 |
| 12 | 100 | 6 | 0.06 | 28 | 150 | 6 | 0.04 |
| 13 | 100 | 2 | 0.02 | 29 | 150 | 7 | 0.047 |
| 14 | 100 | 6 | 0.06 | 30 | 150 | 8 | 0.053 |
| 15 | 100 | 4 | 0.04 | 合计 | 3350 | 131 | |
| 16 | 100 | 4 | 0.04 | 平均 | 111.67 | $\bar{p}$ | 0.0391 |

（1）收集数据，检查数量有 100 个和 150 个两种情况。
（2）数据分组，本例分 30 组。
（3）计算各组的不合格品率和平均不合格品率。

$$\bar{p}=\frac{\sum np}{n}=\frac{\text{总不合格品数}}{\text{总检查样品数}}=\frac{131}{3350}=0.0391$$

（4）计算控制界限。

$$CL=\bar{p}=0.0391$$

$n=100$ 时

$$UCL=\bar{p}+3\sqrt{\frac{\bar{p}(1-\bar{p})}{n}}=0.0391+3\sqrt{\frac{0.0391\times(1-0.0391)}{100}}=0.0972$$

$$LCL=\bar{p}-3\sqrt{\frac{\bar{p}(1-\bar{p})}{n}}=0.0391-3\sqrt{\frac{0.0391\times(1-0.0391)}{100}}=-0.0190\ (-)$$

$n=150$ 时

$$UCL=\bar{p}+3\sqrt{\frac{\bar{p}(1-\bar{p})}{n}}=0.0391+3\sqrt{\frac{0.0391\times(1-0.0391)}{150}}=0.0867$$

$$LCL=\bar{p}-3\sqrt{\frac{\bar{p}(1-\bar{p})}{n}}=0.0391-3\sqrt{\frac{0.0391\times(1-0.0391)}{150}}=-0.0084\ (-)$$

（5）画控制界限和中心线（如图 4-10 所示）。
（6）在图上打点。
（7）记入有关事项。

不合格品数 $np$ 控制图的作图步骤与不合格品率 $p$ 控制图大致相同。

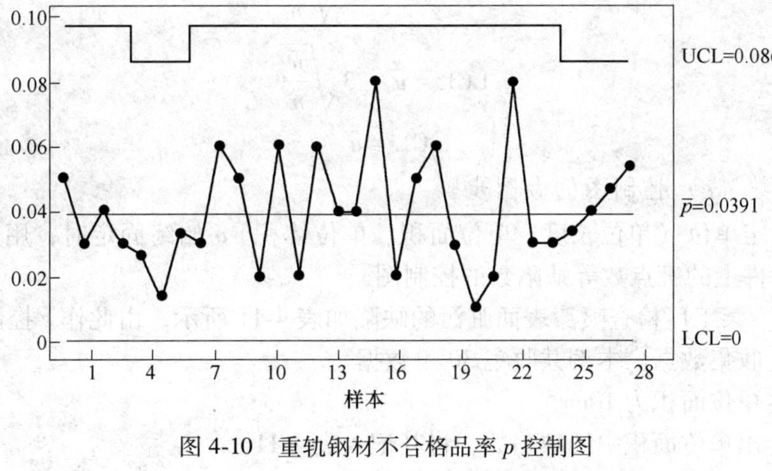


图 4-10　重轨钢材不合格品率 $p$ 控制图

4.4.2.2　计点值控制图（$c$ 控制图与 $u$ 控制图）

缺陷数控制图和单位缺陷数控制图是计点值类型的控制图，$c$ 图适用于检测对象大小相同或近似的缺陷数控制问题，而当检测对象大小差异较大时最好使用 $u$ 图。

A　控制界限的确定

生产实践表明，从稳定的工序中随机抽取的一定单位的样本中，出现的产品缺陷数 $c$ 服从泊松分布，则有：

$c$ 的期望值　　$E(c)=\bar{c}$

$c$ 的标准偏差　　$D(c)=\sqrt{\bar{c}}$

式中，$\bar{c}$ 为样本的平均缺陷数。因此，$c$ 控制图的控制界限为：

$$\mathrm{UCL}=\bar{c}+3\sqrt{\bar{c}}$$
$$\mathrm{LCL}=\bar{c}-3\sqrt{\bar{c}}$$
$$\mathrm{CL}=\bar{c}$$

当样本的单位数 $n$ 不固定时，就需要将其换成标准单位（长度、面积、体积）的缺陷数进行控制，这时就应采用 $u$ 控制图。

设单位缺陷数为 $u$，则

$$u=\frac{c}{n_i}=\frac{\text{样本中的缺陷数}}{\text{样本大小}}$$

$u$ 的期望值　　$E(u)=\bar{u}$

$u$ 的标准偏差　　$D(u)=\sqrt{\frac{\bar{c}}{n}}$

式中，$\bar{u}$ 为平均单位缺陷数，可用预备数据来估计。则

$$\bar{u}=\frac{\sum c}{\sum n}=\frac{\text{样本中的总缺陷数}}{\text{样本大小}}$$

所以，$u$ 控制图的控制界限为：

$$\mathrm{UCL}=\bar{u}+3\sqrt{\frac{\bar{u}}{n}}$$
$$\mathrm{LCL}=\bar{u}-3\sqrt{\frac{\bar{u}}{n}}$$
$$\mathrm{CL}=\bar{u}$$

B　缺陷数（$c$）控制图的做图步骤

这是当一定单位（单位长度、单位面积、单位体积）$n$ 始终固定时，用来控制如铸件表面砂眼、镀件上的疵点数等缺陷数的控制图。

**【例 4-7】**　某工厂检查喷漆表面脏污的缺陷如表 4-11 所示，由此作 $c$ 控制图。

**解：**（1）收集数据。本例共收集 30 组数据。

（2）固定单位面积为 $10\mathrm{cm}^2$。

（3）统计出单位面积中的缺陷数，将其记入表 4-11。

**表 4-11 钢管焊接部位缺陷检查表缺陷数**

| 样品号 | 缺陷数 $c$ | 样品号 | 缺陷数 $c$ | 样品号 | 缺陷数 $c$ |
|---|---|---|---|---|---|
| 1 | 1 | 12 | 4 | 23 | 2 |
| 2 | 5 | 13 | 6 | 24 | 3 |
| 3 | 4 | 14 | 5 | 25 | 2 |
| 4 | 3 | 15 | 7 | 26 | 1 |
| 5 | 2 | 16 | 5 | 27 | 4 |
| 6 | 4 | 17 | 8 | 28 | 3 |
| 7 | 5 | 18 | 6 | 29 | 1 |
| 8 | 3 | 19 | 6 | 30 | 2 |
| 9 | 2 | 20 | 7 | 合计 | 112 |
| 10 | 5 | 21 | 1 | | |
| 11 | 2 | 22 | 3 | | |

（4）计算中心线和控制界限。

$$CL = \bar{c} = \frac{\sum c}{k} = \frac{112}{30} = 3.73$$

$$UCL = \bar{c} + 3\sqrt{\bar{c}} = 3.73 + 3\sqrt{3.73} = 9.53$$

$$LCL = \bar{c} - 3\sqrt{\bar{c}} = (-)（无意义）$$

（5）画出控制界限和中心线。

（6）在图上打点，画出 $c$ 控制图，如图 4-11 所示。

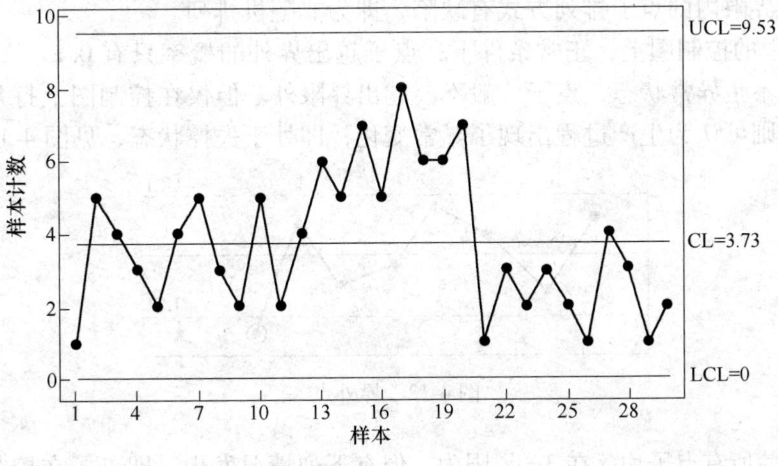


图 4-11 $c$ 控制图

# 4.5 控制图的观测分析

## 4.5.1 控制图的观测

对控制图进行观察分析是为了判断工序是处于受控状态还是失控状态，以便决定是否有必要采取措施，消除异常因素，使生产恢复到受控状态。控制图的判断，一般是依据数理统计中的“小概率事件”的原理。

4.5.1.1 受控状态的判断

工序是否处于受控状态，也就是工序是否处于统计控制状态或稳定状态，在受控状态下，生产过程只受偶然因素的影响。判断工序是否处于受控状态的基本原则如下：

（1）所有样本点都在控制界限内；

（2）位于中心线两侧的样本点数目大致相同；

（3）离中心线越近，样本点越多。在中心线上、下各一个“$\sigma$”的范围内的样本点约占2/3，靠近控制界限的样本点极少；

（4）样本点在控制界限内的散布是独立随机的，无明显规律或倾向。

考虑到在受控状态下仍有小概率出现样本点超出控制界限的情况，为了减少错误判断的风险，对于下列情况仍可认为生产过程处于受控状态（当然，此时仍应及时找出界外点的原因）。

（1）连续25个样本点在控制界限内；

（2）连续35个样本点中仅有一个超出控制界限；

（3）连续100个样本点中，最多只有两个样本点超出控制界限。

4.5.1.2 失控状态的判断

只要控制图上的样本点出现下列情况之一时，就可判断工序为失控状态，即为有异常发生。

（1）样本点超出控制界限（样本点在控制界限上，按超出界限处理）；

（2）控制界限内的点子排列方式有缺陷，即为非随机排列。

在$3\sigma$界限的控制图上，正常条件下，点子越出界外的概率只有0.27%，这是一个小概率事件，若不是异常状态，点子一般不会越出界限外。但仅在控制图上打几个点子便发生了界外点，则可认为生产过程出现了异常变化，即处于失控状态，见图4-12。

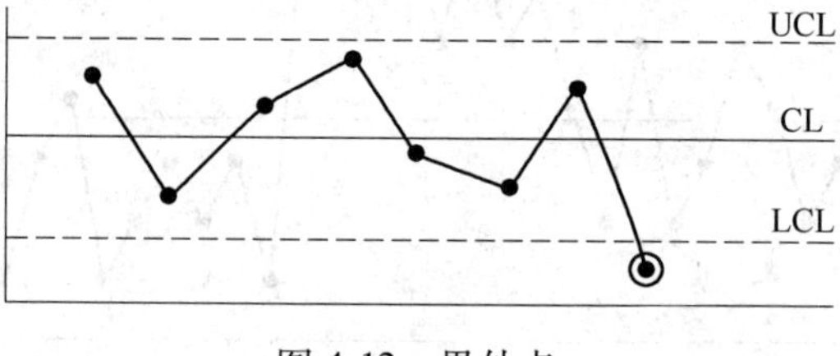


图4-12 界外点

此外，即使所有点子均落在$3\sigma$界限内，但有下列情况发生，即点子在控制界限内的排列方式有缺陷，亦可判断出现了异常状态，即失控状态。这些情况的发生也都是小概率事件。

1）相对于点子的中心线一侧，连续出现7点“链”的情况时（见图4-13），就认为是有异常发生，即认为工序是处于失控状态，这时就要采取措施，消除这些异常原因。一般情况下，在实际判断时，当连续出现5个点子，就要注意工艺操作；连续出现6个点子时，就要开始调查原因。

2）点子在中心线一侧多次出现时，例如，连续11个点中至少有10个点在中心线同

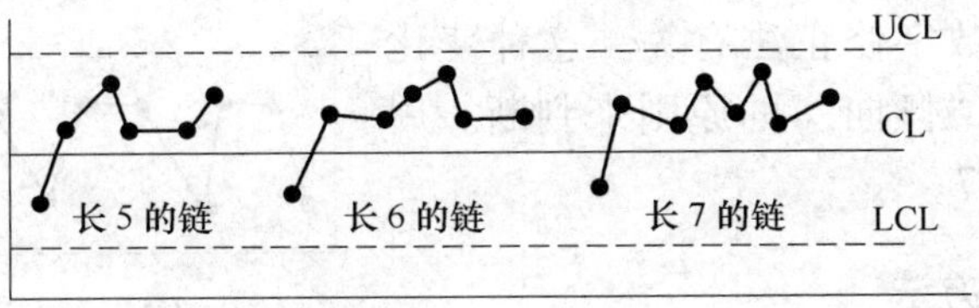


图4-13 7点“链”

一侧出现（图4-14）；连续14个点中，至少有12个点在中心线同一侧出现；连续17个点中，至少有13个点在中心线同一侧出现；连续20个点中，至少有16个点在中心线同一侧出现。这时，就要采取措施，消除异常原因。

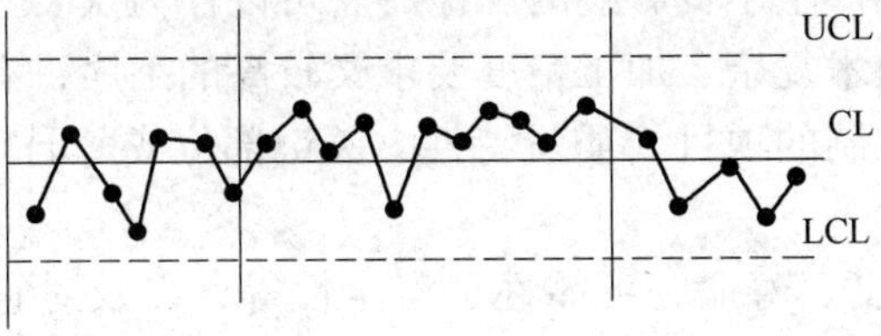


图4-14 连续11点中有10点在中心线同一侧出现

3）点子按次序连续上升或者连续下降的倾向。一般把连续有7个点子以上的上升或下降的倾向，作为判断是否异常的标准。见图4-15。

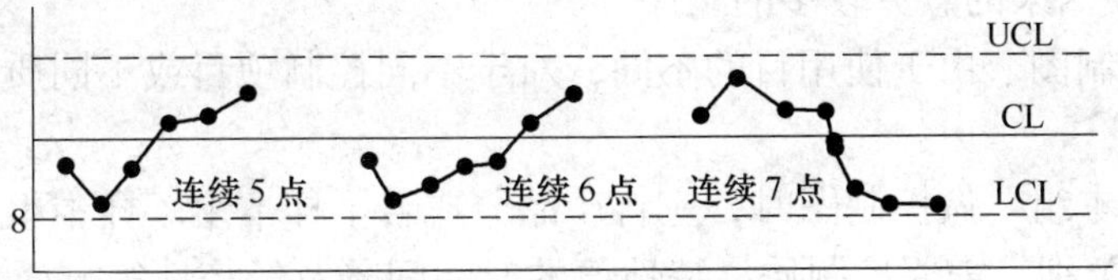


图4-15 “倾向”的情况

4）点子在靠近控制线出现的情况，其判断标准是从下面几种情况是否超出上下$2\sigma$控制界限外为原则：

①连续3点中，有两点以上（不连续也可以）；

②连续7点中，有3点以上（不连续也可以）；

③连续10点中，有4点以上（不连续也可以）。

出现上述情况，即认为有异常发生（见图4-16）。

图4-16 连续3点中有两点在$\pm 2\sigma \sim \pm 3\sigma$之间

5）点子具有周期变动的情况。点子虽然全部进入控制状态（控制限以内），但如果出现有周期性的变动，也表明有异常情况发生。周期性变动的发生往往与分组方法、取样方法、数据的取法及数字修正法有关。这种变化有时也根据“链”和“倾向”的原则来判断。周期变动的情况见图 4-17。

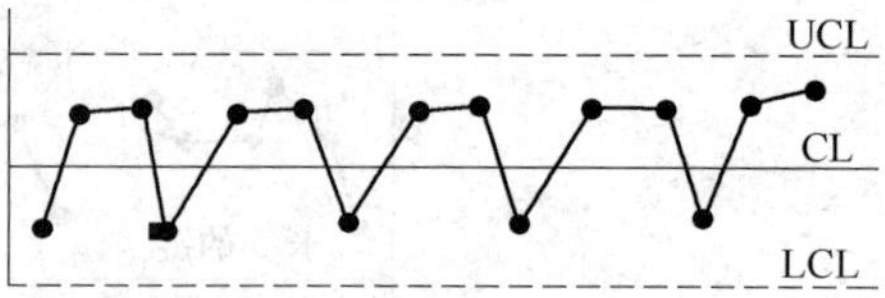

图 4-17 “周期”变动的情况

### 4.5.2 控制图的使用方法

根据控制图进行质量控制，可按下列步骤进行。

（1）确定控制项目和质量特性。进行工序控制最重要的是选择控制项目。产品生产的过程是由很多道工序构成的，实际工作中不可能、也不必要对所有工序同时进行严格的质量控制。例如，对那些产量不大、质量要求不高的工序，或加工过程中的质量问题已能充分掌握，对下道工序不会产生不良影响的工序，就可以作为次要工序，暂不进行严格的质量控制。但是，对那些技术复杂、加工精度要求又较高的工序，有可能同时控制工序的几个项目。这些需要重点控制的项目（质量特性、关键部位或薄弱环节）称为控制点。确定控制点的原则是：

1）产品的性能、精度、寿命、可靠性、安全性等，以及对它们有直接影响的零部件的关键质量特性及影响这些特性的支配性工序要素。

2）工序本身有特殊要求，对下道工序有影响的质量特性，以及影响这些特性的工序支配性要素。

3）工序质量不稳定，出现不合格品多的质量特性，或其他支配性工序要素。

4）用户反馈回来的意见较多的工序。

（2）选定控制图。由于使用目的不同，对于不同控制项目或不同质量特性，应选用不同类型的控制图。

（3）确定样本组。做控制图时，应将产品分成若干样本组。样本组大小的确定，应从技术、控制图的类别、需要控制质量特性值的时间间隔及经济性等方面考虑。

（4）确定抽样方法。抽样方法不同，控制图所反映出来的质量特性变化的意义就有所不同。因此，必须注意工序控制的变化情况，采取合适的抽样方法。

（5）收集预备数据做分析用控制图。必须采取近期生产中的数据或决定重新采取数据，一般需 20~25 组数据，每组数据的多少由控制图种类和其经济性来决定。根据预备数据做分析用控制图。

（6）稳定状态的判断。用预备数据做出了分析用控制图后，就要观察工序是否处于控制状态。也就是讨论工序是否有异常发生。这时，要讨论以下两种情况。

1）未发生异常情况。如果未发生异常情况，就需要进行下一步骤，即同标准对比。

2）发生了异常情况。这时就要调查其原因，采取措施，消除异常。如果点子的分布状态有缺陷，就要改变分布状态，这样的做法要经过几次反复，一直到消除了异常的点子，点子全部处于控制状态为止。如果无法查出产生控制界限外点子及点子的分布方式有缺陷的原因时，也要按其控制界限的原形进行下一步，即同标准对比。

（7）同标准对比。如果对工序不稳定的因素采取措施，使之稳定后，就要在稳定的状态下，调查产品是否满足标准，使之控制状态标准化。利用作出的分析用控制图的全部数据作直方图，将直方图同标准对比。如满足标准，即可进行下一步；如不满足标准，要采取措施进行处理，以消除异常原因达到标准。假如考虑技术经济条件，不便采取措施，可考虑修订标准，对没有满足标准的已生产出来的产品，要进行全数检查和批量处理。

（8）进行日常控制。做控制用的控制图经过上述步骤后，当工序处于稳定状态时，就要在分析用的控制图上延长控制界限，按每天的数据打点，若看到控制图在控制时有异常情况，就要立即追查原因，采取措施，并保留记录。

（9）控制界限的再计算。如果工序能继续处于控制状态，质量水平就能提高，这时要定期地评价控制界限。当操作者、原材料、机器设备、操作方法发生变化时，要重新进行计算。

## 复习思考题

1. 工序质量的波动性的分类及影响因素是什么？
2. 什么是统计过程控制，统计过程控制的作用是什么？
3. 工序能力和工序能力指数有何区别？
4. 如何计算工序能力指数？如何判断工序能力？
5. 控制图的控制界限是什么？
6. 如何判断控制图失控状态？
7. 某产品含某一杂质要求最高不能超过 10.2mg，样本标准差 $s$ 为 0.038，样本平均值为 10.1，求过程能力指数，并对工序进行评价。
8. 某企业对插座外壳的尺寸进行分析控制，为此收集下列尺寸的分析值，请绘制出 $\bar{x}$-$R$ 控制图。

| 组号 | $X_1$ | $X_2$ | $X_3$ | $X_4$ | $X_5$ |
|---|---|---|---|---|---|
| 1 | 24.45 | 24.47 | 24.46 | 24.44 | 24.46 |
| 2 | 24.44 | 24.44 | 24.47 | 24.45 | 24.48 |
| 3 | 24.47 | 24.43 | 24.47 | 24.45 | 24.45 |
| 4 | 24.48 | 24.44 | 24.46 | 24.47 | 24.46 |
| 5 | 24.45 | 24.44 | 24.47 | 24.46 | 24.47 |
| 6 | 24.47 | 24.46 | 24.45 | 24.48 | 24.46 |
| 7 | 24.43 | 24.46 | 24.48 | 24.46 | 24.45 |
| 8 | 24.45 | 24.43 | 24.47 | 24.46 | 24.46 |
| 9 | 24.45 | 24.46 | 24.44 | 24.45 | 24.47 |
| 10 | 24.45 | 24.46 | 24.47 | 24.46 | 24.48 |
| 11 | 24.44 | 24.46 | 24.48 | 24.47 | 24.45 |
| 12 | 24.46 | 24.48 | 24.45 | 24.44 | 24.47 |
| 13 | 24.45 | 24.46 | 24.47 | 24.48 | 24.44 |
| 14 | 24.46 | 24.46 | 24.45 | 24.46 | 24.45 |
| 15 | 24.46 | 24.47 | 24.45 | 24.47 | 24.49 |
| 16 | 24.48 | 24.45 | 24.46 | 24.45 | 24.47 |
| 17 | 24.44 | 24.45 | 24.45 | 24.48 | 24.47 |
| 18 | 24.45 | 24.48 | 24.43 | 24.47 | 24.45 |
| 19 | 24.44 | 24.48 | 24.44 | 24.46 | 24.47 |

续表

| 组号 | $X_1$ | $X_2$ | $X_3$ | $X_4$ | $X_5$ |
|---|---|---|---|---|---|
| 20 | 24.44 | 24.45 | 24.46 | 24.46 | 24.47 |
| 21 | 24.45 | 24.46 | 24.47 | 24.45 | 24.45 |
| 22 | 24.45 | 24.45 | 24.48 | 24.45 | 24.47 |
| 23 | 24.45 | 24.47 | 24.46 | 24.48 | 24.47 |
| 24 | 24.46 | 24.46 | 24.45 | 24.47 | 24.48 |
| 25 | 24.48 | 24.47 | 24.46 | 24.44 | 24.47 |

9. 某厂的不合格品个数的检查数据如下表所示，请作出 $p$ 控制图。

| 组号 | 1 | 2 | 3 | 4 | 5 | 6 | 7 | 8 |
|---|---|---|---|---|---|---|---|---|
| 检查个数 | 500 | 500 | 500 | 500 | 500 | 500 | 500 | 500 |
| 不合格品数 | 14 | 15 | 13 | 15 | 18 | 19 | 19 | 15 |
| 组号 | 9 | 10 | 11 | 12 | 13 | 14 | 15 | |
| 检查个数 | 500 | 500 | 500 | 500 | 500 | 500 | 500 | |
| 不合格品数 | 18 | 19 | 17 | 16 | 14 | 15 | 17 | |

# 5 质量检验

## 5.1 质量检验概述

### 5.1.1 质量检验的概念和作用

5.1.1.1 检验和质量检验的概念

（1）检验的概念。通过观察和判断，适当时结合测量、试验所进行的符合性评价。对产品而言，是指根据产品标准或检验规程对原材料、中间产品、成品进行观察，适当时进行测量或试验，并把所得到的特性值和规定值做比较，判定出各个物品或成批产品合格与不合格的技术性检查活动，称为检验。

（2）质量检验的概念。对产品的一个或多个质量特性进行观察、测量、试验，并将结果和规定的要求进行比较，以确定每项质量特性合格情况的技术性检查活动称为质量检验。

5.1.1.2 质量检验的作用

（1）把关作用 。把关是质量检验最基本的作用，也可称为质量保证职能。这种作用存在于质量管理发展的各个阶段。如前所述，企业的生产是一个复杂的过程，人、机、料、法、环等诸要素，都可能对生产过程的变化产生影响，各个工序不可能处于绝对的稳定状态，质量特性的波动是客观存在的，因此，通过质量检验把关，检验出不合格品以保证产品质量，是完全必要的。

随着生产技术和管理工作的完善化，可以减少检验的工作量，但检验工作是不可取消和替代的。只有通过质量检验，实行严格的把关，做到不合格的原材料不投产，不合格的半成品不转序，不合格的零部件不组装，不合格的产品不出厂，才能真正保证产品质量。

（2）预防作用 。质量检验不仅起着把关作用，而且起着预防作用，这是现代质量检验区别于传统质量检验的所在。广义说，原材料和外购件的入厂检验、前工序的把关检验，对后面的生产过程和下工序生产，都起到了预防的作用。

此外，这种预防作用还表现在：在生产过程中通过检验收集一批或一组数据，绘制控制图，以了解工序能力状况。如发现工序能力不足或生产过程出现异常状态，则要及时采取技术措施，以提高工序能力、消除生产过程的异常状态，预防不合格品的发生。实践证明，这种检验的预防作用是非常有效的。

在一批产品投产前、一个轮班开始加工一批产品时，或当设备进行修理或调整后开始生产时，都要进行首件检验；在正式成批生产后，还要定期或不定期地对生产出的产品进行巡回抽查（即巡检），发现问题及时采取措施加以解决，以预防不合格品的发生。

（3）报告作用。报告作用也就是信息反馈作用。为了使各级管理者及时掌握生产过程中的质量状态，评价和分析质量体系的有效性，做出正确的质量决策，质量检验部门必须把检验结果（特别是计算所得的指标），用报告的形式，反馈给领导及有关管理部门，以便做出正确的评价和决策。

质量报告的主要内容包括：

1）原材料、外购件、外协件进货验收的质量情况和合格率；

2）过程检验、成品检验的合格率、返修率、报废率和等级率，以及相应的废品损失金额；

3）按产品组成部分（如零、部件）或作业单位划分统计的合格率、返修率、报废率以及相应废品损失金额；

4）产品报告原因的分析；

5）重大质量问题的调查、分析和处理意见；

6）提高产品质量的建议。

（4）改进作用。充分发挥质量检验的把关和预防作用的关键是质量检验参与质量改进工作，这也是质量检验部门参与提高产品质量活动的具体体现。质量检验人员一般都是由具有一定生产经验、业务熟练的工程技术人员和技术工人担任。他们经常工作在生产第一线，他们比设计、工艺人员更了解影响生产的各种因素，质量信息也最灵通，能提出更切实可行的建议和措施，这正是质量检验人员的优势所在。在管理中实行设计、工艺、检验和操作人员相结合搞质量改进，对加快质量改进步伐，取得良好的质量管理效果是十分必要的。

### 5.1.2 质量检验的方式

#### 5.1.2.1 按检验的数量划分

质量检验有全数检验和抽样检验两种方式。

A 全数检验

全数检验是对全部产品逐个进行检测，从而判定每个产品合格与否的检验。它又称全面检验、100%检验，其处理对象是每个产品，这是一种沿用已久的检验方法。相对而言，全数检验可以较好地保证产品质量，但检验费用高。

（1）全数检验的适用场合。

1）不合格的产品会造成严重的不良后果，如影响人身安全、引起生产严重混乱或给企业在经济、信誉上造成无法弥补的损失等，则必须进行全数检验；

2）条件允许，能容易地进行质量检验时，如灯泡的亮度检验等，则应进行全数检验；

3）批量比较少，且批的大小和样本大小接近，没有必要进行抽样检验；

4）同检验费用相比，产品价值特别昂贵，则应进行全数检验。

（2）全数检验的缺点。

1）有些产品的检验具有破坏性，如寿命、拉力等。很显然，破坏性的检验就不能进行全数检验；

2）有些产品的产量很大，如电子元件、手表钻石等。对它们进行全数检验势必花费大量人力、物力，很不经济；

3）在数量多、速度快、时间长等情况下，全数检验容易产生错检和漏检；

4）从某种意义上说，全检是一种消极的检验方法。全检采取将检验出的不合格品剔除的办法来保证产品的质量，它不能引起生产者对产品质量的关心。

B 抽样检验

抽样检验，就是从一批产品中随机抽取一部分进行检验，通过检验这少量产品来对这批产品的质量进行评估，并对这批产品做出是否合格、能否接收的结论。它是根据数理统计的原理，在对供货方和收货方的利益、要求以及双方承担的风险都作了考虑之后，规定了产品的质量水平，并据此对批量、样本大小、判断标准等都作出适当的规定的一种检验方式。

与全数检验不同，实施抽样检验时，一旦一批产品判为不合格，成批产品要退还生产者，或要求生产者逐个挑选，这时，生产者不是对个别不合格品负责，而是对成批的产品负责。从而可增强生产者的质量责任感，促进生产者力求不断地提高质量水平。因此，对提高产品质量来说，抽样检验是一种积极的检验方式。

实施抽样检验需要事先确定抽样方案，按方案的要求，从一批产品中随机地抽取一部分进行检查，并通过检查结果与标准对比，从而对该批产品的质量状况进行估计和推断。如图 5-1 所示。

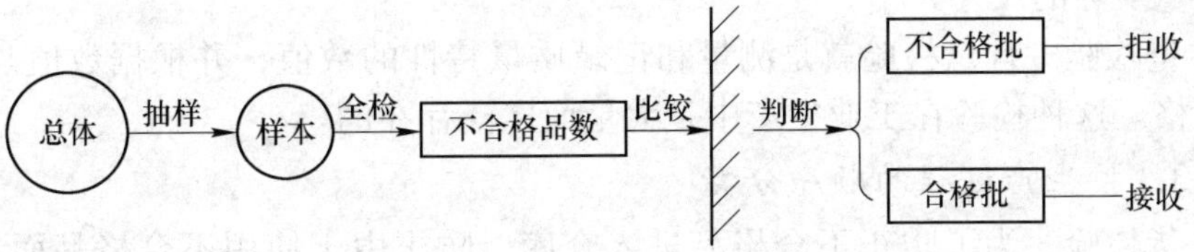


图 5-1 抽样检验示意图

a 抽样检验的适用场合

（1）破坏性检验，如产品的可靠性试验、产品寿命试验、材料的疲劳试验、零件的强度检查等；

（2）产品数量很大，质量要求又不是很高。如螺钉、销钉、垫圈等；

（3）测量对象是连续体。如煤、矿石、铁水、重油的化学成分等，不能进行全数检验，而必须采取抽样检验；

（4）检验项目过多、周期长，进行全数检验有困难，采用抽样检验就能保证产品质量；

（5）希望节省检验费用的场合；

（6）督促供方改进质量的场合等。

b 抽样检验的缺点

（1）合格批内包含的不合格品数比全数检验多。因为抽样检验仅能剔除样本中的不合格品，而全数检验基本剔除批中全部的不合格品。

（2）判断批产品是否合格时，存在着弃真和存伪的错误。由于抽样的随机性，存在把优质批判断为不合格批和把劣质批判断为合格批的可能性。任何抽样检验都避免不了这两种错误产生的可能。

因此，对于抽样检验，应注意这样几个问题：

（1）抽样检验只能相对地反映产品的质量，不能把样品的不合格率与整批产品的不合格率等同起来。经过抽样检验合格的产品批只能保证其统计质量，不可能保证整批产品100%都是合格品。这是因为抽样检验存在一定的局限性，还要承担一定的风险。

（2）经过抽样检验被判定为合格的产品，并不等于批中每个产品都合格；同样，经过抽样检验被判定为不合格的批，也不等于批中每个产品都不合格。

（3）并非任何抽样检验都能达到正确的判断整批产品质量的目的。我们所指的抽样检验是建立在概率论和数理统计基础上的科学的抽样方法。

综上所述，全数检验和抽样检验两种检验方式各有其利弊。近年来，由于自动化检测的发展，生产中应用全数检验有上升的趋势。

5.1.2.2 按质量特性值划分

（1）计数检验。计数检验包括计件检查和计点检查，只记录不合格数（或点），不记录检测后的具体测量数值，特别是有些质量特性本身很难用数值表示，如产品的外形是否美观，食物的味道是否可口等等，它们只能通过感官判断是否合格。还有一类质量特点，如产品的尺寸等虽然可以用数值表示，也可以进行测量，但在大批量生产中，为了提高效率、节约人力和费用，常常检查是否在上下公差范围以内，也就是只区分合格与不合格品，而不测量实际的尺寸大小。

（2）计量检验。计量检验就是测量和记录质量特性的数值，并根据数值与标准对比，判断是否合格。这种检验在工业生产中是大量而广泛存在的。

5.1.2.3 按生产过程的顺序分类

（1）进货检验。为了防止不合格品进入仓库，防止由于使用不合格品而影响产品质量，影响正常的生产秩序，企业对所采购的原材料、外购件、外协件、配套件、辅助材料、配套产品以及半成品等在入库之前所进行的检验。

进货检验由专职进货检验员，按照检验规范执行检验。

（2）过程检验。过程检验也称工序过程检验，是在产品形成过程中对各生产制造工序中产生的产品特性进行的检验。从而保证各工序的不合格品不得流入下道工序，防止对不合格品的继续加工，确保正常的生产秩序，起到验证工艺和保证工艺要求贯彻执行的作用。

过程检验由专职的过程检验人员，按生产工艺流程和检验规范进行检验。

（3）最终检验。最终检验也称为成品检验，成品检验是在生产结束后，产品入库前对产品进行的全面检验。防止不合格产品流向顾客。

成品检验由企业质量检验部门负责，检验应按成品检验指导书的规定进行，大批量成品检验一般采用统计抽样检验的方式进行。

检验合格的产品，应由检验员签发合格证后，车间才能办理入库手续。凡检验不合格的成品，应全部退回车间作返工、返修、降级或报废处理。经返工、返修后的产品必须再次进行全项目检验，检验员要做好返工、返修产品的检验记录，保证产品质量具有可追溯性。

### 5.1.3 质量检验的步骤

（1）检验的准备。熟悉规定要求，选择检验方法，制定检验规范。

（2）测量或试验。按已确定的检验方法和方案，对产品质量特性进行定量或定性的观察、测量、试验，得到需要的量值和结果。

（3）记录。对测量的条件、测量得到的量值和观察得到的技术状态用规范化的格式和要求予以记载或描述，作为客观证据保存下来。

（4）比较和判定。由专职人员将检验的结果与规定的要求进行对照比较，确定每一项质量特性是否符合要求，从而判定被检验的产品是否合格。

（5）确认和处置。检验有关人员对检验的记录和判定的结果进行签字确认。

1）对合格品准予放行，并及时转入下一作业过程（工序）或准予入库、交付（销售、使用）。对不合格品，按其程度分别情况做出返工、返修、让步接收或报废处置。

2）对批量产品，根据产品批质量情况和检验判定结果分别做出接收、拒收、复检处理。

## 5.2 抽样检验概述

抽样检验是检验产品质量的一个十分重要的、经济的手段，是质量管理的重要组成部分。在抽样检验的发展历史中，H. F. Dodge（道奇）起着开拓者的作用，他是这门应用统计方法的主要创始人。早在 1929 年，他和 H. G. Romig（罗米格）联合发表了关于统计抽样检验理论的第一篇经典论文。1944 年，他们又联合发表了关于挑选型抽样体系的名著《抽样检验表》。此后，抽样检验的应用和理论便迅速发展起来。

### 5.2.1 抽样检验基本知识

（1）单位产品。单位产品是为了实施抽样检验而划分的单位体或单位量。对于按件制造的产品来说，一件产品就是一个单位产品，如一批灯泡中的每个灯泡，一批螺钉中的每个螺钉。但是，有些产品的单位产品划分不是很明确，如棉布、钢水是连续产品，很难自然地划分为单位产品，因此，这类产品的划分带有任意性。由于需要不同，钢水可以将一炉作为单位产品，也可以将一勺作为单位产品；棉布可以将每尺作为单位产品，也可以将每米、甚至每批作为一个单位产品。

（2）检验批。在抽样检验中对产品的检验总是按批进行的，所谓一个检验批就是为了实施抽样检验的需要而汇总起来的若干个单位产品。通常可以在生产或流通过程自然形成，如一个投料批、一个运输批、一个工人一天生产的产品等。总之，同一批产品应该是在生产基本稳定的条件下，由同型号、同规格的产品构成。

（3）批量。需要检验的一批产品中所包含的单位产品的总数叫做批量。批量的大小，应根据产品质量特性和检验需求来确定。

（4）缺陷。单位产品的质量特性不符合产品技术标准、工艺文件、图纸所规定的技术要求，即构成缺陷。根据缺陷的性质及不符合技术要求所构成缺陷的严重程度，可以把缺陷分为致命缺陷、严重缺陷和轻微缺陷等 3 级。

1）致命缺陷。预料会对使用、维修和保管这种产品的人造成危险或不安全，以及预料会给最终产品的基本功能带来致命影响的缺陷。

2）严重缺陷。虽然不到致命缺陷的程度，但预料可能造成故障或大大降低单位产品的实际使用性能的缺陷。

3）轻微缺陷。预料对产品的有效使用、操作等几乎没有妨碍的缺陷。

（5）不合格品。在缺陷的基础上，将不合格品也可分为3类。

1）致命不合格品。有一个或一个以上的致命缺陷，也可能还有严重缺陷或轻微缺陷的产品。

2）严重不合格品。有一个或一个以上的严重缺陷，也可能还有轻微缺陷，但不包括致命缺陷的产品。

3）轻微不合格品。有轻微缺陷，但不含致命缺陷或严重缺陷的产品。

（6）批不合格品率。批不合格品率是批中不合格品数 $D$ 占整批 $N$ 件的百分比，即

$$p = \frac{D}{N} \times 100\%$$

式中 $p$——批不合格品率；

$D$——该批 $N$ 件中的不合格品数。

（7）批平均不合格品率。

设有 $k$ 批产品被检，其批量分别为 $N_1$，$N_2$，…，$N_k$，其中首次检验不合格品数为 $D_1$，$D_2$，…，$D_k$，则批平均不合格品率为

$$\bar{p} = \frac{D_1 + D_2 + \cdots + D_k}{N_1 + N_2 + \cdots N_k} \times 100\%$$

首次检验即不包括首次检验后的不合格品经过返修再交检验的合格件。批平均不合格品率通常可代替生产过程的平均不合格品率，故 $k$ 必须大于或等于20，以使 $\bar{p}$ 更符合实际情况。

由于实行抽样检验时，$D$ 实际上是未知的，一般是用抽样检验结果的历史资料进行估计。如从 $k$ 批交验产品中分别抽取 $k$ 个样本，其大小分别为 $n_1$，$n_2$，…，$n_k$，发现样本中的不合格品数分别为 $d_1$，$d_2$，…，$d_k$，则通过抽样检验所估计的批平均不合格品率为：

$$\bar{p} = \frac{d_1 + d_2 + \cdots + d_k}{n_1 + n_2 + \cdots + n_k} \times 100\%$$

如果生产条件稳定，估计值 $\bar{p}$ 也可用来预测将要交验的产品不合格品率。

### 5.2.2 抽样检验的分类

抽样检验方案的选择除与生产的质量有密切关系外，还与生产单位的质量检验部门的管理体制、检验费用、生产方式和质量指标的测量方式有关。抽样检验方案的种类很多，应根据不同要求选取适当的类型。

#### 5.2.2.1 按数据的性质分类

（1）计数抽样检验。它是以不合格品数或缺陷数作为判断依据。

（2）计量抽样检验。它是以计量值数据作为判断依据的抽样检验。

#### 5.2.2.2 按实施方式分类

（1）标准型。标准型是在抽样方案中对供、购双方都规定质量保护和质量保证值（$p_0$ 或 $\mu_0$，$\alpha$；$p_1$ 或 $\mu_1$，$\beta$），具有可满足供、购双方要求的特点的抽样检验。该型抽样检

验适合于对产品质量不了解的场合，例如从新的单位购入的货品，或偶尔在市场上购买货品的验收。

（2）挑选型。对产品进行检测后，凡达到抽样方案判定基准合格的就接收；达不到判定基准的，则进行挑选检验。这种抽样检验适用于不能选择供应单位时的收货检验、工序间半成品检验和产品出厂检验。对于经过抽样检验而被判定为不合格批的，并可以退货或降价接收的产品，则不宜采用挑选型抽样检验。对于测试是破坏性的产品，更不能采用挑选型抽样检验。

（3）调整型。调整型抽样检验的特点是根据供应单位提供货品的质量好坏来调整检验的宽严程度。一般分为放宽、正常和加严检验 3 种方案。对于供应单位提供质量好的批，则可采用放宽检验方案，以鼓励供应单位；对于提供质量差的批，则采用加严检验方案，借此警告供应单位，促使其提供质量好的产品。

调整型抽样检验一般从正常检验开始，根据数批的检验结果再决定放宽或加严。因而，供、购双方应事前明确规定检验的转换条件。

（4）连续生产型。连续生产型抽样检验仅适用于不间断的连续生产出来的产品的检验，不要求检验对象形成批。其抽检方法是先从一个个产品测试开始，当产品连续合格累计达到一定数量后，即转入每隔一定数量抽检一个产品。在继续检验中，如果出现不合格品，就再恢复到连续逐个检验。每当发现不合格品时，应立即采取措施进行处理。

连续生产型抽样检验，不要求产品形成批。对于检验批，则不能采用连续生产型抽样检验。

#### 5.2.2.3 按抽样次数分类

按抽样次数可分为一次、二次、多次抽样检验。

A 一次抽样

从交检批中只抽取一次样本的抽样方式。其操作原理示意图见图 5-2，图中 $n$ 为样本大小，$d$ 为样本中测得的不合格品数，$c$ 为合格判定数。

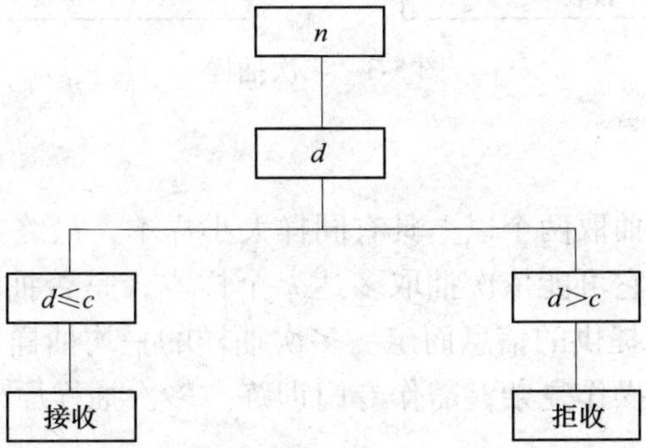


图 5-2 一次抽样

一次抽样的优点是：

（1）方案的设计、培训与管理比较简单；

（2）抽检量是常数；

（3）有关批质量的情报能最大限度地被利用。

一次抽样的缺点是：

（1）抽样量比其他类型大；

（2）在心理上仅根据一次抽样结果就作判定似欠慎重。

B 二次抽样

所谓二次抽样是指最多从批中抽取两个样本，最终对批做出接受与否判定的一种抽样方式。此类型需根据第一个样本提供的信息，决定是否抽取第二个样本，其示意图见图5-3。二次抽样中，一般设定 $n_1=n_2$，这在理论上并非必要，但此时检查量最少。本类型具有平均抽样量少于一次抽样以及在心理上易于接受的优点；但抽样量不定，管理稍复杂，需做一定的培训。图中 $A_{c1}$、$R_{c1}$、$A_{c2}$、$R_{c2}$ 是质量合格判定数。

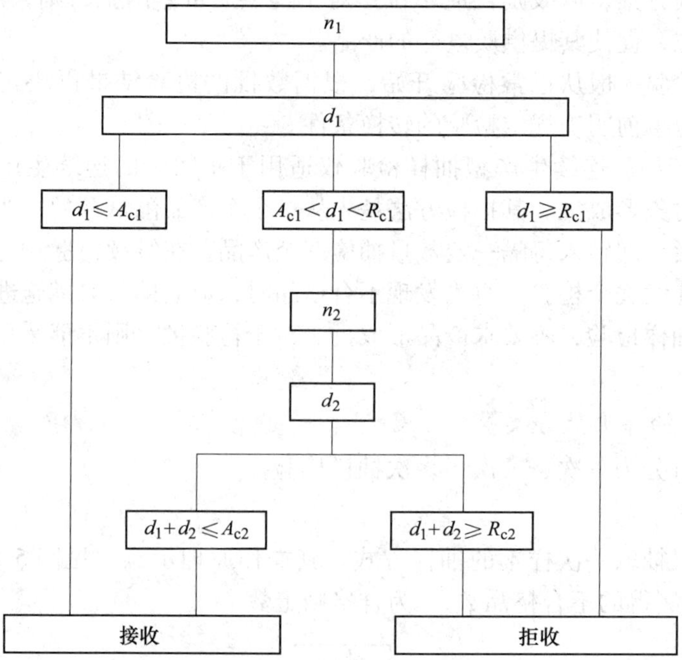


图5-3 二次抽样

C 多次抽样

多次抽样是一种允许抽取两个以上具有同样大小样本，最终才能对批做出接受与否判定的一种抽样方式。因此它可能依次抽取多达 $k$ 个样本，是否抽取第 $i$ 个（$i \leqslant k$）样本需由前（$i-1$）个样本所提供的信息而定。多次抽样的平均抽样量少于一、二次抽样，且在心理上最为安全。但其操作复杂，需作专门训练。多次抽样原理示意图如图5-4所示。

### 5.2.3 抽样检验的方法

为了能使样本对检验批的质量具有代表性，必须采用正确的抽样方法，即“随机抽样”。

所谓随机抽样，就是每次抽取样本时，批中所有的单位产品都具有同等被抽到的机会的一种抽样方法。最常用的随机抽样法有以下几种。

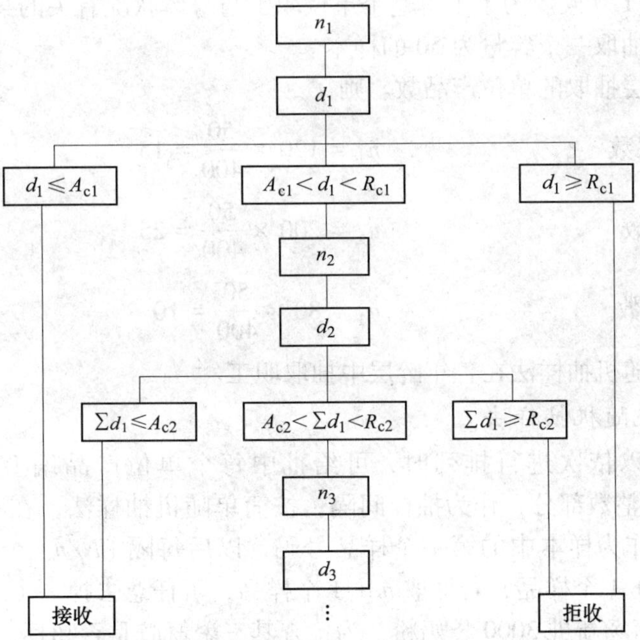


图 5-4 多次抽样

5.2.3.1 简单随机抽样法

从批量为 $N$ 的交验批中抽取大小为 $n$ 的样本，如果批中每个单位产品被抽到的可能性都相等，这样的抽样方法称为简单随机抽样，亦称单纯随机抽样。其有下列 3 种：

（1）抽签法。举例说明此种方法的实施过程，见例 5-1。

**【例 5-1】** 从 50 台电脑中不放回的随机抽取 2 台进行质量检验。

首先对 50 个产品进行编号，号码为 1~50。作签号为 1~50 的签并混合均匀，任意抽取 2 个签，得 2 个号码。

然后按抽得的签号从批中抽取对应编号的产品，即得所求的样本。当产品批量比较少时，也可用掷骰子法代替抽签法。

（2）随机骰子法。这是将被抽取的一批产品，事先编成号码，哪一种产品编号数与掷出骰子的点数相同，就意味着该产品被抽取。

（3）随机数表法。制作一个数表，其中的每个数都是用随机方法产生的，这样的表称为随机数表。只要按一定的规则到随机数表中选取号码就可以了。这种抽样方法叫做随机数表法。

利用该表进行抽样的优点是抽样误差小，其缺点是手续繁琐。

5.2.3.2 分层随机抽样

为了保证样本能对批量有较好的代表性，将一批产品按不同的生产班组、设备等进行分层，并使同一层内的产品质量均匀一致。然后，在各层内分别随机抽取一些单位产品，合在一起而构成一个样本。这种方法叫分层随机抽样。如果按各层在整批中所占的比例，分别在各层内抽取单位产品，就叫分层按比例随机抽样。

**【例 5-2】** 一个单位的职工 400 人，其中不到 35 岁的有 120 人，35~49 岁的有 200

人，50 岁以上的有 120 人。为了了解这个单位职工与身体状况有关的某项指标，试用分层按比例抽样法从中抽取一个容量为 50 的样本。

首先，计算各层抽取的单位产品数。则

不到 35 岁抽取数 $n_1 = 120 \times \frac{50}{400} = 15$

35~49 岁抽取数 $n_2 = 200 \times \frac{50}{400} = 25$

50 岁以上抽取数 $n_3 = 80 \times \frac{50}{400} = 10$

然后，用简单随机抽样法在各年龄层中抽取职工。

5.2.3.3 系统随机抽样法

当批中产品可以依次进行排列时，可给批中每个单位产品编上 1 ~ $N$ 号。以符号 [$N/n$] 表示 $N/n$ 的整数部分，作为抽样间隔，按简单随机抽样法，在 1 至 [$N/n$] 之间随机抽取的一个整数作为样本中的第一个样品号码，以后每隔 [$N/n$] 个产品抽取一个。这样可抽得 $n$ 个或 $n + 1$ 个样品，若抽取 $n + 1$ 个样品，可任意去掉一个。

**【例 5-3】** 某商场新进 3000 袋奶粉，为检查其三聚氰胺是否超标，先采用系统抽样的方法从中抽取 150 检查，若第一组抽取号码是 12，则第 65 组抽出的号码是多少？

有产品批 $N = 200$，排成一列，试用系统随机抽样法抽取一个 $n = 10$ 的样本，抽样间隔 [$N/n$] = [3000/150] = 20。

因为在 1~20 之间抽取 12，则抽取的样品号码应为 12，32，52，72，…，2952，2972 号组成 $n = 150$ 的样本。则第 65 组抽出的号码是 1292。

5.2.3.4 分阶段随机抽样法

如果整批产品是由许多群组成，而每群又由若干组组成，按前述 3 种方法中的任意一种，以群作单位抽取一定数量的群。由这些群的单位产品组成样本，这种方法称为整群抽样法。

若进一步在各群中按随机抽样法抽取产品组成样本，则称此抽样方法为分阶段随机抽样法。

例如，以全国性调查为例，当抽样单元为各级行政单位时，按社会发展水平分层后（或按经济发展水平，或按地理位置分层），从每层中先抽几个地区，再从抽中的地区抽市、县、村，最后再抽至户或个人。

## 5.3 计数抽样检验

### 5.3.1 计数抽样检验的基本原理

5.3.1.1 批质量的判断

产品质量的好坏是通过对该产品的检验并把检验的结果与标准对比来进行判断的，凡是符合标准的就为合格品，不符合标准的就为不合格品。对于一批产品质量的好坏，是由该批产品中不合格品数的多少（或合格品数的多少）加以判定，不合格品数或不合格品率愈高，则这批产品的质量愈低。因此，把不合格品率的大小作为计数抽检情况下批产品的质量表示方法。即用不合格品率来表示一批产品质量的优劣。

抽检的目的是决定接收或拒收检验批。判断方法是把计算值 $p$ 与标准判定值 $p_t$ 相比较。若：(1) $p \leqslant p_t$，接收检验批；(2) $p \geqslant p_t$，拒收检验批。

$p_t$ 的大小与产品的性质、价值以及检验费用有关。凡是质量要求高、价值高及检验费用大的产品，$p_t$ 值应定得低一些。反之，应定得高一些。

实际上，通过抽样检验不可能精确地得到一批产品的不合格品率的数值。因此，常将上述批质量判断规则转换为：要求制订一个有科学根据的抽样方案。也就是说，从 $p \leqslant p_t$ 可以推出 $\frac{d}{n} \leqslant \frac{c}{n}$。为了方便，不规定 $p_t$，而相应地规定出 $n$ 件中不合格品的标准值，以此作为判断标准，即规定出一个简单的抽检方案，简记为 $(n, c)$，它表示从批量 $N$ 中各次抽取样本为 $n$ 的产品，其中 $c$ 为合格判定数。如果 $n$ 中有 $d$ 个不合格品，若 $d \leqslant c$，则认为该批产品质量合格，予以接收；若 $d > c$，则认为该批产品质量不合格，予以拒收。

在批质量判断过程中，由于从批量 $N$ 中随机抽取的样本数目不同，其抽检的方式也不同，可有一次抽检、二次抽检和多次抽检。

#### 5.3.1.2 接收概率与抽检特性曲线

##### A 样本中出现不合格品数的概率

抽检方案与样本中不合格品数 $d$ 有关，因此，需要知道样本中的不合格品数 $d$ 的抽取概率 $p(d)$ 的计算方法。

设交验批的批量 $N$ 为有限值，其中包含 $D$ 个不合格品，从中随机地抽取大小为 $n$ 的样本时，则该样本中出现的不合格品数 $d$ 的概率是一个随机变量，其概率分布符合超几何分布。即

$$p(d) = \frac{C_D^d C_{N-D}^{n-d}}{C_N^n} \tag{5-1}$$

因为 $D = Np$，则

$$p(d) = \frac{C_{NP}^d C_{N-NP}^{n-d}}{C_N^n} \tag{5-2}$$

式中 $C_N^n$ ——在 $N$ 个产品中抽取大小为 $n$ 的样本的组合数；

$C_{N-D}^{n-d}$ ——在 $N-D$ 个合格品中抽取 $n-d$ 个合格品的组合数；

$C_D^d$ —— 在 $D$ 个不合格品中抽取 $d$ 个不合格品的组合数；

$p$ ——不合格品率。

由式 (5-1) 可知，当给定 $N$、$D$、$n$ 时(或 $N$、$p$、$n$)，$p(d)$ 只与 $d$ 有关，它是 $d$ 的函数，可记为：

$$h(d,n,D,N) = \frac{C_D^d C_{N-D}^{n-d}}{C_N^n} \tag{5-3}$$

$$h(d,n,D,N) = \frac{C_{NP}^d C_{N-NP}^{n-d}}{C_N^n} \tag{5-4}$$

B 接收概率

根据规定的抽检方案（$n$，$c$），判定该批产品合格而被接收的概率称为接收概率（或批合格概率），用 $L(p)$ 表示。如果抽检方案（$n$，$c$）中样本大小 $n$ 及合格判定数 $c$ 已经确定，则

$$L(p) = p_0 + p_1 + p_2 + \cdots + p_c = \sum_{d=0}^{c} p(d)$$

式中 $p_0$——在抽取样本中出现不合格品数为零的概率；

$p_1$——在抽取样本中出现不合格品数为 1 的概率；

$p_2$——在抽取样本中出现不合格品数为 2 的概率；

$p_c$——在抽取样本中出现不合格品数为 $c$ 的概率。

由此可知，当批量 $N$ 及一次抽检方案（$n$，$c$）给定后，根据批的不合格品率 $p$ 就可确定该批的接收概率 $L(p)$。它是不合格品率 $p$ 的函数，同时与给定的方案（$n$，$c$）有关，因此，又称 $L(p)$ 为抽检方案（$n$，$c$）的特性函数。

C 抽检特性曲线（$OC$ 曲线）与两种错误

由于 $L(p)$ 是不合格品率 $p$ 的函数，即 $p$ 愈小，则 $L(p)$ 愈大；反之，$p$ 愈大，$L(p)$ 愈小。对于不同的 $p$ 值，可求出不同的 $L(p)$ 值。如果用横坐标表示不合格品率 $p$，以纵坐标表示接收概率 $L(p)$，对于既定的抽样方案，可作出 $p$-$L(p)$ 曲线，称为“抽检特性曲线”。一般来说，抽检特性曲线是指给定抽样方案时，表示接收概率与批的实际质量函数关系的曲线，简称为 $OC$ 曲线。

为了说明一个较好的抽检方案的 $OC$ 曲线应具有何种形状，下面讨论两种特殊情况。

（1）理想抽检方案的 $OC$ 曲线。

如果规定，当批的不合格品率 $p \leqslant p_0$ 时，该批产品是合格的；当批不合格品率 $p > p_0$ 时，该批产品是不合格的。那么，一个理想的抽检方案应满足：当 $p \leqslant p_0$ 时，接收概率 $L(p) = 1$；当 $p > p_0$ 时，接收概率 $L(p) = 0$，其 $OC$ 曲线见图 5-5 所示。要达到这种理想境界，唯一的办法是进行准确无误的全数检验。因此，这样的抽检方案实际上是不存在的。因为即使采用百分之百检验，有时也会产生错检和漏检。

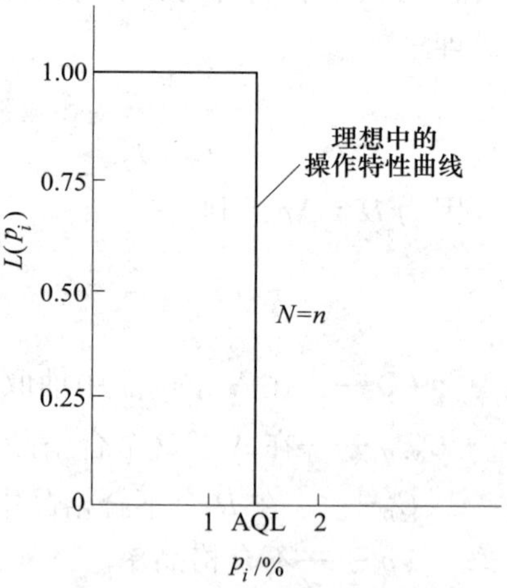


图 5-5 理想的特性曲线

（2）线性抽检方案的 $OC$ 曲线。设有一批产品，批量 $N = 20$，考虑采用抽检方案（1，0）来检验。此时的抽检特性函数为：

$$L(p) = \frac{C_{20p}^{0} \cdot C_{20-20p}^{1-0}}{C_{20}^{1}} = 1 - p$$

其 $OC$ 曲线是一条直线，如图 5-6 所示。在此例中，如果认为 $p \leqslant 50\%$ 时，产品是合格的，这时 $L(5\%) \geqslant 0.95$，但 $p = 50\%$ 时，$L(50\%) = 0.5$。这就是说，当产品的质量已经坏到含有一半的不合格品时，两批当中仍有一批可能被接收。可见，线性抽检方案对批质量的判断能力和对用户的质量保证都是很差的。

上述的理想方案不存在，线性方案又很不理想，是否可以选取一个抽捡方案，使其抽检曲线比较接近理想曲线呢？回答是肯定的。我们可以这样来对产品质量提出要求：规定两个数 $p_0$ 和 $p_1(0 < p_0 < p_1 < 1)$；当一批产品的不合格品率 $p \leqslant p_0$ 时，认为产品质量较好，愿以高概率接收这批产品；反之，当 $p \geqslant p_1$ 时，认为质量较差，允许以小的概率接收这批产品；而当 $p_0 < p < p_1$ 时，接收这批产品的概率迅速减小。相应于这种要求的一条曲线如图 5-7 所示，图中 AQL 为可以接收的质量水平，LTPD 为允许的不合格品率。它比较接近理想曲线，所代表的抽检方案是一种较好的方案。

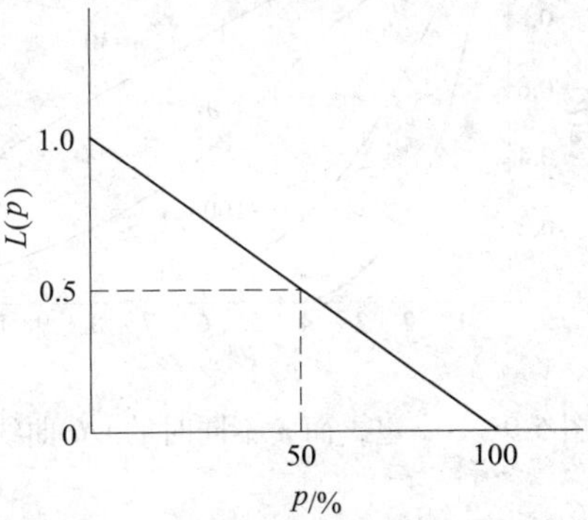


图 5-6 线性抽检方案特性曲线

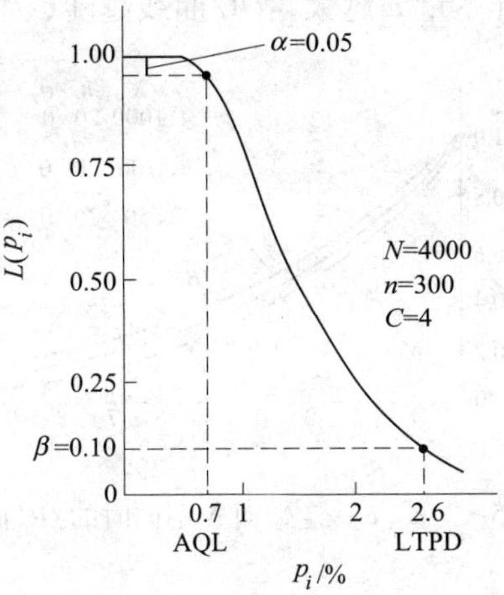


图 5-7 现实的特性曲线

总之，抽样检验是根据从一批产品中随机抽取的一部分产品检查结果，去判断整批产品是否合格。这是一种统计推断的过程，既然是统计推断，就有可能产生两类错误，即有可能将合格批判断为不合格批；也有可能将不合格批判为合格批。因此，为了控制这两种错误，在确定抽检方案时，一般是由预先给定的 $p_0$、$p_1$、$\alpha$、$\beta$ 求出 $n$，$c$，使它们同时满足以下两个方程，即

$$1 - \alpha = \sum_{d=0}^{c} b(d,n,p_0) = \sum_{d=0}^{c} C_n^d p_0^d (1 - p_0)^{n-d}$$

$$\beta = \sum_{d=0}^{c} b(d,n,p_1) = \sum_{d=0}^{c} C_n^d p_1^d (1 - p_1)^{n-d}$$

式中，一般取 $\alpha = 0.05$，$\beta = 0.10$，$p_0$、$p_1$ 是由批的产品的生产方和使用方进行协商而定的。

把质量标准 $p_0$、$p_1$ 与两类错判概率 $\alpha$、$\beta$ 联系起来考虑，是现代统计抽样检验的一个特点，也是制定和评价抽检方案的依据。

一个好的抽检方案，在一定生产条件和保证产品质量的要求下，应要求有很强的辨别能力，即应要求两种错判概率都尽可能小。当然，还应要求抽检的数量尽量少。

5.3.1.3 抽检方案的评价

抽检方案的评价标准：一是可靠性；二是经济性。可靠性是指抽检方案的抽检特性是否满足订货和供货双方的要求；经济性是指抽检费用，表现为使用的平均样本量大小。下

面以标准型一次抽检为例，分析各参数的变化对抽检特性的影响。

（1）抽检方案一定，批量大小对 $OC$ 曲线的影响。图 5-8 是抽检方案为 $n = 20$、$c = 0$ 时，批量 $N$ 分别为 1000、100、50 做出的 A、B、C 三条 $OC$ 曲线。从图中可以看出，批量大小对 $OC$ 曲线的影响并不大。如果采用二项分布或泊松分布近似式计算，作出的 $OC$ 曲线将毫无区别。

（2）合格判定数 $c$ 一定，样本量 $n$ 对 $OC$ 曲线的影响。合格判定数 $c = 2$，样本大小 $n$ 分别为 10、30、50、100、200 时的 $OC$ 曲线如图 5-9 所示。从图中看出，合格判定数一定时，样本量 $n$ 越大，$OC$ 曲线越陡，生产方危险率越大，使用方危险率越小。

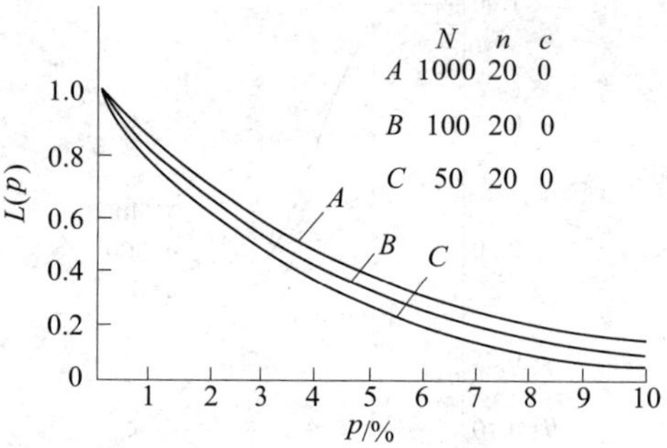


图 5-8 $n$、$c$ 一定，而 $N$ 不同时的 $OC$ 曲线

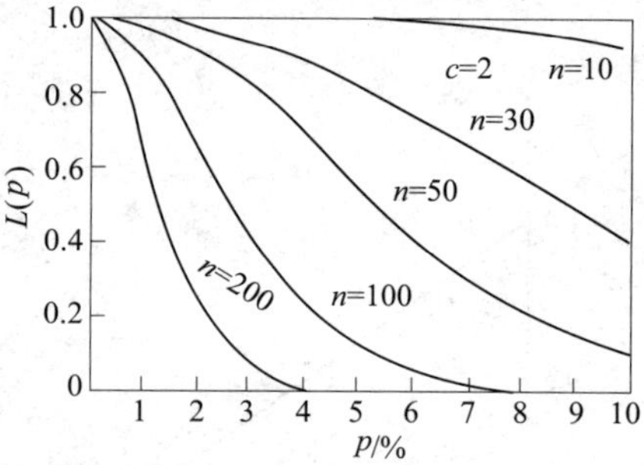


图 5-9 $c$ 一定，而 $n$ 不同时的 $OC$ 曲线

（3）样本大小一定，合格判定数 $c$ 对 $OC$ 曲线的影响。当 $n = 100$，$c = 0$、1、2、3、4、5 时的 $OC$ 曲线如图 5-10 所示。从图中看出，$c$ 越小，$OC$ 曲线越陡，即生产方危险率越大，使用方危险率越小。

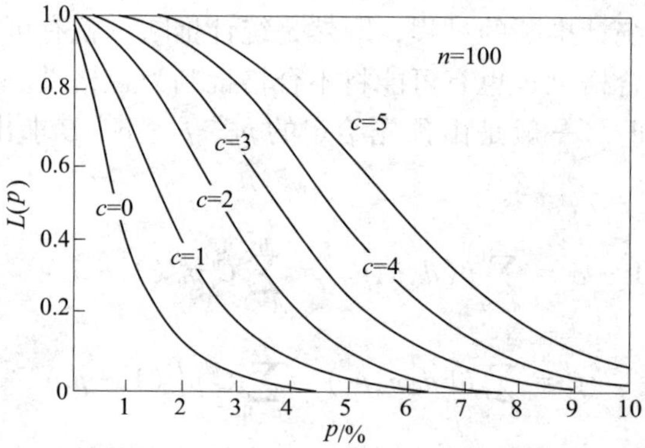


图 5-10 $n$ 一定，而 $c$ 不同时的 $OC$ 曲线

（4）百分比抽检法的 $OC$ 曲线。以往的抽样检验多采用百分比抽检，这是从批中按一定比率（如 1%，3%，10%等）抽取样本进行检查，其合格判定数通常取为 0。

百分比抽检法来源于："只要样本大小与批量大小之比不变，生产方和使用方所受到的保护也不变"的错误思想。图 5-11 是 10%抽检的 5 种方案的 $OC$ 曲线。可以看出，批量越大，$n$ 越大，$OC$ 曲线越陡，$L(p)$ 越小，生产方危险率越大，使用方危险率越小。对于相同不合格品率的批产品来说，几个方案对生产方和使用方的保护程度均不同。因此，百分比抽捡法是不合理的。

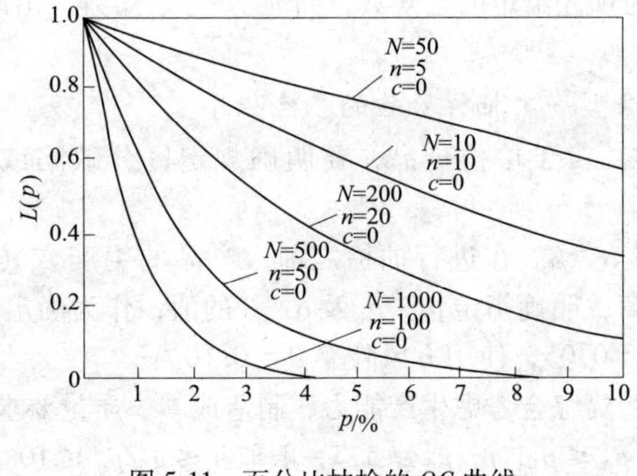


图 5-11 百分比抽检的 $OC$ 曲线

（5）关于 $c=0$ 的抽检方案。抽样检验时，人们往往以为 $c=0$ 的方案是最可靠的方案。实际上，采用 $n$、$c$ 同时增大的方案，其抽检特性将比 $c=0$ 的方案得到很大改善。从图 5-12 可以看出，$N=1000$、$n=100$、$c=0$ 的方案，与 $N=1000$、$n=170$、$c=1$ 和 $N=1000$、$n=240$、$c=2$ 的方案相比是最不好的方案，即生产方和使用方危险率都较大。$n$，$c$ 增长的越多，方案的抽检特性越好。

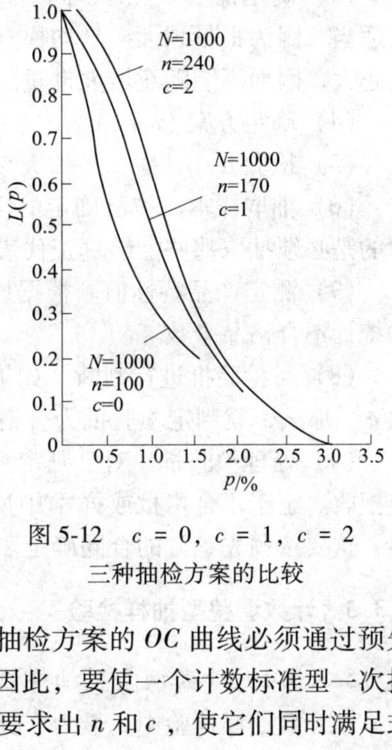


图 5-12 $c=0$，$c=1$，$c=2$ 三种抽检方案的比较

### 5.3.2 计数标准型抽样检验

5.3.2.1 计数标准型抽样检验的设计原理

标准型抽检方案是同时严格控制生产者和使用者风险的抽检方案。其设计原理是：给定接收上限 $p_0$、拒收下限 $p_1$ 以及两种错判概率 $\alpha$、$\beta$，控制优质批（$p \leqslant p_0$）错判为不合格的概率不得超过 $\alpha$，劣质批（$p \geqslant p_1$）错判为合格的概率不得超过 $\beta$。即计数标准型抽检方案的 $OC$ 曲线必须通过预先规定的两个点 $(p_0,\ 1-\alpha)$ 与 $(p_1,\ \beta)$，如图 5-7 所示。因此，要使一个计数标准型一次抽检方案（$n$，$c$）的 $OC$ 曲线通过预先规定的这两个点，只要求出 $n$ 和 $c$，使它们同时满足式（5-5）的两个方程，即

$$\begin{cases} L(p_0) = 1-\alpha \\ L(p_1) = \beta \end{cases} \tag{5-5}$$

若样本中的不合格数的概率分布近似服从泊松分布，则上述方程为：

$$\begin{cases} \sum\limits_{d=0}^{c} \dfrac{(np_0)^d}{d!} e^{-np_0} = 1-\alpha \\ \sum\limits_{d=0}^{c} \dfrac{(np_1)^d}{d!} e^{-nP_1} = \beta \end{cases} \tag{5-6}$$

式中，$p_0$、$p_1$、$\alpha$、$\beta$ 均为预先给定的已知数，而 $n$、$c$ 为未知数，由两个方程可以得到唯一确定的一组解。

5.3.2.2 计数标准型一次抽样检验的抽检程序

（1）规定质量标准。对于单位产品，要明确规定区分缺陷或合格与不合格的标准界限。

（2）指定 $p_0$、$p_1$ 及 $\alpha$、$\beta$。在进行抽检之前，产品的生产方（或供应方）与使用方（或接收方）应通过协商，明确指定 $p_0$、$p_1$ 及 $\alpha$、$\beta$ 的值，作为确定 $p_0$ 与 $p_1$ 的依据。一般，可以取生产方风险率 $\alpha = 0.05$，使用方风险率 $\beta = 0.10$。

在确定 $p_0$ 与 $p_1$ 时，要综合考虑生产能力、制造成本、质量要求以及检验费用等因素。同时，$p_0$、$p_1$ 必须满足：$p_0 \leqslant p_1$，$p_1/p_0 \geqslant 3$，一般取 $4 \leqslant p_1/p_0 \leqslant 10$。$p_1/p_0$ 愈小，样本大小 $n$ 愈大，当 $p_1/p_0$ 接近于1时，$n$ 接近于 $N$。

（3）确定批量 $N$。对于同一批产品，要求是在相同条件下生产出来的。同时，批量也要适当。因为批量越大，平均检查费用越少，经济性越好，但当出现错判时，造成的损失也越大，因而不能随意增大批量。

（4）确定方案（$n$，$c$）。

（5）检验 $\alpha$，$\beta$。

（6）抽取样本。按已确定的样本容量 $n$，从检验批中抽取样本。在抽取样本时，最重要的是必须抽取那些能够真正代表检验批的样品。因此，必须采用随机抽样法。

（7）测定产品特性值。根据规定的质量标准，对样本中的每一个单位产品进行测定，并统计不合格品个数。

（8）对检验批进行判断。如果样本中的不合格品总数 $d$ 小于或等于已确定的合格判定数 $c$，那么，就判定检验批为合格；如果大于 $c$，则判断检验批为不合格。

（9）处理检验批。对已判定为合格的批，应予以接收；而对于判定为不合格的批，则应拒收。至于不合格批或样本中所发现的不合格品是直接追回或接收，还是调换成合格品，这要按预先签订的合同确定。

### 5.3.3 计数调整型抽样检验

5.3.3.1 计数调整型抽样检验的特点

在计数抽样检验中，最为广泛应用的是调整型抽样检验。所谓调整型抽样检验，是指一组严宽程度不同的抽样方案以及将他们联系起来的转移规则。当产品质量正常时，采用正常抽样方案进行检验；当产品质量下降或生产不稳定时，采用加严抽样方案进行检验。所以，计数调整型抽样检验是根据供货者过去提供产品质量情况，调整检验的宽严程度，以促使供货者提供合格产品的一种抽样检验。因此，调整型抽样检验是由正常、加严、放宽三种宽严程度不同的方案和一套转换规则组成的抽样体系。

在计数调整型抽样检验过程中，对于批量相同，质量要求一定的连续批产品，即批与批之间质量关系密切的连续提交检验批的产品，并不是用一个固定的方案进行检验，而是根据批质量的变化情况，按照一组预先规定的转换规则，随时进行调整。当批产品质量正常时，采用一个正常的抽检方案进行检验；当批产品质量下降或生产不稳定时，改用加严方案进行检验，以减小使用方承担的风险；当批产品质量上升时，改用一个放宽方案进行检验，以加强对供货方的保护。也就是根据批产品质量的变化，适时调整方案的宽严程度，使整个检验过程达到一种既能防范达不到质量要求的批漏网，又能使达到质量要求的批较易通过的趋势。

调整型抽样方案较多地利用了抽样结果的历史资料，因此在对交验批质量提供同等鉴别能力时，所需抽样检验平均工作量要少于标准型抽样方案，且能较好地协调供需各方各自承担的抽样风险。调整型抽样方案适用于批量相同且质量要求一定的检验批的连续性接收检验。

最早的计数调整型抽样检验是美国军用标准 MIL-STD-105，经过多次修订，现在该标准的第四版为 105D，此标准现在已成为美国、英国和加拿大共同的军用标准。1973 年，国际标准化组织（ISO）把它定为国际标准，并于 1974 年正式发表，代号为 ISO 2859—1974。由于该类型抽样检验的科学性，日本根据 ISO 2859—1974 制订了日本工业标准 JISZ 9015 计数调整抽样检验标准；法国、原联邦德国等国家直接采用 ISO 2859—1974 为国家标准。我国于 1981 年 12 月 22 日批准发布 GB/T 2828—1987《逐批检查计数抽样程序及抽样表（适用于连续批的检查）的标准》也是参照了 ISO 2859—1974 制订的。

#### 5.3.3.2 合格质量水平的确定

合格质量水平（AQL 值）是调整型抽检方案的基本参数，也是选择方案时依据的质量标准。

合格质量水平是指在抽样检验中，生产方和使用方共同认为满意的判定批合格或不合格的过程平均不合格品率（或百单位缺陷数）的上限值。

过程平均不合格品率 $\bar{p}$ 是指对生产方提供的 20 个批以上产品的初次检验时发现的平均不合格品率。即

$$\bar{p} = \sum_{i=1}^{k} d_i / \sum_{i=1}^{k} n_i$$

式中　$d_i$ ——第 $i$ 批样本中的不合格品数；

$n_i$ ——第 $i$ 批样本量；

$k$ ——批次（$k \geqslant 20$）。

合格质量水平（AQL 值）是衡量连续过程平均质量水平的质量指标，而不是为某一批产品所规定的质量标准。对使用方来说，采用 ISO 2859—1974 提供的抽检方案，不能保证接收的每批产品不合格品率均小于或等于 AQL 值，但可以保证提供的连续批产品的平均不合格品率小于或等于 AQL 值。对生产方来说，规定了 AQL 值，并不意味着有权故意将不合格品混入质量较好的批中，使批不合格品率等于 AQL 值，而是要尽量使批不合格品率小于 AQL，以得到放宽方案验收的待遇。

合格质量水平（AQL 值）一般以不合格品率或百单位缺陷数来表示。用不合格品率表示时，GB/T 2828—1987 的抽检表中，将 AQL 值从 0.01~10 分为 16 级；而用百单位缺陷数来表示时，则将 AQL 值从 0.010~1000 分为 26 级。

确定 AQL 值一般采用以下几种方法：

（1）按用户要求的质量决定 AQL 值。当用户根据使用要求、经济条件发出必须保证

的质量水平（不合格品率或百单位缺陷数）时，则应将其质量要求定为 AQL 值。

若提供的产品质量低劣，为达到用户要求的质量水平，交货时，对不合格批往往要进行全数挑选检验，因而应注意对用户的加工时间和成本影响。

（2）根据缺陷级别决定 AQL 值。按照致命缺陷、重缺陷、轻缺陷或致命不合格品、重不合格品和轻不合格品，分别规定 AQL 值。越是重要的检验项目，验收后的不合格品所造成的损失越大，AQL 值应更严格。此种方法多用于多品种、小批量生产及产品质量情报不多的场合。

美国海军部门决定的 AQL 值，一般不考虑供货者的质量水平，而是根据缺陷的级别，一般规定致命缺陷 AQL＝ 0.1，A 级重缺陷 AQL＝0.25，B 级重缺陷 AQL＝1.0，轻缺陷 AQL＝2.5。

（3）考虑检验项目数的多少决定 AQL。同一检验项目有多个，例如重缺陷检验项目有 3 个，则 AQL 值可取得稍大一些。

（4）依据过程平均来确定 AQL 值。过程平均同 AQL 值之间有如下关系，所以决定 AQL 值时，应考虑到使多数供货者参与供货，促使他们提高产品质量。

1）当确定的 AQL 值低于过程平均质量，则几乎所有批都能抽检合格，生产不致中断。

2）当确定的 AQL 值高于过程平均质量，则不合格批增多，需进行挑选检验或中断生产，成为不经济的生产状态，但有利于促进提高产品质量。

此种方法，多用于单一品种大批量生产，且已掌握大量质量情报的场合。

（5）与供应商协商确定 AQL 值。为使用户要求的质量与供应者的生产能力协调，供、购双方可直接协商确定 AQL 值。由于是协商确定的，既可使 AQL 值确定得合理，又可减少双方的纠纷。

此法多用于新产品检验等质量情报少的场合。

#### 5.3.3.3 抽检水平的确定

抽检水平又称检查水平。它是反映批量与样本量之间关系的等级，即“检查水平”表示的是样本的相对大小。GB/T 2828—1987 标准中规定检查水平有 7 级：一般检查水平Ⅰ、Ⅱ、Ⅲ三级和特殊检查水平 S-1、S-2、S-3、S-4 四级。一般检查水平Ⅱ是标准检验水平，无特殊要求时采用水平Ⅱ。当需要的判别能力比较低时，可规定使用一般检查水平Ⅰ；当需要的判别能力比较高时，可规定使用一般检查水平Ⅲ。4 种特殊检查水平适用于破坏性检验或检验费用高的情况，由于抽取样本大小比较小，又称小样本检验。

在 3 个一般检查水平中，当批量给定后，样本大小随检查水平而变化。水平Ⅱ需要抽取样本大小比水平Ⅰ大；而水平Ⅲ又比水平Ⅱ大。一般，检查水平Ⅰ、Ⅱ、Ⅲ样本大小的比例为 0.4 ∶1 ∶1.6。

选择抽检水平时，一般应考虑下列因素：

（1）产品的复杂程度与价格；

（2）检验费用；

（3）是否是破坏性检查；

（4）保证 AQL 的重要性；

（5）生产的稳定性；

（6）各批之间的质量差异程度；

（7）批内产品质量波动的大小。

5.3.3.4　宽严程度的转换规则

转换规则是判断批质量变化以及确定方案宽严程度的尺度，如图 5-13 所示。

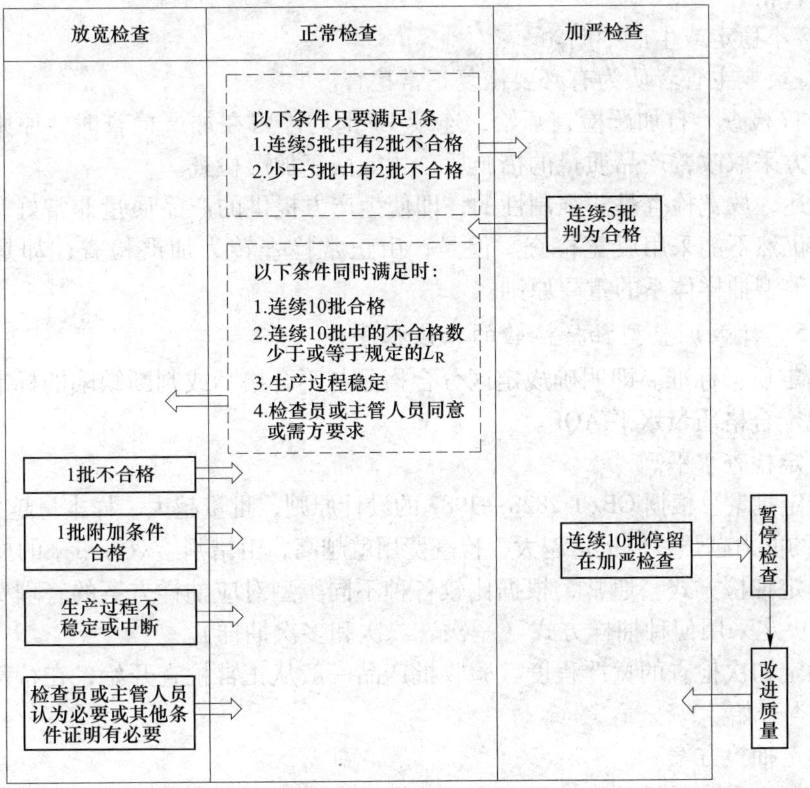


图 5-13　宽严程度的转换规则

（虚线框内条件成立时，才能转换）

（1）从正常检查转换为加严检查。一般首批检查从正常检查开始。当进行正常检查时，只要初次检查（即第一次提交检查，而不是不合格批经过返修或挑选后再次提交检查）连续 5 批或不到 5 批中有两批不合格，从下批开始转为加严检查。

（2）从加严检查转换为正常检查。进行加严检查时，若连续 5 批合格，则从第 6 批恢复正常检查。

（3）从正常检查转换为放宽检查。若下列条件同时满足，方可转入放宽检查。

1）连续 10 批（不包括再次提交检验批）正常检查合格。

2）从这连续的 10 批中抽取的样本，其中不合格品总数（或缺陷总数）是在放宽检查界限 $L_R$ 以下。

3）生产稳定。

4）检查员或主管者认为可以转入放宽检查。

（4）从放宽检查转换为正常检查。出现下列任何一种情况，都应从下批开始将放宽检查转换为正常检查。

1）1 批不合格。

2）1 批附条件合格。放宽检查方案中，有部分方案具有以下特点：合格判定数 $A_c$ 和不合格判定数 $R_c$ 不是连续的正整数。当样本中的不合格品数 $d$ 在 $A_c$、$R_c$ 之间时，即 $A_c<d<R_c$，此时，判该批为合格批，予以接收，但从下批开始必须恢复“正常检查”。这种情况称为附条件合格。

3）生产不稳定或生产中断。

4）检查员或主管者认为有必要恢复正常检查。

（5）暂停检查。自加严检查开始，连续 10 批均停留在加严检查时，原则上应暂停检查，待生产方采取改善产品质量的措施后，才能恢复加严检查。

综上所述，放宽检查是非强制性的，即使生产方提供的产品质量非常好，如果不经检查员许可，仍然不能采用放宽检查。但是，由正常检查转为加严检查，却是带有强制性的，这是调整型抽样体系的重要原则。

5.3.3.5　计数调整型抽样检验的抽检程序

（1）确定质量标准。即明确规定区分合格品与不合格品或判断缺陷的标准。

（2）规定合格质量水平 AQL。

（3）决定检查水平。

（4）规定批量。根据 GB/T 2828—1987 的设计原则，批量越大，样本量越大，区分优质批与劣质批的能力越强，但批量越大，检查费用就越高，由错判给双方带来的损失也越大。

（5）确定抽检方式。通常，根据比较各种不同类型对应抽样方案的管理费用和平均成本的大小，决定采用何种抽样方式（一次、二次和多次抽样）。

（6）确定初次检查的宽严程度。验收批产品一般从正常检查开始，在特殊情况下，也可从加严检查开始。

（7）确定抽检方案。

（8）抽取样本。采用随机抽样方法，从批量中按抽样方案规定抽取样本。采用二次抽检时，第二次样本也必须从批的全体中抽取。

（9）样本的调查。检测样品，按确定的质量标准判定不合格品或缺陷数。

（10）判定批是否合格。统计样本中出现的不合格品总数或缺陷总数，与抽样方案中规定的合格判定数和不合格判定数比较，判定批合格或不合格。

（11）批的处置。对于合格批，接收；不合格批，原则上全批退给供货者。合格批中发现的不合格品（即抽检样本时发现的），要全部退给供货者。

供货者再次提交退回的不合格批时，必须是已把全数不合格品换成合格品或修正了缺陷后的批。

## 5.4　计量抽样检验

### 5.4.1　计量抽样检验概述

5.4.1.1　计量抽样检验的概念和用途

计数抽样检验适用于计数值的质量检验，若质量数据为计量值（如工件的尺寸），则需用计量抽样检验。计数抽样检验是根据综合性的样本中的不合格品数或缺陷数来判断一批产品是否合格，而计量抽样检验则是根据不同质量指标的样本均值或样本方差来判断一批产品是否合格。计量抽样检验与计数抽样检验相比，所需的样本量少，获得的信息多。但是，对样品质量特性的计量和测定比检查产品是否合格所需的时间长、工作量大、费用高，并需要具备一定的设备条件，判断程序比较复杂。在实际中，常把计量抽检和计数抽检结合起来使用。对于主要质量指标的检查、破坏性检查和费用高的检查，通常采用计量抽检；对于一般质量指标的检查，采用计数抽检。两者相互配合，可以收到较好的技术经济效果。

计量抽检也可以从不同的角度加以分类，这里只介绍计量标准型一次抽样检验。

5.4.1.2 计量抽检的批质量判断

在计量抽检情况下，一批产品质量的好坏是根据样本质量特性数据的平均值、标准偏差或不合格品率作为判别标准加以判定的。在计量抽检中，用来衡量批质量的质量指标不同，判断规则的形式也不同。对于用平均值和不合格品率作为批质量指标的抽检，其计量抽检方案都是将样本均值（在某一特定标准差条件下）与一个判定界限比较来进行判断。

进行计量抽检的前提是必须知道质量数据的分布状态，同时希望质量特性的分布具有稳定性。在计量抽检中，通常假定质量特性服从正态分布，因此，只有确认质量特性服从正态分布，才能有效地采用各种计量抽检方案。

计量抽检的具体方法是：从批量产品抽取 $n$ 个样本，将其测定值的平均值 $\bar{x}$ 和合格判定值 $\bar{x}_u$ 、$\bar{x}_L$ 进行比较，来判断批合格与否。由于对质量特性值控制的标准要求不同，则这种场合的合格判定值有三种情况。

（1）对于希望特性值低时，其合格判定值为 $\bar{x}_u$ ，若：

$\bar{x}_u \geqslant \bar{x}$ 时，则判断批为合格；

$\bar{x}_u < \bar{x}$ 时，则判断批为不合格。

（2）对于希望特性值高时，其合格判定值为 $\bar{x}_L$ ，若：

$\bar{x}_L \leqslant \bar{x}$ 时，则判断批为合格；

$\bar{x}_L > \bar{x}$ 时，则判断批为不合格。

（3）对希望特性值既有高的要求，又有低的要求时，其合格判定值为 $\bar{x}_u$ 、$\bar{x}_L$ ，若：

$\bar{x}_L \leqslant \bar{x} \leqslant \bar{x}_u$ 时，则判断批为合格；

$\bar{x}_u < \bar{x}$ , $\bar{x}_L > \bar{x}$ 时，则判断批为不合格。

$\bar{x}$ 为样本测定值的平均值。

用计量抽样检验时，可分为标准差已知和标准差未知的情况，并且由于产品质量指标的特性不同，还有保证平均值和保证不合格品的情况。

### 5.4.2 计量标准型一次抽检保证批平均值（标准差 $\sigma$ 已知）时的抽检方案

标准偏差 $\sigma$ 已知，说明通过统计资料，能够确定出被检制品质量特性值的标准偏差。

利用批平均值 $\mu$ 作为衡量质量水平的标志是计量抽检方案的重要类型。有些批产品的质量指标是以某个质量特性值 $x$ 的平均值 $\mu$ 来衡量，如平均重量、平均使用寿命、平均时间、平均强度等。对均值的要求，有时只有上限规定；有时只有下限规定；有时则希望同时给出上、下限的合格判定值。

（1）希望特性值低，给出上限合格判定值 $\bar{x}_u$（$\mu_0<\mu_1$）时，这种抽检可用图 5-14 表示。

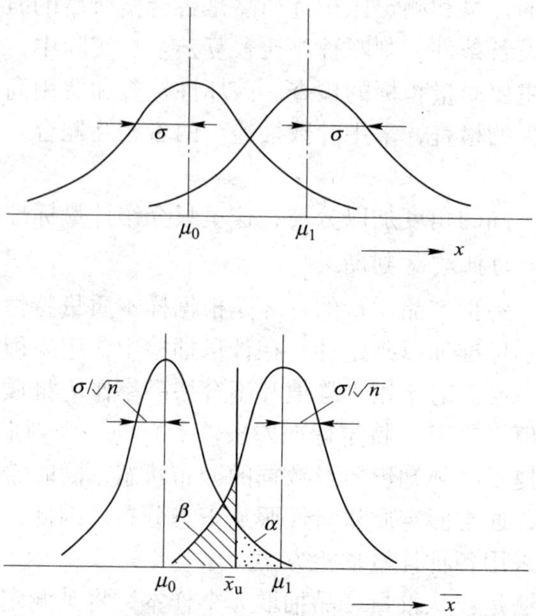


图 5-14　希望特性值低时的情况

$\sigma$—批的标准偏差（已知）；$\mu_0$ —希望合格批的平均值界限；$\mu_1$ —希望不合格批的平均值界限；$\alpha$ —生产者危险；$\beta$ —使用者危险；$n$—样本大小

我们希望平均值比图 5-14 中的 $\mu_0$ 低的批，作为“优质批”，尽可能被接收；而平均值比 $\mu_1$ 高的批，则作为“劣质批”，尽可能不接收。由于抽检的偶然性，特规定平均值低于 $\mu_0$ 的“优质批”，被误判为不合格的概率为 $\alpha$；平均值高于 $\mu_1$ 的“劣质批”，被误判为合格的概率为 $\beta$。

现在来研究在上述条件下，如何求出作为抽检方案的试样大小 $n$ 和上限合格判定值 $\bar{x}_u$。从批中随机抽取几个产品作为试样，测定特性值为 $x_1$，$x_2$，…，$x_n$。计算平均值 $\bar{x}$：

$$\bar{x}=\frac{1}{n}\sum x_i$$

再将 $\bar{x}$ 同上限合格判定值比较，作以下判定，若

$\bar{x}\leqslant\bar{x}_u$，则批合格；

$\bar{x}>\bar{x}_u$，则批不合格。

根据图 5-14 可知，有下面的关系式存在：

对于优质批
$$\bar{x}_u=\mu_0+K_\alpha\frac{\sigma}{\sqrt{n}} \tag{5-7}$$

对于劣质批
$$\bar{x}_u=\mu_1-K_\beta\frac{\sigma}{\sqrt{n}} \tag{5-8}$$

式中 $$K_\alpha = \frac{\bar{x}_u - \mu_0}{\sigma/\sqrt{n}};K_\beta = \frac{\mu_1 - \bar{x}_u}{\sigma/\sqrt{n}}$$

两式相减得：

$$\mu_1 - \mu_0 = \frac{\sigma}{\sqrt{n}}(K_\alpha + K_\beta) \tag{5-9}$$

由式（5-9）可求出 $n$，则

$$n = \left(\frac{K_\alpha + K_\beta}{\mu_1 - \mu_0}\right)^2 \sigma^2 \tag{5-10}$$

令 $\frac{K_\alpha}{\sqrt{n}} = G_0$，则由式（5-7）可求出 $\bar{x}_u$

$$\bar{x}_u = \mu_0 + G_0\sigma \tag{5-11}$$

（2）希望特性值高，给出下限合格判定值 $\bar{x}_L$（$\mu_0 > \mu_1$）时

希望特性值高（如图 5-15 所示）与希望特性值低时的情况一样，求出 $n$ 和合格判定值 $\bar{x}_L$。这时

$$n = \left(\frac{K_\alpha + K_\beta}{\mu_0 - \mu_1}\right)^2 \sigma^2 \tag{5-12}$$

$$\bar{x}_L = \mu_0 - G_0\sigma \tag{5-13}$$

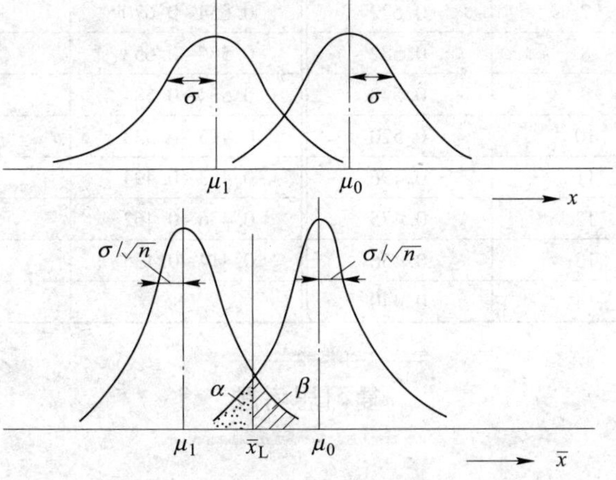


图 5-15　希望特性值高时的情况

（3）希望同时给出上、下限合格判定值时。需要同时给出上、下限合格判定值（如图 5-16 所示）与上述两种情况一样，应先指定 $\mu_0'$、$\mu_1'$（有关上限的平均值）及 $\mu_0''$、$\mu_1''$（有关下限的平均值）。然后，按上述两种情况要求，分别求出上限和下限的合格判定值。

$$\bar{x}_u = \mu_0' + G_0\sigma$$

$$\bar{x}_L = \mu_0'' - G_0\sigma$$

需要说明的是，该确定上、下限合格判定值的方法仅适用于满足下面的条件。即

$$\frac{\mu_0' - \mu_0''}{\sigma/\sqrt{n}} > 1.7$$

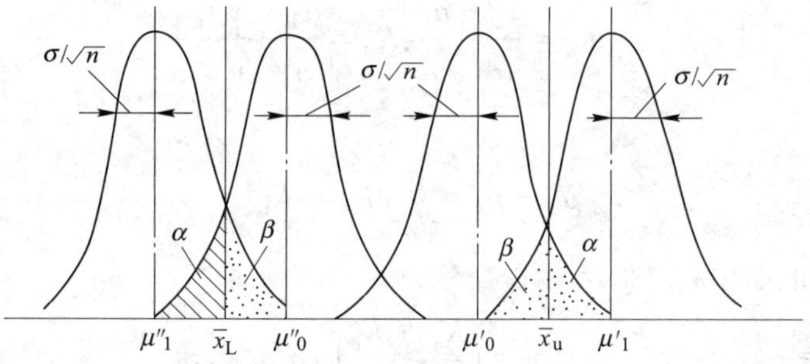


图 5-16　同时给出上、下限合格判定值时的情况

上述公式中的 $n$ 和 $G_0$，可由 JIS 9003“计量标准型一次抽样检查表”（见表 5-1）求出。当给出 $\mu_0$、$\mu_1$ 时，就可以求出 $\alpha = 0.05, \beta = 0.10$ 情况下的 $n$ 和 $G_0$。

**表 5-1　不同的 $\mu_0$、$\mu_1$，计算出的样本大小 $n$ 与合格判定系数 $G_0$**

| $\lvert\mu_0-\mu_1\rvert/\sigma$ | $n$ | $G_0$ | $\lvert\mu_0-\mu_1\rvert/\sigma$ | $n$ | $G_0$ |
|---|---|---|---|---|---|
| 2.069 以上 | 2 | 1.163 | 0.756~0.771 | 15 | 0.425 |
| 1.690~2.068 | 3 | 0.950 | 0.732~0.755 | 16 | 0.411 |
| 1.463~1.689 | 4 | 0.822 | 0.710~0.731 | 17 | 0.390 |
| 1.309~1.462 | 5 | 0.736 | 0.690~0.709 | 18 | 0.383 |
| 1.195~1.308 | 6 | 0.672 | 0.671~0.689 | 19 | 0.377 |
| 1.106~1.194 | 7 | 0.622 | 0.654~0.670 | 20 | 0.368 |
| 1.035~1.105 | 8 | 0.582 | 0.585~0.653 | 25 | 0.329 |
| 0.975~1.034 | 9 | 0.548 | 0.534~0.584 | 30 | 0.300 |
| 0.925~0.974 | 10 | 0.520 | 0.495~0.533 | 35 | 0.278 |
| 0.882~0.924 | 11 | 0.496 | 0.463~0.494 | 40 | 0.260 |
| 0.845~0.881 | 12 | 0.475 | 0.436~0.462 | 45 | 0.245 |
| 0.812~0.844 | 13 | 0.456 | 0.414~0.435 | 50 | 0.233 |
| 0.772~0.811 | 14 | 0.440 | | | |

## 复习思考题

1. 质量检验的作用是什么？
2. 按检验的数量划分，质量检验分为哪几种方式？
3. 抽样检验和全数检验适用的场合分别是什么？
4. 某中学有 200 名教工，其中教师人员 120 名，管理及行政人员 40 名，后勤人员 40 名，请用分层按比例抽样法从中抽取一个容量为 15 的样本。
5. 采用计数调整型抽样检验时，确定合格质量水平和抽检水平应考虑的因素有哪些？
6. 计数调整型抽样检验选择抽检水平时要考虑的因素有哪些？
7. 计量标准型一次抽样检验保证批平均值（$\sigma$ 已知）时的抽检方案如何确定？
8. 以 $N = 100$、$n = 5$、$c = 1$ 的抽检方案，求 $p = 5\%$ 条件下的接收概率 $L(p)$。
9. 预先规定 $p_0 = 10\%$、$p_1 = 6\%$、$\alpha = 0.05$、$\beta = 0.10$，求 $n$ 和 $c$。

# 6 六西格玛管理

六西格玛是一种能够严格、集中和高效地改善企业流程管理质量的实施原则和技术。它包含了众多管理前沿的先锋成果，以“零缺陷”的完美商业追求，带动质量成本的大幅度降低，最终实现财务成效的显著提升与企业竞争力的重大突破。

## 6.1 六西格玛的起源和概念

### 6.1.1 六西格玛的起源和发展

六西格玛（Six Sigma，$6\sigma$）是20世纪80年代由摩托罗拉公司的概念和相应的管理体系，并全力应用到公司的各个方面，从开始实施的1986年到1999年，公司平均每年提高生产率12.3%，不良率只有以前的1/20。其创建此概念，主要在于20世纪60年代，日本从美国引入了质量控制的思想，先后多次邀请美国著名质量管理大师戴明、朱兰等去日本传授质量管理思想，同时，日本组织认真学习，开创性的实施，使产品质量有了大幅度的提升。到了20世纪70年代末、80年代初，日本产品凭借过硬的品质，从美国抢占了大量的市场份额。美国的摩托罗拉公司在同日本组织的竞争中，先后失去了收音机、电视机、半导体等市场，到了1985年公司濒临倒闭。面对残酷的竞争和严峻的生存形势，摩托罗拉公司痛定思痛，得出了这样的结论：“摩托罗拉失败的根本原因是其产品质量比日本组织同类产品的质量差很多”。从而最终总结创建了此管理理念。

六西格玛是在20世纪90年代中期开始被GE从一种全面质量管理方法演变成为一个高度有效的企业流程设计、改善和优化的技术，并提供了一系列同等地适用于设计、生产和服务的新产品开发工具。继而与GE的全球化、服务化、电子商务等战略齐头并进，成为全世界追求管理卓越性的企业最为重要的战略举措。六西格玛逐步发展成为以顾客为主体来确定企业战略目标和产品开发设计的标尺，追求持续进步的一种管理哲学。

六西格玛（$6\sigma$）概念作为品质管理概念，最早是由摩托罗拉公司的比尔·史密斯于1986年提出，其目的是设计一个目标：在生产过程中降低产品及流程的缺陷次数，防止产品变异，提升品质。真正流行并发展起来，是在通用电气公司的实践，在杰克·韦尔奇于20世纪90年代发展起来的$6\sigma$（西格玛）管理是在总结了全面质量管理的成功经验，提炼了其中流程管理技巧的精华和最行之有效的方法，成为一种提高企业业绩与竞争力的管理模式。该管理法在摩托罗拉、通用电气、戴尔、惠普、西门子、索尼、东芝、华硕等众多跨国企业的实践证明是卓有成效的。为此，国内一些部门和机构在国内企业大力推$6\sigma$管理工作，引导企业开展$6\sigma$管理。

### 6.1.2 六西格玛的概念

$6\sigma$有两层含义：一层是基于统计角度，另一层是基于管理角度。

6.1.2.1 6σ 的统计含义

σ 在数理统计中表示"标准差"，是用来表征任意一组数据或过程输出结果离散程度的指标，是一种评估产品和过程特性波动大小的统计量。测量出的 σ 表征着诸如单位缺陷、百万缺陷或错误的概率性，σ 值越大，缺陷或错误就越少。6σ 是一个目标，这个质量水平意味的是所有的过程和结果中，99.99966% 是无缺陷的，也就是说，做 100 万件事情，其中只有 3、4 件是有缺陷的，如图 6-1 所示。6σ 管理关注过程，特别是企业为市场和顾客提供价值的核心过程。因为过程能力用 σ 来度量后，σ 越大，过程的波动越小，过程以最低的成本损失、最短的时间周期、满足顾客要求的能力就越强，西格玛水平与缺陷率对照表如表 6-1 所示。

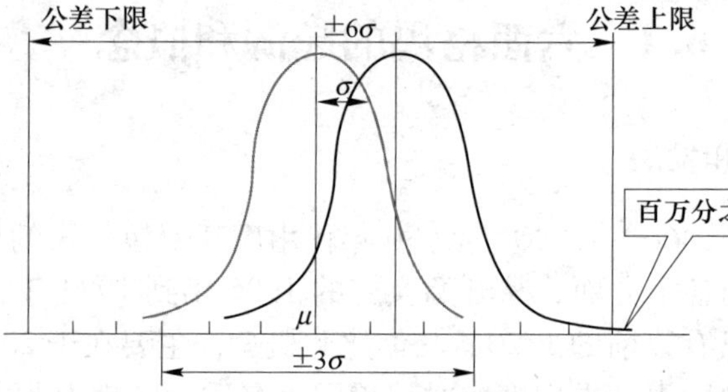


图 6-1 6σ 质量水平的统计解释

**表 6-1 西格玛水平与缺陷率**

| 西格玛水平 | 缺陷率 | 西格玛水平 | 缺陷率 |
|---|---|---|---|
| 6 | 0.000003398 | 3 | 0.067 |
| 5 | 0.00023 | 2 | 0.31 |
| 4 | 0.0062 | 1 | 0.69 |

6σ 理论认为，大多数企业在 3σ～4σ 间运转，也就是说每百万次操作失误在 6210～66800 之间，这些缺陷要求经营者以销售额在 15%～30%的资金进行事后的弥补或修正，而如果做到 6σ，事后弥补的资金将降低到约为销售额的 5%。3σ 与 6σ 绩效的比较如表 6-2 所示。

**表 6-2 3σ 与 6σ 绩效的比较**

| 发生事件 | 3σ 的质量水准 | 6σ 的质量水准 |
|---|---|---|
| 银行的电子结算进行的 100 万次 | 就会有 66807 次错误交易 | 只会有 3、4 次错误交易产生 |
| 出版一部 30 万字的书 | 就会有 2 万多错别字出现 | 只会有 1 个错别字出现 |
| 外科医生们做 30 万个手术 | 就会有 2 万多手术做错 | 只会有 1 个手术做错 |
| 移动通话 30 万次 | 就会有 2 万多次在通话过程中产生故障 | 只会产生 1 次通话故障 |

由于 σ 的大小可以反映出质量水平的高低，所以在 6σ 管理中采用"σ 水平"的尺度来衡量过程绩效。σ 水平越高，过程满足顾客要求的能力就越强，产生缺陷的概率就越低，过程的首次通过率 $Y_{FT}$ 就越高，产品质量也就越高。不同 σ 水平下的过程不合格率

DPMO 和过程首次通过率 $Y_{FT}$的值如表 6-3 所示。

由表 6-3 可知，当 $\sigma$ 从一个水平提高到另一个水平，缺陷会按指数规律降低。特别指出的是，在均值无偏的条件下，$6\sigma$ 的 DPMO 是 $3\sigma$ 的 DPMO 的 135 万分之一，在均值偏移 $1.5\sigma$ 的条件下，$6\sigma$ 的 DPMO 是 $3\sigma$ 的 DPMO 的两万分之一。

**表 6-3 不同 $\sigma$ 水平下的过程不合格率 DPMO 和过程首次通过率 $Y_{FT}$**

| $\sigma$ 水平 | 均值无偏条件下 | | 均值偏移 $1.5\sigma$ 条件下 | |
|---|---|---|---|---|
| | DPMO | $Y_{FT}$ | PPM | $Y_{FT}$ |
| $1\sigma$ | 317300 | 68.27 | 697770 | 23.23 |
| $2\sigma$ | 45500 | 95.54 | 308770 | 69.13 |
| $3\sigma$ | 2700 | 99.73 | 66810 | 93.32 |
| $4\sigma$ | 63 | 99.9937 | 6210 | 99.3790 |
| $5\sigma$ | 0.57 | 99.999943 | 233 | 99.97670 |
| $6\sigma$ | 0.002 | 99.9999998 | 3.4 | 99.999660 |

#### 6.1.2.2 $6\sigma$ 管理的含义

$6\sigma$ 管理是一套系统的业务改进方法，是一种旨在持续改进企业业务流程，实现客户满意的管理方法。它通过质量改进流程，实现无缺陷的过程设计，并对现有过程进行定义、测评、分析、改进和控制，消除过程缺陷和无价值作业，从而提高产品和服务质量，降低成本，缩短运转周期，达到客户完全满意，增强企业的竞争力。目前，$6\sigma$ 管理已成为一种理念、文化和方法体系的集成。换句话说，$6\sigma$ 就是一个代名词，其含义是客户驱动下的持续改进。其方法体系的运用并不局限于解决质量问题，而且还包括业务改进的各个方面，如时间、成本、服务等。其方法体系也不仅仅是统计技术，而是一系列的管理技术和工业工程技术的集成，如图 6-2 所示。

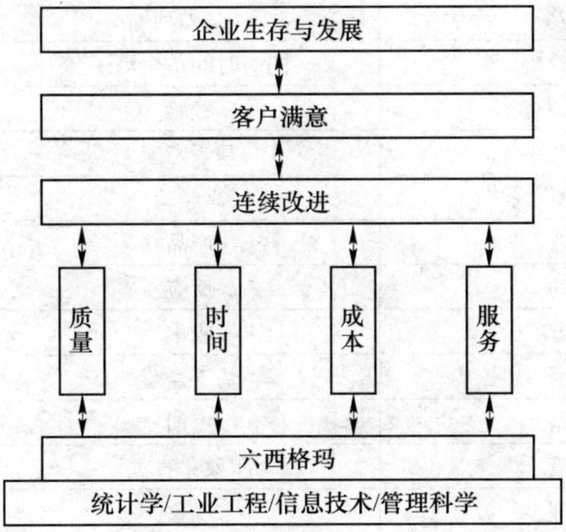


图 6-2 $6\sigma$ 管理体系

在 $6\sigma$ 管理里，“流程”是一个很重要的概念。举一个例子来说明。一个人去银行开账户。从他进银行开始，到结束办理开户叫一个“流程”。而在这个流程里面还套着一个

“流程”，即银行职员会协助你填写开户账单，然后她把这个单据拿给主管去审核，这是银行的一个标准的程序。去银行开户的人是一线员工的“顾客”，叫“外在的顾客”，而同时一线员工要把资料给主管审核，所以主管也是一定意义上的“顾客”，这叫“内在的顾客”。工厂与这个案例类似，即一道工序是下一道工序的“顾客”。

（1）6σ 已成为一种基于客户驱动的连续质量改进计划，其目的在于综合运用质量管理的理念和方法，以连续改进为基本策略，达到并超越 6σ 水平。

（2）6σ 已成为一种质量文化或企业文化，它强调以客户满意为宗旨，以持续改进为策略，以统计数据为依据，以全员参与为方式的质量改进理念。6σ 不仅适用于制造业，同样也适用于非制造业和非制造过程，因此，对一个企业而言，各个部门都应建立 6σ 质量目标、具体考核指标和考核方式。从某种意义上讲，6σ 已成为一种新的质量理念。

（3）尽管 6σ 从统计上表示百万出错机会缺陷率为 2，但并不意味着 6σ 质量水准允许有缺陷，这一点和克劳斯比的零缺陷计划并无本质上的冲突。6σ 计划的本质在于通过持续改进，消除一切可能的缺陷，不要把 6σ 看成一个绝对静止的目标。

#### 6.1.2.3 6σ 方法与传统方法的比较

6σ 方法与传统方法的比较如表 6-4 所示。从表 6-4 可知，传统方法在管理方面偏重于经验、直觉，其关注的是最终产品，着眼点在本公司，其组织结构是基于授权、集约制。总之，6σ 方法更依赖于系统、数据和设计，其关注的是活动过程，着眼点在客户，其组织结构是基于研究的。相比之下，6σ 系统更客观、高效和准确。

**表 6-4 6σ 方法与传统方法的比较**

| 序号 | 项目 | 传统方法特点/着眼点 | 6σ 方法特点/着眼点 |
|---|---|---|---|
| 1 | 分析方法 | 估计 | 变化点 |
| 2 | 管理重点 | 成本和时间 | 质量和时间 |
| 3 | 生产能力 | 实验和误差 | 全面设计 |
| 4 | 公差 | 最差项 | 均方根 |
| 5 | 变量分析 | 同一时间单个因子 | 实验设计 |
| 6 | 过程调查 | 经验 | SPC 图 |
| 7 | 问题解决 | 基于专家 | 基于系统 |
| 8 | 分析 | 靠经验 | 靠数据 |
| 9 | 焦点 | 产品 | 工艺/过程 |
| 10 | 行动 | 反应 | 灵活行动 |
| 11 | 供方 | 成本 | 相关能力 |
| 12 | 原因 | 基于经验 | 基于统计 |
| 13 | 思路 | 短期 | 长期 |
| 14 | 决策 | 印象、直觉 | 概率 |
| 15 | 处理 | 现象 | 问题 |
| 16 | 设计 | 性能 | 生产性 |
| 17 | 目标 | 公司 | 客户 |
| 18 | 组织 | 授权 | 研究 |
| 19 | 培训 | 奢侈 | 必需项目 |

# 6.2　六西格玛的特点和优势

## 6.2.1　六西格玛的特点

（1）对顾客需求的高度关注。在 $6\sigma$ 中，以顾客关注的焦点最为重要。六西格玛管理以更为广泛的视角，关注影响顾客满意的所有方面。六西格玛管理的绩效评估首先就是从顾客开始的，其改进的程度用对顾客满意度和价值的影响来衡量。六西格玛质量代表了极高的对顾客要求的符合性和极低的缺陷率。它把顾客的期望作为目标，并且不断超越这种期望。企业从 $3\sigma$ 开始，然后是 $4\sigma$、$5\sigma$，最终达到六西格玛。

（2）高度依赖统计数据。统计数据是实施 $6\sigma$ 管理的重要工具，以数字来说明一切，所有的生产表现、执行能力等，都量化为具体的数据，成果一目了然。决策者可以从各种统计报表中找出问题，真实掌握产品不合格情况和顾客抱怨情况等，从而改善的成果，如成本节约、利润增加等，也都以统计资料与财务数据为依据，问题得到更加有效的发现分析和解决。

（3）重视改善业务流程。传统的质量管理理论和方法往往侧重结果，通过在生产的终端加强检验以及开展售后服务来确保产品质量。然而，生产过程中已产生的废品对企业来说已经造成损失，售后维修需要花费企业额外的成本支出。更为糟糕的是，由于容许一定比例的废品已司空见惯，人们逐渐丧失了主动改进的意识。

$6\sigma$ 管理将重点放在产生缺陷的根本原因上，认为质量是靠流程的优化，而不是通过严格地对最终产品的检验来实现的。企业应该把资源放在认识、改善和控制原因上而不是放在质量检查、售后服务等活动上。质量不是企业内某个部门和某个人的事情，而是每个部门及每个人的工作，追求完美成为企业中每一个成员的行为。$6\sigma$ 管理有一整套严谨的工具和方法来帮助企业推广实施流程优化工作，识别并排除那些不能给顾客带来价值的成本浪费，消除无附加值活动，缩短生产、经营循环周期。

（4）积极开展主动改进型管理。掌握了 $6\sigma$ 管理方法，就好像找到了一个重新观察企业的放大镜。人们惊讶地发现，缺陷犹如灰尘，存在于企业的各个角落。这使管理者和员工感到不安。要想变被动为主动，员工会不断地问自己：现在到达了几个 $\sigma$？问题出在哪里？能做到什么程度？通过努力提高了吗？这样，企业就始终处于一种不断改进的过程中。

因此，$6\sigma$ 是将我们所看到的将综合利用工具和方法以动态的积极地预防性的管理风格取代被动的管理习惯。

（5）倡导无界限合作。勤于学习的企业文化，六西格玛管理扩展了合作的机会，当人们确实认识到流程改进对于提高产品品质的重要性时，就会意识到在工作流程中各个部门、各个环节的相互依赖性，加强部门之间、上下环节之间的合作和配合。$6\sigma$ 的推行加强了自上而下、自下而上和跨部门的团队工作，改进公司内部的协作以及与供方和顾客的合作。

由于六西格玛管理所追求的品质改进是一个永无终止的过程，而这种持续的改进必须以员工素质的不断提高为条件，因此有助于形成勤于学习的企业氛围。事实上，导入 $6\sigma$ 管理的过程，本身就是一个不断培训和学习的过程，通过组建推行 $6\sigma$ 管理的骨干队伍，对全员进行分层次的培训，使大家都了解和掌握 $6\sigma$ 管理的要点，充分发挥员工的积极性和创造性，在实践中不断进取。

### 6.2.2 六西格玛的优势

（1）提升企业管理的能力。六西格玛管理以数据和事实为驱动器。过去，企业对管理的理解和对管理理论的认识更多停留在口头上和书面上，而六西格玛把这一切都转化为实际有效的行动。六西格玛管理法成为追求完美无瑕的管理方式的同义语。正如韦尔奇在通用电气公司 2000 年年报中所指出的："六西格玛管理所创造的高品质，已经奇迹般地降低了通用电气公司在过去复杂管理流程中的浪费，简化了管理流程，降低了材料成本。$6\sigma$ 管理的实施已经成为介绍和承诺高品质创新产品的必要战略和标志之一。" 六西格玛管理给予了摩托罗拉公司更多的动力去追求当时看上去几乎是不可能实现的目标。20 世纪 80 年代早期公司的品质目标是每 5 年改进 10 倍，实施六西格玛管理后改为每 2 年改进 10 倍，创造了 4 年改进 100 倍的奇迹。对国外成功经验的统计显示：如果企业全力实施六西格玛革新，每年可提高一个 $\sigma$ 水平，直到达到 $4.7\sigma$，无须大的资本投入。这期间，利润率的提高十分显著。而当达到 $4.8\sigma$ 以后，需要对过程重新设计，资本投入增加，但此时产品、服务的竞争力提高，市场占有率也相应提高。

（2）节约企业运营成本。对于企业而言，所有的不良品要么被废弃，要么需要重新返工，要么在客户现场需要维修、调换，这些都需要花费企业成本。美国的统计资料表明，一个执行 $3\sigma$ 管理标准的公司直接与质量问题有关的成本占其销售收入的 10%~15%。从实施六西格玛管理的 1987~1997 年的 10 年间，摩托罗拉公司由于实施六西格玛管理节省下来的成本累计已达 140 亿美元。六西格玛管理的实施，使霍尼韦尔公司 1999 年一年就节约成本 6 亿美元。

（3）增加顾客价值。实施六西格玛管理可以使企业从了解并满足顾客需求到实现最大利润之间的各个环节实现良性循环：公司首先了解、掌握顾客的需求，然后通过采用 $6\sigma$ 管理原则减少随意性和降低差错率，从而提高顾客满意程度。

（4）改进服务水平。由于六西格玛管理不但可以用来改善产品品质，而且可以用来改善服务流程，因此，对顾客服务的水平也得以大大提高。通用电气照明部门的一个 $6\sigma$ 管理小组成功地改善了同其最大客户沃尔玛的支付关系，使得票据错误和双方争执减少了 98%，既加快了支付速度，又融洽了双方互利互惠的合作关系。

（5）形成积极向上的企业文化。在传统管理方式下，员工经常感到不知所措，不知道自己的目标，工作处于一种被动状态。通过实施 $6\sigma$ 管理，每位员工知道自己应该做成什么样，应该怎么做，整个企业洋溢着热情和效率。员工十分重视质量以及顾客的要求，并力求做到最好，通过参加培训，掌握标准化、规范化的问题解决方法，工作效率获得明显提高。

## 6.3 六西格玛的实施

### 6.3.1 六西格玛管理的组织形式

为了达到六西格玛的质量性能，项目通常是通过团队合作来完成的。六西格玛组织

（OFSS）是推进六西格玛管理的基础，六西格玛管理的全面推行要求整个企业从上至下使用同样的六西格玛语言和采用同样的六西格玛工具。因此，要建立一支符合项目开展要求的六西格玛专业队伍。

六西格玛组织的人员在六西格玛管理委员会的带领下，分为四个层次：可分为倡导者、黑带大师、黑带、绿带四个等级（如图6-3所示）。

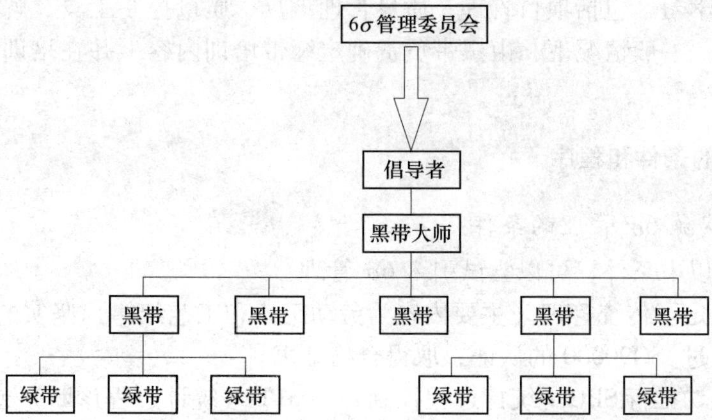


图6-3　六西格玛组织结构

（1）六西格玛管理委员会。六西格玛管理委员会是企业实施 $6\sigma$ 管理的最高领导机构。该委员会主要成员由公司领导层成员担任，其主要职责是：设立六西格玛管理初始阶段的各种职位；确定具体的改进项目及改进次序，分配资源；定期评估各项目的进展情况，并对其进行指导；当各项目小组遇到困难或障碍时，帮助他们排忧解难等。

成功的 $6\sigma$ 管理有一个共同的特点，就是企业领导者的全力支持。六西格玛管理的成功在于从上到下坚定不移的贯彻。企业领导者必须深入了解六西格玛管理对于企业的利益以及实施项目所要达到的目标，从而使他们对变革充满信心，并在企业内倡导一种旨在不断改进的变革氛围。

（2）倡导者。六西格玛管理的执行负责人由一位副总裁以上的高层领导担任。这是一个至关重要的职位，要求具有较强的综合协调能力的人才能胜任。其具体职责是：为项目设定目标、方向和范围；协调项目所需资源；处理各项目小组之间的重叠和纠纷，加强项目小组之间的沟通等。

（3）黑带大师。这是 $6\sigma$ 管理专家的最高级别，其一般是统计方面的专家，负责在 $6\sigma$ 管理中提供技术指导。他们必须熟悉所有黑带所掌握的知识，深刻理解那些以统计学方法为基础的管理理论和数学计算方法，能够确保黑带在实施应用过程中的正确性。统计学方面的培训必须由黑带大师来主持。黑带大师的人数很少，只有黑带的1/10。

（4）黑带。黑带（Black Belt）来源于军事术语，指那些具有精湛技艺和本领的人。黑带是 $6\sigma$ 变革的中坚力量。对黑带的认证通常由外部咨询公司配合公司内部有关部门来完成。黑带由企业内部选拔出来，全职实施 $6\sigma$ 管理，在接受培训取得认证之后，被授予黑带称号，担任项目小组负责人，领导项目小组实施流程变革，同时负责培训绿带。黑带的候选人应该具备大学数学和定量分析方面的知识基础，需要具有较为丰富的工作经验。

他们必须完成160h的理论培训，由黑带大师一对一地进行项目训练和指导。经过培训的黑带应能够熟练地操作计算机，至少掌握一项先进的统计学软件。那些成功实施6σ管理的公司，大约只有1%的员工被培训为黑带。

（5）绿带。绿带（Green Belt）的工作是兼职的，他们经过培训后，将负责一些难度较小项目小组，或成为其他项目小组的成员。绿带培训一般要结合6σ具体项目进行5天左右的课堂专业学习，包括项目管理、质量管理工具、质量控制工具、解决问题的方法和信息数据分析等。一般情况下，由黑带负责确定绿带培训内容，并在培训之中和之后给予协助和监督。

### 6.3.2 6σ实施的条件和程序

#### 6.3.2.1 实施6σ管理的条件

企业若具备以下条件，可以尝试引入6σ管理：

（1）已经奠定了传统管理（主要内容为劳动纪律和工艺纪律）坚实的基础。

（2）已经通过ISO90000的认证，取得合格证书。

（3）已经成功推行SPC（统计过程控制）与SPD（统计过程诊断）或其他统计方法，且产品或服务的质量目前至少已经达到3σ水平。

（4）第一把手及其高层领导对6σ有足够的认识并有坚定的决心加以推广。

（5）具有可担任6σ过程负责人和黑带长（Master Black Belt）的人才（即骨干中的骨干）。

（6）具有足够启动6σ活动的资金。

#### 6.3.2.2 6σ项目选择

6σ管理是以项目的方式展开的，只要发现值得改进的地方，就可以列为6σ项目。一个企业可能同时有几十、上百个6σ项目，但这些项目都必须采用项目管理机制。6σ管理就是通过有组织、有计划地实施这些6σ项目而实现其经济效益的。6σ项目的选择与实施是6σ管理的一个关键环节。

A 6σ项目的选择原则

（1）有意义、有价值。

1）支持顾客满意度的改善。关注顾客是6σ项目的核心价值观之一。6σ质量的定义有两个基本点：一是产品特性让顾客满意直至忠诚；二是减少产品缺陷甚至消除缺陷。因此，6σ项目所解决的问题必须来自顾客的需求及反馈等信息的分析，找出顾客的期望和需求，确定关键质量特性，使项目的完成能满足或超出顾客的关键需求。

2）支持企业战略目标的实现。6σ管理是实现企业战略目标的有效手段，每个项目都应与企业战略目标一致。

3）为企业带来较大的经济效益。6σ管理的一大特点就是用财务语言阐述现状水平和改进后的绩效。

（2）可管理。

1）问题可测量。6σ改进不仅关注产品的质量，还包括缩短周期、提高效率、提高生产能力等，无论针对哪种问题，都必须先定义“缺陷”。也就是说，要先定义好标准及其衡量方法，然后才能评估问题的现状水平。

2）范围清晰、可控。应对每个项目所要解决的问题的范围作出明确的界定。如果一个问题涉及多个方面，那么可将此项目分解为几个小项目，在相对可控范围内解决。

3）项目得到管理层的支持和批准。项目只有获得管理层的支持和批准才能获得适当的资源支持。

B 6$\sigma$项目选择的流程

一般来说，项目选择需要经过以下四个步骤：

步骤1：确定项目的大方向——项目的最终目标。此阶段常用的工具包括：基准比较法、平衡记分卡等。

步骤2：确定影响过程输出Y的主要方面，并确定本项目针对哪个方面进行改善。由于Y是综合因素的反映，涉及的方面太广，应将其分解为范围可控、难度较小的项目。

步骤3：针对选择项目的需要，改善Y，明确关键顾客需求和关键质量特性。

步骤4：根据关键质量特性确定项目的主题。

6.3.2.3 6$\sigma$实施的程序

A 辨别核心流程和关键顾客

随着企业规模的扩大，顾客细分日益加剧，产品和服务呈现出多标准化，人们对实际工作流程的了解越来越模糊。获得对现有流程的清晰认识，是实施6$\sigma$管理的第一步。

（1）辨别核心流程。核心流程是对创造顾客价值最为重要的部门或者作业环节，如吸引顾客、订货管理、装货、顾客服务与支持、开发新产品或者新服务、开票收款流程等，它们直接关系顾客的满意程度。与此相对应，诸如融资、预算、人力资源管理、信息系统等流程属于辅助流程，对核心流程起支持作用，它们与提高顾客满意度是一种间接的关系。不同的企业，核心流程各不相同，回答下列问题，有助于确定核心流程：

1）企业通过哪些主要活动向顾客提供产品和服务？

2）怎样确切地对这些流程进行界定或命名？

3）用来评价这些流程绩效或性能的主要输出结果是什么？

（2）界定业务流程的关键输出物和顾客对象。在这一过程中，应尽可能避免将太多的项目和工作成果堆到“输出物”栏目下，以免掩盖主要内容，抓不住工作重点。对于关键顾客，并不一定是企业外部顾客，对于某一流程来说，其关键顾客可能是下一个流程，如产品开发流程的关键顾客是生产流程。

（3）绘制核心流程图。在辨明核心流程的主要活动的基础上，将核心流程的主要活动绘制成流程图，使整个流程一目了然。

B 定义顾客需求

（1）收集顾客数据，制定顾客反馈战略。缺乏对顾客需求的清晰了解，是无法成功实施6$\sigma$管理的。即使是内部的辅助部门，如人力资源部，也必须清楚了解其内部顾客——企业员工的需求状况。建立顾客反馈系统的关键在于：

1）将顾客反馈系统视为一个持续进行的活动，看作是长期应优先处理的事情或中心工作。

2）听取不同顾客的不同反映，不能以偏概全，由于几个印象特别深刻的特殊案例而形成片面的看法。

3）除市场调查、访谈、正式化的投诉系统等常规的顾客反馈方法之外，积极采用新的顾客反馈方法，如顾客评分卡、数据库分析、顾客审计等。

4）掌握顾客需求的发展变化趋势。

5）对于已经收集到的顾客需求信息，要进行深入的总结和分析，并传达给相应的高层管理者。

（2）制定绩效指标及需求说明。顾客的需求包括产品需求、服务需求或是两者的综合。对不同的需求，应分别制订绩效指标，如在包装食品订货流程中，服务需求主要包括界面友好的订货程序、装运完成后的预通知服务、顾客收货后满意程度监测等，产品需求主要包括按照时间要求发货、采用规定的运输工具运输、确保产品完整等。一份需求说明，是对某一流程中产品和服务绩效标准简洁而全面的描述。

（3）分析顾客各种不同的需求并对其进行排序。确认哪些是顾客的基本需求，这些需求必须予以满足，否则顾客绝对不会产生满意感；哪些是顾客的可变需求，在这类需求上做得越好，顾客的评价等级就越高；哪些是顾客的潜在需求，如果产品或服务的某些特征超出了顾客的期望值，则顾客会处于喜出望外的状态。

C 针对顾客需求评估当前行为绩效

如果公司拥有雄厚的资源，可以对所有的核心流程进行绩效评估。如果公司的资源相对有限，则应该从某一个或几个核心流程入手开展绩效评估活动。评估步骤如下：

（1）选择评估指标。标准有两条：

1）这些评估指标具有可得性，数据可以取得。

2）这些评估指标是有价值的，为顾客所关心。

（2）对评估指标进行可操作性的界定，以避免产生误解。

（3）确定评估指标的资料来源。

（4）准备收集资料。对于需要通过抽样调查来进行绩效评估的，需要制订样本抽取方案。

（5）实施绩效评估，并检测评估结果的准确性，确认其是否有价值。

（6）通过对评估结果所反映出来的误差，如次品率、次品成本等进行数量和原因方面的分析，识别可能的改进机会。

D 辨别优先次序，实施流程改进

对需要改进的流程进行区分，找到高潜力的改进机会，优先对其实施改进。如果不确定优先次序，企业多方面出手，就可能分散精力，影响 $6\sigma$ 管理的实施效果。业务流程改进遵循五步循环改进法，即 DMAIC 模式，将在下一部分详细叙述。

E 扩展、整合六西格玛管理系统

当某一六西格玛管理改进方案实现了减少缺陷的目标之后，如何巩固并扩大这一胜利成果就变得至关重要了。

（1）提供连续的评估以支持改进。在企业内广泛宣传推广该改进方案，以取得企业管理层和员工的广泛认同，减少进一步改进的阻力；将改进方案落实到通俗易懂的文本资料上，以便于执行；实行连续的评估，让企业管理层和员工从评估结果中获得鼓舞和信心；任何改进方案都可能存在着需要进一步改进之处，对可能出现的问题，应提前制订应对的策略，并做好进一步改进的准备。

（2）定义流程负责人及其相应的管理责任。采用了 $6\sigma$ 管理方法，就意味着打破了原有的部门职能的交叉障碍。为确保各个业务流程的高效、畅通，有必要指定流程负责人，并明确其管理责任，包括：维持流程文件记录、评估和监控流程绩效、确认流程可能存在的问题和机遇、启动和支持新的流程改进方案等。

（3）实施闭环管理，不断向 $6\sigma$ 绩效水平推进。$6\sigma$ 改进是一个反复提高的过程，五步循环改进法在实践过程中也需要反复使用，形成一个良性发展的闭环系统，不断提高品质管理水平，减少缺陷率。此外，从部分核心环节开始实施的 $6\sigma$ 管理，也有一个由点到面逐步推开改进成果、扩大改进范围的过程。

# 6.4　六西格玛管理方法论

六西格玛管理方法的核心是六西格玛改进模式 DMAIC 和六西格玛设计改进 DFSS。见图 6-4。

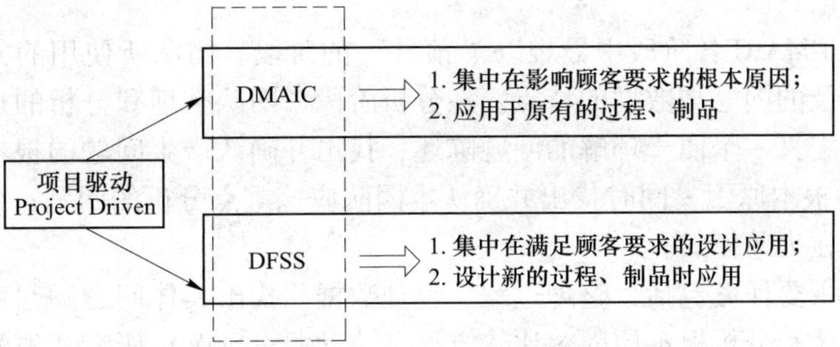


图 6-4　六西格玛管理方法核心

### 6.4.1　六西格玛改进模式——DMAIC

$6\sigma$ 自 20 世纪 80 年代诞生于摩托罗拉公司以来，经过多年的发展，现在已经演变成为一套行之有效的解决问题和提高企业绩效的系统方法论，而推动企业不断持续改进的 $6\sigma$ 具体实施模式是 DMAIC，它已成为世界上持续改善的标准流程。DMAIC 代表了 $6\sigma$ 改进的五个阶段。

（1）界定阶段（Define）。界定阶段的主要内容是确认顾客的关键需求，识别需要改进的产品或流程，决定要进行测量、分析、改进和控制的关键质量因素（CTQ），将改进项目界定在合理的范围内。

从整体上讲界定阶段是 $6\sigma$ 项目 DMAIC 流程的第一阶段。此阶段项目团队必须明确一些问题：项目团队在做什么工作？为什么要解决这个问题？顾客是谁？顾客的需求是什么等等。

界定阶段的主要任务包括：找出业务机会，制定项目立项表，明确过程并绘制过程图，明确快速取胜的过程和过程整理，将顾客的需求转化为顾客的关键需求及起草团队准则。

（2）测量阶段（Measure）。

通过对现有过程的测量和评估，制定期望达到的目标及业绩衡量标准，识别影响过程输出 Y 的 X 因子，并验证测量系统的有效性。

测量阶段是 DMAIC 过程的第二阶段，既是界定阶段的后续活动，也是连接分析阶段的桥梁。测量是项目工作的关键环节，是以事实和数据驱动管理的具体表现。

从测量阶段开始就要进行过程数据的收集和分析工作。通过测量阶段的数据收集和评估工作，可以获得对问题和改进机会的定量化认识，并在此基础上获得项目实施方向的信息。

测量阶段的主要任务包括：明确输入、处理、输出等指标，起草操作和测评计划，采集并分析数据，确定是否存在特殊的原因，确定 $\sigma$ 的水平，收集其他基准业绩数据。

测量阶段的工作重点是在界定阶段工作的基础上，进一步明确过程输出 Y 的测量，并通过收集 Y 的测量数据，定量化地描述过程输出 Y，特别是过程分析，认识过程输出 Y 的波动规律，揭示过程改进的空间，识别实现项目目标的可能途径和改进方向。

（3）分析阶段（Analyze）。通过数据分析确定影响过程输出 Y 的关键因子 X，即确定过程的关键影响因素。

分析阶段是 DMAIC 各阶段中最难以“预见”的阶段。团队所使用的方法在很大程度上取决于其所涉及的问题与数据的特点。在分析阶段，团队整理和分析的目的是找出具体存在的问题，并定义一个便于理解的问题陈述；找出并确认产生问题的根本原因，以保证消除“真正”的根本原因，同时找出并确认本团队应该重点分析的问题；确定波动源和导致顾客不满的潜在失效模式。

分析阶段的主要任务包括：整理过程、整理数据并找出具体问题、起草问题陈述、找出根本原因、确认和分析根本原因、比较方法、波动源（SOV）研究、失效模式与效应分析、回归分析、过程控制与过程能力和实验设计等。

（4）改进阶段（Improve）。改进阶段的主要目标是寻找最有效的改进方案，优化过程输出 Y 并消除或减小造成波动的因子，使过程的缺陷或变异降至最低。

在改进阶段，团队要明确如何才能改进过程的输出 Y，这里包括过程中哪些变量会对过程输出 Y 产生显著的影响，团队应怎样设定这些变量的值才能使过程输出 Y 达到最优。通过找出过程变量与输出之间的关系，选择合适的解决方案，实施改进。

改进阶段的主要任务包括：进行试验设计、解决方案构思、确定解决方案的影响或好处、评估并选择解决方案、起草过程图和粗计划、起草并讲解纲要、向所有利益相关方沟通解决方案。

（5）控制阶段（Control）。控制阶段的主要目标是使改进成果体制化。通过修订文件使成功经验制度化，通过有效的监测方法维持过程改进的成果，并寻求进一步提高改进效果的持续改进方法。

控制阶段是项目团队维持改进成果的重要步骤。一旦改进完成，团队还应持续地监控过程的实施情况。

控制阶段的主要任务包括：起草试运行计划和试运行解决方案，确认由于解决方案触及根本原因而产生的 $\sigma$ 水平的改进，确定实现目标必须的其他解决方案，找出类似的情况，对机会进行标准化处理，将解决方案融入日常工作过程并对之进行管理，集中学到的经验，明确团队下一步的行动以及针对其他机会的计划。

图 6-5 介绍了 DMAIC 各阶段应用的主要方法和工具。

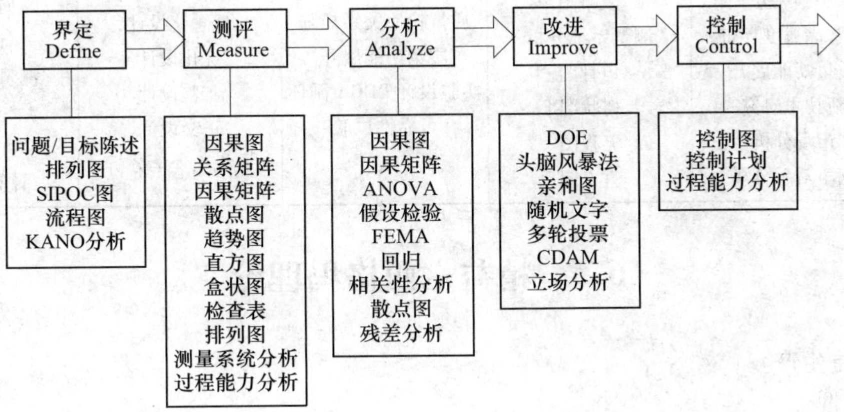


图 6-5　DMAIC 各阶段应用的主要方法和工具

### 6.4.2　六西格玛设计模式

优质高效的新产品和服务开发流程是企业战略所必需的，只靠提高效率不足以提高企业竞争力。六西格玛设计（DFSS）是运用科学的方法、合理的流程，大量广泛收集顾客的需求，再加以分析从而实现准确把握顾客的需求，根据需求内容加大新产品设计的力度，并对流程进行重新设计，使设计的新产品和新的生产流程可以满足企业低成本下实现六西格玛质量的目标，同时使新产品和新的流程具有广泛的适应能力，具备在各种恶劣的环境下，有效排除各种干扰，仍能满足顾客的需求的能力。

DFSS 降低成本并缩短生产研发周期的基础上实现高品质和可靠性的有效方法，能使产品在开发的阶段少走弯路，以最短的路径和最有效的方法达到产品的设计要求。

与 DMAIC 流程相似，DFSS 也有自己的流程，但没有统一模式，比较典型的是 DMADV 过程，即定义（Define）、测量（Measure）、分析（Analysis）、设计（Design）和验证（Verify），并逐一完成设计过程中的顾客需求、数据采集、成本分析、工艺分析、性能分析、结构设计、实验设计及设计验证等内容。DFSS 的各个步骤有许多实用的工具，以确保每一个步骤均从顾客需求的角度出发，达到六西格玛的质量水平。表 6-5 以 DMADV 流程为主线介绍每个阶段的工作内容。

**表 6-5　DMADV 各个阶段工作内容**

| 步骤 | 定义（D） | 测量（M） | 分析（A） | 设计（D） | 验证（V） |
|---|---|---|---|---|---|
| 内容 | 启动项目，确定项目范围，制订计划，分配资源 | 明确顾客需求，确定设计 CTQ 数据采集 | 概念设计与初步设计，评估设计能力 | 细节设计，确定 CTP，制订实验计划 | 完成实验，完成试生产验证，产品准备投产 |

续表 6-5

| 步骤 | 定义（D） | 测量（M） | 分析（A） | 设计（D） | 验证（V） |
|---|---|---|---|---|---|
| 工具 | 项目管理<br>成本分析<br>头脑风暴<br>顾客满意度评价<br>质量功能展开<br>新技术研究<br>市场分析<br>竞争对手分析 | 线性公差分析<br>非线性公差分析<br>散布图<br>测量系统分析<br>鱼骨图<br>树状图<br>流程图<br>直方图 | 失效模式与影响分析<br>质量特性关系矩阵<br>质量功能展开<br>实验设计 PDCA 循环<br>可靠性试验 | 失效模式与影响分析<br>公差分析<br>概念化设计<br>优化设计<br>实验设计<br>正交设计<br>人机工程学分析 | 决策矩阵<br>DPMO 计算<br>回归分析<br>评分卡<br>测量系统分析<br>统计分析<br>方差分析<br>计算机仿真 |

## 6.5 精益六西格玛理论

### 6.5.1 精益生产

精益生产（Lean Production，LP）是美国麻省理工学院数位国际汽车计划组织（IMVP）的专家对日本丰田准时化生产 JIT（Just In Time）生产方式的赞誉称呼。精益生产方式源于丰田生产方式，是由美国麻省理工学院组织世界上 17 个国家的专家、学者，花费 5 年时间，耗资 500 万美元，以汽车工业这一开创大批量生产方式和精益生产方式 JIT 的典型工业为例，经理论化后总结出来的。精益生产方式的优越性不仅体现在生产制造系统，同样也体现在产品开发、协作配套、营销网络以及经营管理等各个方面，它是当前工业界最佳的一种生产组织体系和方式，也必将成为 21 世纪标准的全球生产体系。

精益生产是通过系统结构、人员组织、运行方式和市场供求等方面的变革，使生产系统能很快适应用户需求不断变化，并能使生产过程中一切无用、多余的东西被精简，最终达到包括市场供销在内的生产的各方面最好结果的一种生产管理方式。与传统的大生产方式不同，其特色是“多品种”“小批量”。

“零浪费”为精益生产终极目标，具体表现在 PICQMDS 七个方面，如图 6-6 所示，目标细述为：

（1）“零”转产工时浪费（Products，多品种混流生产）。将加工工序的品种切换与装配线的转产时间浪费降为“零”或接近为“零”。

（2）“零”库存（Inventory，削减库存）。将加工与装配相连接流水化，消除中间库存，变市场预估生产为接单同步生产，将产品库存降为零。

（3）“零”浪费（Cost，全面成本控制）。消除多余制造、搬运、等待的浪费，实现零浪费。

（4）“零”不良（Quality，高品质）。不良不是在检查位检出，而应该在产生的源头消除它，追求零不良。

（5）“零”故障（Maintenance，提高运转率）。消除机械设备的故障停机，实现零故障。

（6）“零”停滞（Delivery，快速反应、短交期）。最大限度地压缩前置时间（Lead time）。为此要消除中间停滞，实现“零”停滞。

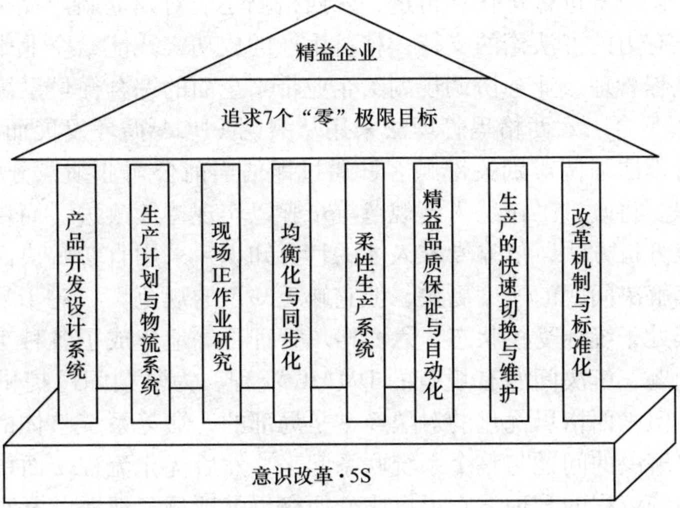

图 6-6 精益生产终极目标

（7）“零”灾害（Safety，安全第一）。

精益生产方式具有如下的特点：

（1）以简化为手段消除生产中的一切不增值的工作。

（2）强调人的作用，充分发挥人的潜能。

（3）采用拉动生产系统。

（4）不断改善，以尽善尽美为最终目标。

精益生产的不足：

（1）缺乏严谨的定量分析。精益方法解决问题的特点是主观、快速而且简单，解决问题时更多地依赖专家经验与直觉，不能使用量化方法与专业工具管理流程，难以解决复杂的和综合的或不明确的问题，决策也不易做到科学、准确和高效，难以真正实现“精益”。

（2）对波动处理不力。波动是客观存在的，企业实施精益方法失败绝大多数都是因为波动造成的，实施精益生产前之所以要先导入整理、整顿、清扫、清洁、素养和全面生产维护等方法，就是要使 5M1E 因素的波动最小化。如果不能实现流程稳定，也就很难真正实现“精益”。

## 6.5.2 精益生产与六西格玛整合

（1）理念整合。两者都是企业实现世界领先的优秀企业战略目标的有力工具。六西格玛管理强调所有改进的活动必须与公司的战略目标紧密结合，要求所有改进活动的成功标准应以是否满足客户要求为准绳，精益生产强调企业在满足客户不断变化的需要方面要做到快速响应；六西格玛管理强调跨部门的流程化改进，精益生产强调包括生产环节的整个供应链的优化；六西格玛管理要求改进必须带来企业的业绩和财务的大幅度改善，精益生产则以更快的速度、更优的投资、更少的时间满足企业持续不断依据客户需求进行改进的企业文化，是对所有生产和业务流程都行之有效的改进方法。精益生产对现有的，包括生产和采购等环节的供应链进行优化和再造，六西格玛还能对建立新产品、新服务、新工厂的设计等都进行强有力的方法论的支持；精益生产的成功实践能给企业带来业绩衡量管理体系，六西格玛流程管理或业务协调规划给企业带来全面的综合衡量系统及控制系统。

（2）实施过程整合。六西格玛管理法采用从戴明 PDCA 循环发展而来的 DMAIC 分析模式。六西格玛管理法强调辨别关键顾客，通过评估当前公司业绩，分析流程存在问题，设计、再设计流程。将改进工作纳入新规范等步骤以实现持续改进。而精益生产对产品实现过程采用价值流分析方法，依靠专家人才的特有知识，采用直接解决问题的方法，因此对于简单问题，其解决问题的速度更快，但它缺乏知识的规范性，对于复杂的问题，缺乏效率，无法保证其处于统计受控状态。六西格玛管理更好地集成了各种工具，采用定量的方法分析、解决问题，解决问题有规范的 DMAIC 流程，为复杂问题提供了操作性很强的解决方法和工具。但六西格玛优化的对象经常是局部的，缺乏系统整体的优化能力，所以它需要将自身需要解决的问题与整个系统联系起来，然后优化流程。而精益生产理论的优点之一：就是对系统流程的管理，它可以为六西格玛的项目管理提供框架。

（3）工具整合。精益生产在进行质量改善的过程中采用了大量的六西格玛统计分析工具，其价值流程图分析手段也和六西格玛的流程定性分析有很多共同之处。六西格玛流程改进方法能借助精益生产的价值流程图分析获取大量的改进机会，精益生产的大量成型业绩衡量指标（周期时间、切换时间、节拍时间等）为六西格玛的流程定量分析提供了极好的数据基础。精益生产能借助六西格玛 DMAIC 思维框架完善其分析能力，六西格玛 DMAIC 方法能借助精益生产的丰富改善和控制工具完善其改进手段和控制机制。企业实现精益化除了需要创造地应用前面所提到的拉动式准时化生产、可视化等精益方法之外，还必须依赖于各个环节具备持续稳定命中其客户（含下工序）需求的能力（取决于流程西格玛水平）。换句话说，各环节稳定运行的能力保证是实现整个供应链精益化的前提。这也充分证明六西格玛管理与精益生产是可以相互补充的。

### 6.5.3 精益六西格玛概述

精益六西格玛（Lean Six Sigma，LSS），精益生产与六西格玛管理的结合，其本质是消除浪费。精益六西格玛管理的目的是通过整合精益生产与六西格玛管理，吸收两种生产模式的优点，弥补单个生产模式的不足，达到更佳的管理效果。精益六西格玛不是精益生产和六西格玛的简单相加，而是二者的互相补充、有机结合。

按照所能解决问题的范围，精益六西格玛包括了精益生产和六西格玛管理。根据精益六西格玛解决具体问题的复杂程度和所用工具，我们把精益六西格玛活动分为精益改善活动和精益六西格玛项目活动，其中精益改善活动全部采用精益生产的理论和方法，它解决的问题主要是简单的问题。精益六西格玛项目活动主要针对复杂问题，需要把精益生产和六西格玛的哲理、方法和工具结合起来。传统六西格玛项目主要解决与变异有关的复杂问题，例如控制一个过程的产品一次通过率；而精益六西格玛项目解决的问题不仅包括传统六西格玛所要解决的问题，而且要解决那些与变异、效率等都有关的“综合性”复杂问题，例如不但要控制一个过程的产品一次通过率，还要优化整个生产流程，简化某些动作，缩短生产周期，而且简化这些动作和过程变异的控制有直接联系。通过实施精益六西格玛，组织流程可以在以下方面获得收益：减小业务流程的变异、提高过程的能力和稳定性、提高过程或产品的稳健性；减少在制品数量、减少库存、降低成本；缩短生产节拍、缩短生产准备时间、准确快速理解和响应顾客需求；改善设施布置、减小生产占用空间、有效利用资源；提高顾客满意度、提高市场占有率。

## 6.5.4 精益六西格玛的实施

### 6.5.4.1 精益六西格玛实施的关键成功因素

实施精益六西格玛的关键成功因素包括以下几点：

（1）关注系统。精益六西格玛的力量在于整个系统，精益六西格玛不是精益和六西格玛简单相加，而是要把精益和六西格玛有机结合起来，处理整个系统的问题，对于系统中不同过程或同一过程的不同阶段的问题，精益和六西格玛相互补充，才能达到1+1>2 的效果，例如当过程处于起始状态，问题较简单，可以直接用精益生产的方法和工具解决，但随着过程的发展，当问题处于复杂状态时，就要用六西格玛的方法解决。所以在实施中要关注于整个系统，用系统的思维方式、综合考虑、恰当选用精益六西格玛的方法或工具。现实一些企业实施精益六西格玛时之所以没有达到预期效果，就是因为他们虽然同时做了精益和六西格玛，但是没有把二者结合在一起，而是不同的部门分别使用不同的模式。

（2）重视文化建设。不论是精益生产还是六西格玛管理，文化对其成功都起到了重要的作用。同样，实施精益六西格玛也离不开文化建设。通过文化建设，使公司每一个员工形成一种做事的习惯，自觉地按精益六西格玛的方式去做事情。精益六西格玛的文化是持续改进、追求完美、全员参与的文化。只有追求完美，持续地对过程进行改进，才能不断超越现状，取得更大的绩效；而现代的组织管理是一个非常复杂的系统，个人或一部分人的力量是有限的，只有靠全员参与，才能最大地发挥出集体的能力。

（3）以流程管理为中心。精益生产和六西格玛管理都是以流程为中心的管理方式，因此精益六西格玛管理也必须以流程为中心，摆脱以组织功能为出发点的思考方式。只有以流程为中心才能真正发现在整个价值流中哪些是产生价值的，哪些是浪费，进行高效的管理。

（4）领导的支持。精益六西格玛需要处理整个系统的问题，同时要分析和解决的问题也更复杂，需要与不同的部门进行沟通，需要得到更多资源的支持，所以没有领导的支持是不可能成功的。领导的支持应该是实实在在的支持，而不是仅仅有口头上的承诺，所以这就要求领导也要参与到精益六西格玛管理变革中去，只有参与其中，才能发现问题，有力地推动精益六西格玛。

（5）正确使用方法和工具。在利用精益六西格玛方法对系统分析之后，针对具体某一点的问题，可能仅仅用到的精益生产或者六西格玛的方法或工具，也可能需要把两个管理模式中的方法和工具结合起来使用。例如对于简单问题，就应该用 Kaizen 的策略，用精益生产的方法和工具直接解决，如果还用六西格玛的方法和工具，必然降低过程的速度；而对于复杂的问题，如果不用六西格玛的方法和工具，就不能发现真正的原因，不能有效解决问题；还有一些复杂问题需要同时利用精益的和六西格玛的方法和工具解决，才能达到目的。因此，精益六西格玛管理要实现精益生产速度和六西格玛的过程稳健性，必须确定问题的种类，针对具体问题选用恰当的处理方法和工具。

### 6.5.4.2 精益六西格玛项目实施流程

把精益六西格玛活动可以分为精益改善活动和精益六西格玛项目活动。精益改善活动主要是针对简单问题，这类问题可以直接用精益的方法和工具解决。

精益六西格玛项目主要是针对于复杂问题，它把精益生产的方法和工具与六西格玛的方法和工具结合起来，实施流程采用新的“定义-测量-分析-改进-控制”流程，称为DMAICⅡ，它与传统的DMAIC过程的区别是它在实施中加入了精益的哲理、方法和工具。

DMAICⅡ各阶段内容为：定义阶段利用精益思想定义价值、提出流程框架，在此框架下，结合六西格玛工具，定义改进项目；测量阶段把精益生产时间分析技术与六西格玛管理工具结合测量过程管理现状；分析阶段运用六西格玛技术与精益流动原则结合，分析变异和浪费；改进阶段以流动和拉动为原则，运用两种模式中的所有可以利用的工具对流程增加、重排、删除、简化、合并，同时对具体流程稳健性和过程能力改进；最后是控制阶段，除了完成六西格玛管理控制内容外，还要对实施中产生的新问题进行总结，以便下一个循环对系统进行进一步完善。

精益六西格玛项目的实施步骤为：

定义阶段：（1）定义顾客需求，分析系统，寻找浪费或变异，确定改进机会；（2）分析组织战略和组织的资源；（3）确定项目：包括项目的关键输出、所用资源、项目范围。测量阶段：（4）定义流程特性；（5）测量流程现状（包括各流程或动作需要的时间）；（6）对测量系统分析；（7）评价过程能力。

分析阶段：（1）分析流程，查找浪费根源或变异源；（2）确定流程及关键输入因素。

改进阶段：（1）确定输入输出变量之间的关系，提出优化方案；（2）制定改进计划。

控制阶段：（1）建立运作规范、实施流程控制；（2）验证测量系统，验证过程及其能力；（3）对实施结果进行总结，规范成功经验，提出新问题。

6.5.4.3 精益六西格玛项目实施中工具的选择

实施精益六西格玛项目时应该合理选择精益生产与六西格玛的工具，选择工具的原则是：结合组织的资源选择最佳的工具，简单的问题要用简单的工具，否则，浪费资源。不同阶段主导工具的选择如图6-7所示。

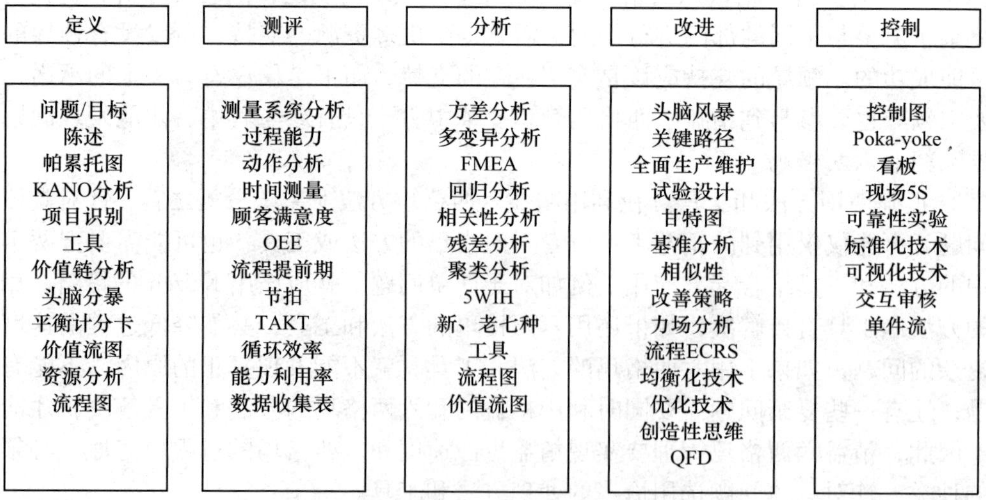


图6-7 精益六西格玛项目不同阶段工具

### 6.5.5　案例分析

**【例 6-1】**　六西格玛精益运营在宝钢的实践应用。

宝钢股份公司在热轧精益生产试点的基础上于 2003 年提出了“六西格玛精益运营”，将解决“缺陷”和“波动”问题的“六西格玛管理”和解决“浪费”和“速度”问题的“精益运营管理”有机结合起来，从而形成了完整的“六西格玛精益运营（Lean and Six Sigma）”。这是在前期充分试点和实践的基础上，提出的适合自身企业特点，提高企业自身可持续发展能力的崭新的综合管理体系，同时也是宝钢股份企业系统创新工程必不可少的重要组成部分，这是企业发展到一定阶段追求卓越和提高自身可持续发展能力的重要举措。

为支持宝钢股份在不远的将来成为全球最具竞争力的钢铁企业的战略目标，六西格玛精益运营将成为宝钢股份公司的支撑性战略，为各项战略目标的实现提供一整套系统的、全面的、行之有效的方法论和综合管理体系，如图 6-8 所示。

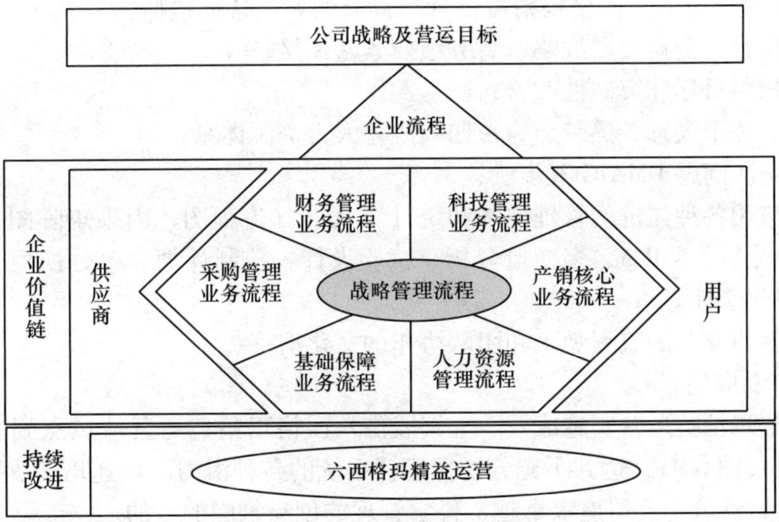


图 6-8　六西格玛精益运营体系

（1）主要内容。

1）“六西格玛精益运营”是一套完整的方法论，它主要涵盖以下两个层面内容。

①“六西格玛精益运营”在管理层面是业务流程管理体系。在流程管理体系建立后，专责流程管理队伍对流程所支持的战略目标和流程的最终用户（内部和外部）不断变化的需求有及时深入的了解，并建立了相应的业绩指标衡量各流程满足内部和外部需求的能力。

②“六西格玛精益运营”的行动层面。公司中层管理层根据流程管理体系和业绩管理体系中确定的优先改进区域和相匹配的改进方法，在执行改进活动的过程中，掌握六西格玛精益运营方法论的公司员工将会根据项目需要灵活选择工具。

2）六西格玛精益运营体系在如下几个层面支持公司的战略发展方向。

①宝钢股份战略目标发展的层面。“六西格玛精益运营”将以支撑性战略的面貌与公司的营运策略密切配合。

②在宝钢股份战略目标贯彻落实的层面。“六西格玛精益运营”通过对企业战略目标的关键业绩衡量及层层分解，把宝钢股份的战略目标分配落实到各厂部处的短期和中长期的业绩目标中，并且在各部门内进一步分配落实到班组及个人的业绩目标中。

③在具体达到公司战略目标及各部门的业绩目标的行动层面。“六西格玛精益运营”提供强有力的改进方法体系。

④在建立宝钢股份的追求卓越、不断创新的企业文化的层面。“六西格玛精益运营”注重获得从最高管理层一直到每个员工的全力参与和支持。

3）六西格玛精益运营改善人力资源结构。

①倡导者（Champion）；

②黑带大师（MBB）；

③黑带（BB）；

④绿带（GB）。

（2）宝钢股份的“六西格玛精益运营”固有的典型特征包括：

1）改善项目与公司发展战略、财务绩效紧密衔接；

2）追求极限目标和突破性改善；

3）明星、黑带大师、黑带、绿带四级改善人力资源体系；

4）系统解决问题DMAIC五步法；

5）灵活应用各种先进的管理技术和统计工具（如流程图、因果矩阵图、测量系统分析、流程能力分析、FMEA、多变量分析、试验设计、控制计划、单分换模、网络计划技术、5S、可视化管理等）；

6）倡导客户导向的流程观念和团队协作的文化培育。

（3）推广及应用。

1）六西格玛精益运营实施成效。宝钢股份六西格玛精益运营从试点到全面实施共经历了四个阶段（图6-9），达到了充分挖掘运营系统的各种潜力、加速培养支撑公司持续改善的各类人才、营造全公司追求卓越、科学管理的创新氛围的目的。

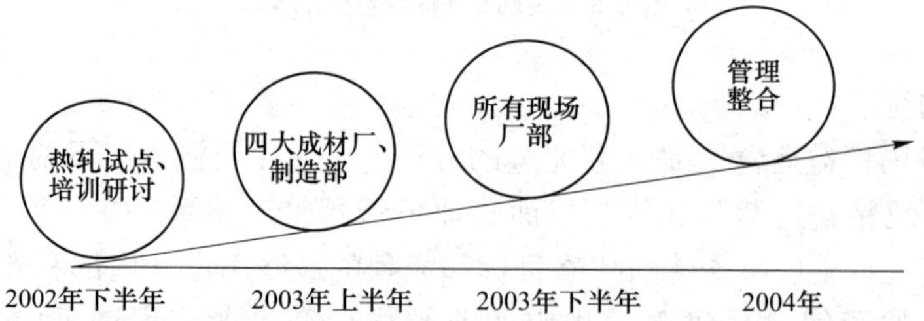


图6-9 六西格玛精益运营实施的四个阶段

①变革文化的形成。通过项目实践，黑带在严谨系统分析解决问题的能力、表达能力、跨流程的团队协作意识和团队领导能力方面有显著地提高。

②提升公司价值、绩效的贡献。2002年公司在热轧精益生产试点为公司创造财务贡献

2.4 亿元人民币，2003 年正式在全公司启动，实施六西格玛精益运营项目 62 项，财务贡献达到 2.7 亿元人民币；2004 年继续实施六西格玛精益运营项目 103 项，财务贡献预计超出 3.6 亿元人民币（目前财务评审结束的 19 个项目财务贡献为 1.1 亿元人民币）。2005 年公司计划实施六西格玛精益运营项目超过 150 项，这些项目的实施将使公司在产能、质量、成本以及交货周期等方面的业绩指标获得突破性改善，预计将为公司带来近 4 亿元人民币的财务收益。

2）六西格玛精益运营项目部分案例。

①《提高宝钢 SACL 机组产能》。

②《降低 1420 酸轧机组轧制油消耗》。

③《减少 2030 单元轧机和平整 05 板辊印》。

④《降低 7 寸套管壁厚废品率》。

⑤《减少二炼钢 OB 氧量》。

⑥《降低炼焦配合煤单价》。

（4）创新点。

1）引进、学习、消化、应用形成有宝钢特色的六西格玛+精益运营持续改进模式。1983~1992 年，宝钢从引进新日铁的一贯质量管理模式进行消化学习、结合宝钢实际，加以运用，逐步形成具有宝钢特色的一贯质量管理。从 2002 年开始宝钢在一贯质量管理的基础上逐步发展六西格玛精益运营持续改进的管理模式。这是目前国内外企业整体实践应用的这一改进模式的第一家企业，也是宝钢追求卓越的一个具体举措。

2）强调企业全过程的整体精益优化，不局限于个别专业领域。钢铁生产具有多工序、连续化的特点，为了保证最终产品质量，必须实行从原料进厂直至产品出厂全过程的一贯管理。宝钢在所有七大管理流程和生产过程全方位实施六西格玛精益运营，保证了经营业绩的有效改善。

3）自上而下强势推进，坚持不懈。把推进六西格玛精益运营的目标和追求成效写入 2003~2004 年宝钢重点工作计划，并在经营总目标中明确提出“实施六西格玛精益运营项目”，公司通过三级推进组织有效推进。

4）平衡计分卡与六西格玛精益运营的系统结合。系统运用平衡计分卡的思路和方法，梳理、整合并形成宝钢股份完整清晰的战略框架，企业将六西格玛精益运营写入年度经营目标，与部门绩效挂钩。确定科学、均衡的公司和部门 KPI 指标体系，运用六西格玛精益运营围绕 KPI 开展改善活动支撑公司战略。

5）企业采用“专职 MBB+兼职 BB”的实施模式。宝钢股份建立了专职 MBB 岗位，岗位等级为首席岗位（宝钢技术系列最高等级）。对于经过 MBB 选拔、培训后担任各个大区域 MBB，解决了黑带大师的职业生涯问题，使得黑带大师成为各区域管理者的解决问题的推进者，2004 年 84%的带级培训依靠宝钢内部自主力量开展实施，建立了宝钢六西格玛的长效运转机制。

6）在研发领域开展 DFSS。在核心产品、战略产品的研发、改进过程中尝试运用 DFSS 方法论，提升产品质量、降低产品的成本，满足战略用户的满意度，同时增加企业的竞争能力。

## 复习思考题

1. 什么是六西格玛管理?
2. 六西格玛的特点是什么?
3. 六西格玛管理的组织形式是什么?
4. 企业引入 $6\sigma$ 管理应具备的条件有哪些?
5. $6\sigma$ 改进模式——DMAIC 是什么?
6. 精益六西格玛实施的关键成功因素是什么?

# 7 顾客满意与顾客忠诚

当今世界，科学技术的迅速发展，日益激烈的市场竞争，人类对质量的不懈追求，人们生活水平的大幅度提高，消费观念和需求的变化，改变了人们的质量观念，质量已不再是“合格”的概念，而是顾客满意的概念，顾客满意已成为评价质量的标准，要求企业以实现顾客满意为目标。

## 7.1 顾客满意概述

### 7.1.1 顾客及顾客类型

顾客是指接受产品或服务的组织或个人，可以是一个组织，也可以是组织内部的一部分。

按接受产品的所有者情况分有内部顾客和外部顾客两类。

(1) 内部顾客：指组织内部的依次接受产品或服务的部门和人员。可以是产品生产流水线上的下道工序的操作者，也可以是产品或服务形成过程中下游过程的部门，或者是帮助顾客使用产品或服务的代理人。

(2) 外部顾客：指组织外部接受产品或服务的组织和个人。例如，消费者、委托人、零售商和最终使用者等。

按接受产品的顺序情况分有过去顾客、目标顾客和潜在顾客三类：

(1) 过去顾客：已接受过组织的产品或服务的顾客；

(2) 目标顾客：正在接受组织的产品或服务的顾客；

(3) 潜在顾客：尚未接受组织产品或服务的顾客或者是竞争者的顾客。

### 7.1.2 顾客满意

*7.1.2.1 顾客满意的概念*

顾客满意（Customer Satisfaction，CS）早在20世纪50年代就受到世人的认识和关注。顾客满意与否取决于顾客的价值观和期望与所接受产品或服务状况的比较。顾客的价值观决定了其要求或期望值（认知质量），而组织提供的产品和服务形成可感知的效果（感知质量）。

2000版ISO 9000标准对此所做的解释则是：顾客满意“是顾客对其要求已被满足程度的感受”。并在其注释中进一步指出：“顾客抱怨是一种满意度低的最常见的表达方式，但没有抱怨并不一定表明顾客很满意”，“即使规定的顾客要求符合顾客的愿望并得到满足，也不一定确保顾客很满意”。

国际著名营销学权威菲利普·科特勒认为：“满意是指一个人通过对一个产品或服务

的可感知的效果（或结果）与他的期望相比较后所形成的愉悦或失望的感觉状态。”

尽管人们对顾客满意的概念在具体表述上有所差异，但在对其内涵的认识上是基本一致的，强调顾客满意是顾客的一种期望与对产品或服务的感知比较的结果。换言之，顾客满意与否，取决于顾客接受产品或服务的感知同顾客在接受之前的期望相比较后的体验：当感知低于期望时，顾客会感到不满意甚至会产生抱怨或投诉；当感知接近或大于期望时，则顾客就感到满意；当感知远远超过期望时，顾客就会从满意产生忠诚，如图 7-1 所示。

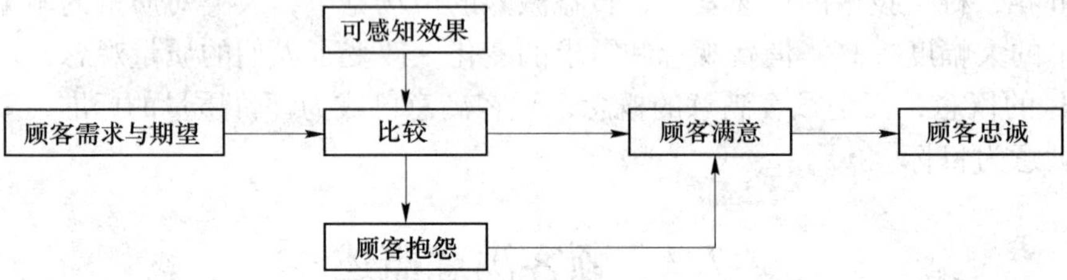


图 7-1　顾客满意

例如：

（1）美国消费者问题局委托一调查公司调查结果显示：

购买 5 美元以下商品顾客：

1）不满但未提出抱怨占不满顾客总数的 96%；

2）不再去重复购买的顾客占 63%。

购买 100 美元以上商品顾客：

1）不满意提出抱怨的顾客约占 73%；

2）如果可以补救并且得当，70%的不满意顾客在转向满意之后仍然可能继续购买该企业的产品或服务。

（2）日本调查公司对百货零售业的调查结果：

1）一位不满的顾客平均会向 9 个人抱怨；

2）有 14%的顾客是因为对产品不满意而停止购货；

3）80%的销售额来自现有的顾客；

4）60%的新顾客来自现有顾客的热情推荐；

5）每一位投诉的顾客背后，都有 26 位同样不满但却保持沉默的顾客，其中 6 位的不满意程度是较强烈的。

结果根据调查结果得出如下结论：

（1）需重新认识顾客；

（2）需要站在顾客立场了解顾客的需求和期望；

（3）用科学方法分析产品或服务满足顾客要求程度的感受；

（4）企业应把顾客满意作为经营管理工作的核心目标。

7.1.2.2　*顾客满意的特性*

（1）主观性，顾客的满意程度是建立在其对产品的服务的体验上，感受的对象是客观的，而结论是主观的。顾客满意的程度与顾客的自身条件如知识和经验、收入状况、生活习惯、价值观念有关，还与媒体传闻有关。

（2）层次性，处于不同层次需求的人对产品和服务的评价标准不同，因而不同地区，不同阶层的人或一个在不同条件下对某个产品或某项服务的评价不尽相同。

（3）相对性，顾客对产品的技术指标和成本等经济指标通常不熟悉，习惯与其他同类产品，或和以前的消费经验进行比较，由此得到的满意或不满意有相对性。

（4）阶段性，任何产品都具有寿命周期，服务也有时间性，顾客对产品和服务的满意程度来自过程的使用体验，是在过去多次购买和提供的服务中逐渐形成的，因而呈现出阶段性。

#### 7.1.2.3 顾客满意的内涵

顾客满意包括产品满意、服务满意和社会满意三个层次。

（1）“产品满意”是指企业产品带给顾客的满足状态，包括产品的内在质量、价格、设计、包装、时效等方面的满意。产品的质量满意是构成顾客满意的基础因素。

（2）“服务满意”是指产品售前、售中、售后以及产品生命周期的不同阶段采取的服务措施令顾客满意。这主要是在服务过程的每一个环节上都能设身处地地为顾客着想，做到有利于顾客、方便顾客。

（3）“社会满意”是指顾客在对企业产品和服务的消费过程中所体验到的对社会利益的维护，主要指顾客整体对社会满意，它要求企业的经营活动要有利于社会文明进步。

### 7.1.3 顾客满意与顾客需求

#### 7.1.3.1 顾客需求

需求是指对有能力接受并愿意接受的某个具体产品的期望。然而，顾客需求是多种多样的。从一般意义上说需求大体可分为五类：

（1）明确的需求。如顾客需要一辆“便宜”的汽车。

（2）未明确的需求。（非合同环境下需求）如顾客需要的汽车是运营成本低而不是首次购买的价格。

（3）真正的需求。如顾客期望从销售商处得到好的服务。

（4）令人愉悦的需求。如顾客在购买汽车时，意外地得到了交通指南手册。

顾客需求决定了认知质量。

#### 7.1.3.2 满意度的二维模式

满意度是用户对产品感知的效果与期望值相比较后，用户形成的开心或失望的感觉。在日常满意度应用中，我们都认为满意度是一维的，即某个产品提供更多功能、服务时用户就会感到满意，相反，当功能、服务不充足时，用户会感到不满。因此我们可能会不断在产品中添加新功能，通过这种方式提升用户的满意度。但是事实上会发现，并不是所有新增或优化的功能，都能提升用户的满意度，甚至有一些还会损害用户体验。

满意度理论研究中发现，并非所有的因素对用户满意度产生的影响都是一维的，二维模式认为，当提供某些因素时，未必会获得用户的满意，有时可能会造成不满意，有时提供或不提供某些因素，用户认为根本无差异，这就是满意度的二维模式。

满意度的二维模式是从赫茨伯格（Herzberg）的双因素理论发展而来。赫茨伯格的理论认为，满意和不满意并非共存于单一的连续体中，而是截然分开的；该理论通过考察一群会计师和工程师的员工满意度与生产效率的关系，发现日常工作中员工的满意度分为两种，一种是激励因素，另一种称为保健因素。激励因素表示工作本身带来的成就、认可和责任；保健因素指公司政策和管理、技术监督、薪水、工作条件以及人际关系等。当具备激励因素时会增加员工的满意，但是当缺乏时不会不满意；而当具备保健因素时不会提高员工的满意，但是当缺乏时，则会造成不满。

7.1.3.3 卡诺模型

日本教授狩野纪昭（Noriaki Kano）在 1984 年首次提出二维模式，构建出 KANO 模型。

卡诺模型（KANO 模型）是对用户需求分类和优先排序的工具，以分析用户需求对用户满意的影响为基础，体现了产品性能和用户满意之间的非线性关系。

卡诺模型是对用户满意度和用户需求进行分析的工具。将影响因素划分为五个类型，包括（见图 7-2）：

（1）魅力因素：用户意想不到的，如果不提供此需求，用户满意度不会降低，但当提供此需求，用户满意度会有很大提升；

（2）期望因素：当提供此需求，用户满意度会提升，当不提供此需求，用户满意度会降低；例如：汽车耗油量、维修人员的快捷服务、医生诊断的准确性、低的费用、高的可靠性等。

（3）必备因素：当优化此需求，用户满意度不会提升，当不提供此需求，用户满意度会大幅降低。例如电视机图像清晰，汽车油箱不漏油等。这类质量特性如果实现的程度很充分，也不会增加顾客的满意，相反，则会导致顾客的严重不满。

（4）无差异因素：无论提供或不提供此需求，用户满意度都不会有改变，用户根本不在意；

（5）反向因素：用户根本都没有此需求，提供后用户满意度反而会下降。

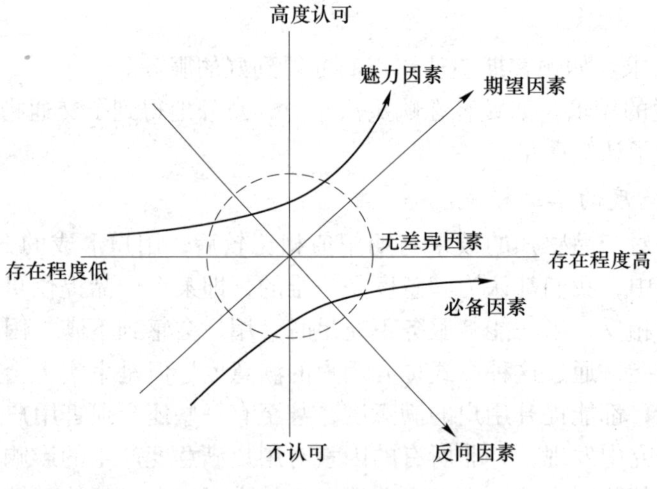


图 7-2 KANO 模型

由 KANO 顾客满意模型可知，所提供的产品和服务必须保证必备因素，不断改进期望因素，努力开发魅力因素。必备因素、期望因素和魅力因素具有相对性，随着科学技术的进步和管理水平的提高以及顾客需求和偏好的变化，产品和服务的期望因素将转化为必备因素，魅力因素将转化为期望因素。

从 KANO 模型的因素分类可以发现，KANO 并不是直接用来测量用户满意度的方法，而是通过对用户的不同需求进行区分处理，帮助产品找出提高用户满意度的切入点。它常用于对影响指标进行分类，帮助产品了解不同层次的用户需求，识别使用户满意的至关重要的因素。

### 7.1.4 案例分析

**【例 7-1】** 体验+标准 把顾客满意进行到底。

2001 年 8 月 21 日，联想推出了全新的商用电脑——开天系列。联想副总裁陈绍鹏宣称：这一产品系列体现了联想对产业的思考和对客户的理解，是联想用“全面客户体验”理念打造的“全三维品质”精品。联想认为，在全面客户体验时代，不仅需要对用户深入和全方位的了解，而且还应把对使用者的全方位体验和尊重凝结在产品层面，让用户感受到被尊重、被理解和被体贴。

9 月 4 日，惠普公司总裁费奥·利娜（Carly Fiorina）提出了构造“全面客户服务模式（Total Customer Experience）”，带领新惠普由传统的产品经济、服务经济全面转向体验经济。

10 月 25 日，被微软公司形容为设计最佳和性能最可靠的新一代操作系统 Windows XP 全球面市，比尔·盖茨宣称该新操作系统为人们“重新定义了人、软件和网络之间的体验关系”。“XP”来自“Experience”，其中文意思即是体验。

一时间，“体验”这个词在各种媒体上一下了热了起来，不但在 IT 领域，传统产业的企业也纷纷一起来关注体验。但是到底何谓体验、体验营销呢？

所谓体验营销，就是企业以消费者为中心，通过对事件和情景的安排和特定体验过程的设计，让消费者在沉浸于体验过程中，引爆他们心中的欲望，产生美妙而深刻的印象，并获得最大程度上的精神满足的过程。

这种全新概念上的体验营销在很多方面有别于传统营销。后者在很大程度上仅专注产品或服务的特色，以及给消费者带来物质利益，而体验营销则把焦点放在顾客的“体验”上，并让顾客在广泛的社会文化背景中检验消费体验。

体验式营销的基本思想仍然是“重视顾客”和“顾客角度”，认为消费者消费时是理性与感性兼具的，它们同样影响消费者购买行为，是给消费者做出了一个更为完整的定义，注重研究消费者在购买、消费全程的体验，从而展开营销活动。在伯德·施密特的《体验式营销》一书中，体验式营销是“站在消费者的感觉（Sense）、情感（Feel）、思考（Think）、行动（Act）、联想（Relate）五个方面，重新定义、设计营销的思考方式。”

下面是从衣、食、住、行、教育、娱乐等层面举例探讨上述四个经济发展阶段的演进，如表 7-1 所示。

通过表 7-1 可知，随着体验经济的到来，生产及消费行为已有了如下的变化：

（1）以体验为基础，开发新产品、新活动。

（2）强调与消费者的沟通，并触动其内在的情感和情绪。

（3）以创造体验吸引消费者，并增加产品的附加价值。

（4）以建立品牌、商标、标语及整体意象塑造等方式，取得消费者的认同感。

**表 7-1 体验式营销**

| 产品 | 体验式营销 |
|---|---|
| 衣（服饰） | 服饰店不再是仅仅卖衣服，更强调店面整体搭配，体现自身品位，并推出专卖店以突显品牌特色 |
| 食（蛋糕） | 过生日不再是以蛋糕为主角，更强调以生日宴会等方式创造难忘的体验，花费一百美元 |
| 住（房屋买卖） | 通过推出具有特色的服务，如数字化小区、绿色家园等，给消费者以想象的空间，以吸引顾客的注意力 |
| 行（汽车） | 除了对汽车性能的注重外，更强调汽车与生活、休闲及个性色彩的结合，透过感情及联想的诉求，提供给驾驶者更多的体验空间，以达到销售的目的 |
| 教育 | 学校不再只是上课的唯一场所，以森林小学、户外教学方式提供学生直接的体验，更可建立双向的互动关系 |
| 娱乐 | 强调亲身体验的旅游特性，使用高科技手段造就了各种主题乐园，同时新兴的旅游形态如亲自动手之休闲农场、SPA、度假村等也应运而生 |

资料来源：张吉宏，朱琦文（中国台湾）. 体验经济时代来临对工业区域发展之影响。

## 7.2 顾客满意度指数测评

### 7.2.1 顾客满意度

客户满意度是指客户对企业以及企业产品/服务的满意程度。客户满意度也是客户对企业的一种感受状态，并且在这种感受状态下更容易激发交易行为的发生。

20 世纪 80 年代中期，美国政府建立了“马尔科姆·鲍德里奇国家质量奖”（Malcolm Baldrige National Quality Award），以鼓励企业应用“顾客满意”。这一奖项的设立大大推动了“顾客满意”的发展。当然，它不只是单纯考核企业顾客满意度最终得分，而是测评企业通过以“顾客满意”为中心所引发的一系列进行全面质量管理的衡量体系。IBM、MOTOROLA、FEDEX、先施等都是这一奖项的获得者，但至今为止，全球每年获得这一奖项的企业没有超过五名。

美国消费者心理学家于 1986 年首次提出“顾客满意度”这一科学概念，并提出：顾客满意度是指消费者对企业产品、服务以及其他相关因素的情感体验。

通过某种方法将这种抽象的心理感受用直观的方式表现出来。通过对这种主观感受进行测量，来衡量顾客对产品或者服务受用前后整个过程的感受程度。产品或服务的感知效果与期望值的比值越高说明顾客满意度越高，反之则代表顾客满意度越低。

由于每个人对产品或者服务的期望值不同，也就导致在相同的感知绩效情况下产生的满意程度不同。在客户满意度管理中，要想获得进行客户满意管理的科学依据，必须建立客户满意度来衡量客户满意的不同状态，以便制定相应的营销策略。

### 7.2.2 顾客满意度指数

进入 20 世纪 80 年代后，伴随着瑞典、德国、美国等许多国家建立国家顾客满意度指数 CSI（Customer Satisfaction Index），以及 IBM、Motorola、丰田等世界著名公司纷纷导入顾客满意战略，顾客满意研究发展成为理论学术界、企业界和政府管理部门所共同关注的热点课题。自此，越来越多的企业高度重视顾客满意战略的研究与应用，强调用顾客满意理论指导具体的工作实践，期望通过构建科学的顾客满意管理系统来分析评价和改进工作，提高企业的顾客满意度，提升企业的竞争力。

顾客满意度指数是运用了计量经济学的理论来处理多变量的复杂总体，全面、综合的度量顾客满意程度的一种指标。

顾客满意度指数表明顾客满意程度的综合变动方向和趋势；分析各个因素变动影响的程度；分析复杂现象在较长期间内变化的趋势。

同时，顾客满意度指数还能帮助部门和其他组织为他们的顾客满意工作业绩打分，将顾客满意效果用满意度指数据来衡量，满意度指数既可作为一种诊断手段，也可以将企业的顾客满意效果同竞争对手进行比较。

### 7.2.3　顾客满意度指数模型

1989 年，瑞典最早启用顾客满意度指数（SCSB）。1994 年，SCSB 被引入美国并加以改造，构建了 ACSI。此后，其他一些国家也进行了有关顾客满意度指数的一些探讨，并且也建立一些不同的顾客满意度指数模型。

#### 7.2.3.1　瑞典顾客满意度指数模型

瑞典 SCSB 模型（Sweden Customer Satisfaction Barometer）是最早建立的全国性顾客满意度指数模式。该模型涵盖了 5 个部分：顾客期望和感知绩效这两项属于顾客受自身作用的因变量，顾客满意度是顾客体验消费后形成的结果感受变量，顾客忠诚和顾客抱怨是顾客消费行为过后衍生出来的变量，如图 7-3 所示。

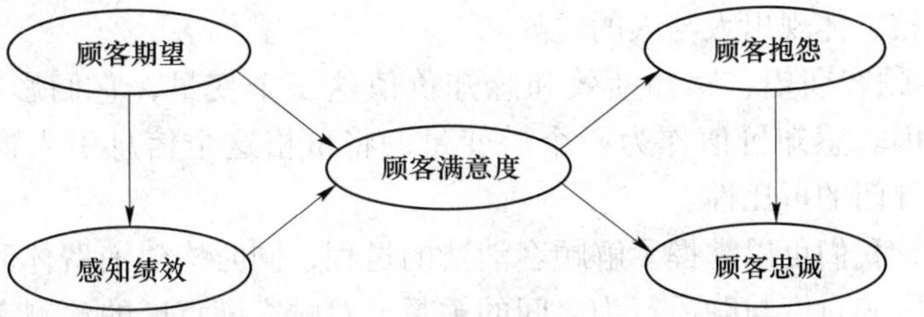


图 7-3　瑞典顾客满意度指数模型

瑞典顾客满意度指数模型提出了顾客满意弹性的概念。顾客满意弹性是指顾客忠诚对顾客满意的敏感性，即顾客满意提高一个百分点，顾客忠诚将提高多少个百分点，这样就可以从量化的角度来研究不同程度的顾客满意对顾客忠诚的影响及其非线性关系。满意度的前导变量有两个：顾客对产品/服务的感知绩效；顾客对产品/服务的期望。满意度的结果变量是顾客报怨和顾客忠诚。忠诚度是模型中最终的因变量，可以作为顾客保留和企业利润的指示器。

对瑞典顾客满意度的相关研究表明，警察、邮政、电话、保险等行业的垄断程度较高，顾客从一家公司转换到另一家公司的成本相对较高，因此顾客满意弹性较低，即顾客满意对顾客忠诚的影响不大；而对于汽车、食品、计算机等行业，顾客从一家公司转换到另一家公司的成本较低，顾客满意弹性较高，顾客忠诚在很大程度上受顾客满意的影响。

7.2.3.2 美国顾客满意度指数模型

在参考瑞典模型的基础上，美国的顾客满意度指数（American Customer Satisfaction Index，ACSI）是由美国密歇根大学商学院国家质量研究中心费耐尔（Fornell）博士等人在SCSB模型的基础上于1994年创建的。

美国顾客满意度指数模型是目前体系最完整、应用效果最好的一个国家顾客满意度理论模型。该模型认为，顾客的满意程度是由顾客对服务质量的期望、对质量的感知以及价值感知共同决定的；如果顾客对服务质量不满意，则会产生抱怨；顾客的忠诚取决于顾客的满意程度和事后抱怨的处理，如图7-4所示。

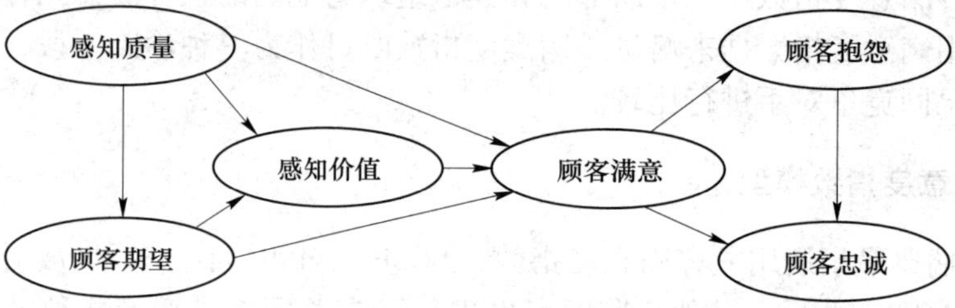


图7-4 美国顾客满意度指数模型

ACSI模型主要创新之处在于增加了一个潜在变量——感知质量（如果去掉感知质量及与其相关的路径，ACSI模型几乎可以完全还原为SCSB模型），将质量感知从价值感知中分离出来。

在ACSI体系中，所有不同的企业、行业及部门间的顾客满意度是一致衡量并且可以进行比较的。它不仅让顾客满意度能在不同产品和行业之间比较，还能在同一产品的不同顾客之间进行比较，体现出人与人的差异。

ACSI提出了顾客期望、感知绩效和感知价值这三个变量，它们影响顾客的满意度，是顾客满意的前因。感知价值作为一个潜变量，将价格这个信息引入模型，增加了跨企业、跨行业、跨部门的可比性。

通过该模型，我们可以掌握了解顾客消费的过程，同时构建消费体验与满意度之间的关系，体现了顾客满意度与购后行为之间的关系，对顾客满意度的预测有着显著的效果。

7.2.3.3 欧洲顾客满意度指数模型

在瑞典顾客满意指数模型和美国顾客满意指数模型的基础上，由欧洲质量组织和欧洲质量管理基金会等共同资助完成，建立了欧洲顾客满意指数（ECSI）模型，如图7-5所示。ECSI模型继承了ACSI模型的基本架构和一些核心概念，如顾客期望、感知质量、感知价值、顾客满意以及顾客忠诚，但又对ACSI进行了修正，主要表现为：

（1）去掉了ACSI模型中顾客抱怨这个潜在变量。因为许多国家的顾客投诉系统已经比较完备。

（2）将顾客的感知质量拆解成硬件和软件性质两个层面，增添了企业形象这一客观变量，删除了顾客抱怨这一结果变量，保留了其他的变量。

（3）ECSI模型增加了另一个潜在变量——企业形象。企业的形象会在某种程度上影

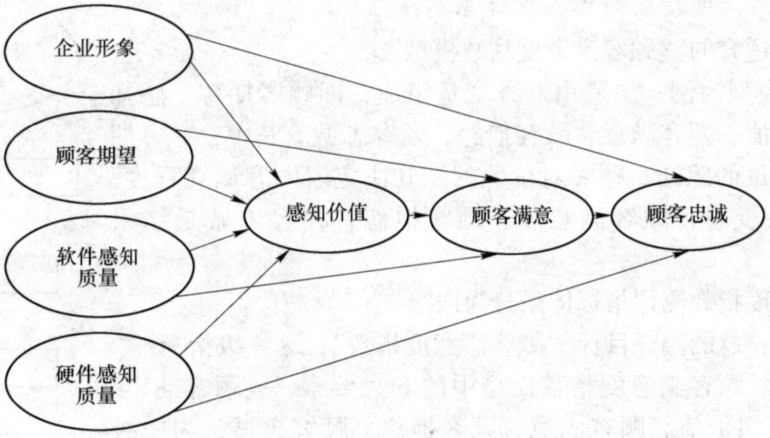


图 7-5 欧洲顾客满意度指数模型

响顾客对企业的期望价值，进而影响顾客的满意程度。该模型强调不仅要对产品本身作出评价，更要对提供过程中各服务作出评价。

7.2.3.4 中国顾客满意度指数模型

中国顾客满意度指数（CCSI）是在学习借鉴美国顾客满意度指数（ACSI）基础上，根据中国国情对模型结构和测评指标体系进行必要的改造后而建立起来的具有中国特色的质量测评方法，并且我国一些地区和某些行业也在积极实施顾客满意指数测评工作。

清华大学中国企业研究中心构建的顾客满意度指数模型（CCSI），是在 ACSI 的基础上构建的，模型包括品牌形象、预期质量、感知质量、感知价值、顾客满意度、顾客抱怨、顾客忠诚 7 个结构变量，如图 7-6 所示。

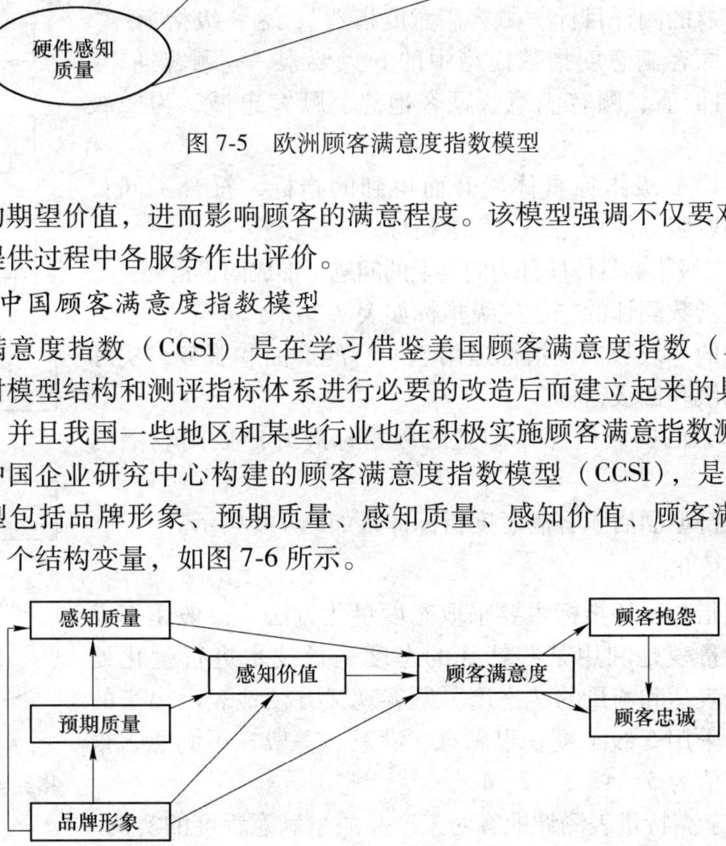


图 7-6 清华大学提出的 CCSI 结构模型

我国其他专家和学者经过长期的研究和实证之后，也建立了适合中国国情的顾客满意度指数模型，在这里不进行一一论述了。

## 7.2.4 顾客满意度指数测评的步骤和意义

7.2.4.1 顾客满意度指数测评的步骤

测评企业客户满意度，需要进行测评指标的设计以及测评权重模型的设计，抽样并问卷调查，以及数据处理等过程，才能得到结果，为企业提高客户满意度，赢得客户，赢得市场，增强企业的竞争力提供了理论依据，具体步骤如图 7-7 所示。

A　顾客满意度指数测评指标体系的建立

首先建立适合的“顾客满意度指数模型”。

以ACSI模型为例，主要由6种变量组成，即顾客期望、感知质量、感知价值、顾客满意、顾客抱怨、顾客忠诚。其中，顾客期望、顾客对质量的感知、顾客对价值的感知决定着顾客满意程度，是系统的输入变量；顾客满意度、顾客抱怨、顾客忠诚是结果变量。

顾客满意度指数测评指标体系分为四级：

第一层次：总的测评目标“顾客满意度指数”，为一级指标；

第二层次：顾客满意度指数模型中的6大要素——顾客期望、感知质量、感知价值、顾客满意、顾客抱怨、顾客忠诚，为二级指标；

第三层次：由二级指标具体展开而得到的指标，符合不同行业、企业、产品或服务的特点，为三级指标；

第四层次：三级指标具体展开为问卷上的问题，形成四级指标。

顾客满意度指数测评的二、三级指标如表7-2所示。

测评体系中的一级和二级指标适用于所有的产品和服务，实际上要研究的是三级和四级指标。

测评指标体系的四级指标（即把三级指标展开形成问卷上的问题）。

例如：某经济型酒店顾客满意度指标体系如图7-8所示。

B　指标的量化

顾客满意度指数测评指标主要采取态度量化方法。一般用李克特量表。李克特量表是利用某些特殊的态度测量技术进行量化处理，使那些难于表达和衡量的“态度”既客观又方便地表示出来的测量工具。一般采用5级态度，很满意、满意、一般、不满意、很不满意，相应赋值为5、4、3、2、1。

表7-3是用李克特量表测评顾客对某产品质量满意程度的实例。

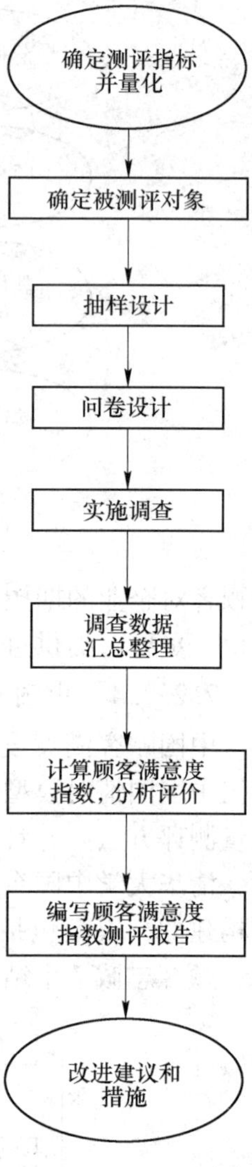


图7-7　顾客满意度指数测评的工作流程

**表7-2　顾客满意度指数测评的二、三级指标**

| 二级指标 | 三　级　指　标 |
| --- | --- |
| 顾客期望 | 顾客对产品或服务的质量的总体期望；<br>顾客对产品或服务满足需求程度的期望；<br>顾客对产品或服务质量可靠性的期望 |
| 感知质量 | 顾客对产品或服务质量的总体评价；<br>顾客对产品或服务质量满足需求程度的评价；<br>顾客对产品或服务质量可靠性的评价 |
| 感知价值 | 给定价格条件下顾客对质量级别的评价；<br>给定质量条件下顾客对价格级别的评价；<br>顾客对总价值的感知 |

续表 7-2

| 二级指标 | 三 级 指 标 |
|---|---|
| 顾客满意 | 总体满意度；<br>感知与期望的比较 |
| 顾客抱怨 | 顾客抱怨；<br>顾客投诉情况 |
| 顾客忠诚 | 重复购买的可能性；<br>能承受的涨价幅度；<br>能抵制的竞争对手降价幅度 |

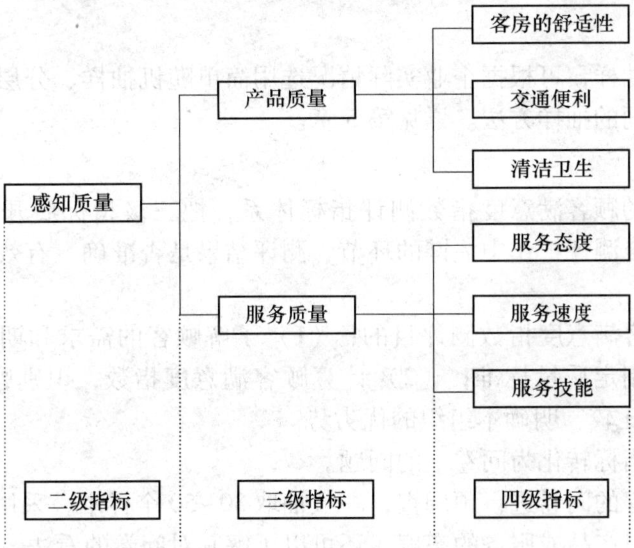


图 7-8 某经济型酒店顾客满意度指标体系

**表 7-3 李克特量表测评顾客对某产品质量满意程度**

| 测评指标 | 很满意 | 满意 | 一般 | 不满意 | 很不满意 |
|---|---|---|---|---|---|
| 产品包装 | □ | □ | □ | □ | □ |
| 产品外观 | □ | □ | □ | □ | □ |
| 稳定性 | □ | □ | □ | □ | □ |
| 耐用性 | □ | □ | □ | □ | □ |
| 安全性 | □ | □ | □ | □ | □ |

每项指标在测评体系中的重要性不同，需要赋予不同的权数，即加权。加权方法除了主观赋权法以外，有直接比较法、对偶比较法、德尔菲法、层次分析法，企业可以依据测评人员的经验和专业知识选择适用的方法。

C 确定被测评对象

顾客可以是企业外部的顾客，也可以是内部的顾客，如表 7-4 所示。

**表 7-4　识别和确定顾客**

| 组织的内部顾客 | 组织的外部顾客 |
|---|---|
| 组织内部的受益者（全体员工）<br>√　上下级关系顾客<br>√　平行职能关系顾客<br>√　流程关系顾客（前后的过程或上下道工序关系） | 组织外部的受益者<br>√　供应商<br>√　投资者<br>√　经销者<br>√　消费者<br>√　最终使用者 |

对外部顾客可以按照社会人口特征（性别、年龄、文化程度、职业、居住地等）、消费行为特征（即心理和行为特征）、购买经历来分类。

所以应该先确定要调查的顾客群体，以便针对性地设计问卷。

D　抽样设计

一般进行随机抽样，可根据企业实际情况选用简单随机抽样、分层抽样、等距抽样和多级混合抽样等不同的抽样方法。详见第 5 章。

E　问卷设计

按照已经建立的顾客满意度指数测评指标体系，把三级指标展开，成为问卷上的问题。问卷设计是整个测评工作中关键的环节，测评结果是否准确、有效，很大程度上取决于此。

首先，明确顾客满意度指数测评目的：（1）了解顾客的需求和期望，调查顾客对质量、价值的感知，制定质量标准；（2）计算顾客满意度指数，识别顾客对产品的态度；（3）通过与竞争者比较，明确本组织的优劣势。

其次，将四级指标转化为问卷上的问题。

最后，对设计好的问卷进行预调查，一般抽取 30~50 个样本，采用面谈或电话采访形式，除了了解顾客对产品或服务的态度，还可以了解其对问卷的看法，进行修改。

**【例 7-2】**“滴滴打车”软件调查问卷。

尊敬的先生/女士，您好！感谢您在百忙之中填写这份问卷。本调查的目的是想了解您对“滴滴打车”软件的一些看法及感受，您的帮助对我们的调查有着非常重要的意义。此次调查是匿名的，对您的信息严格保密，请您放心作答，您的回答将只用于课程学习，绝不会以任何形式向他人公开。

1. 您的年龄？(单选题 *必答)

　○ 20 岁以下

　○ 20~40 岁

　○ 41~60 岁

　○ 60 岁以上

2. 您的性别？(单选题 *必答)

　○ 男

　○ 女

3. 您所在的城市打车是否方便？(单选题 *必答)

　○ 非常方便

○ 比较方便
○ 一般
○ 比较不方便
○ 非常不方便

4. 您每个月打的的频率是多少？(单选题 *必答)
○ 0~5 次
○ 6~10 次
○ 11~15 次
○ 16 次以上

5. 提到打车软件，你首先会想到以下哪一个？(单选题 *必答)
○ 滴滴打车
○ 快的打车
○ 摇摇招车
○ 都想不到

6. 假如您在出租车上看见或者出租车司机向您推荐“滴滴打车”您会去了解使用吗？(单选题 *必答)
○ 会
○ 不会

7. 您在使用“滴滴打车”时通常是通过何种方式支付车费？(单选题 *必答)
○ 全额微信
○ 全额现金支付
○ 能免单的部分微信/平台支付，其他现金支付
○ 其他

8. 如果您在乘坐出租车不方便的地方需要打车或者有急事需要打车，您愿意为此支付小费吗？(单选题 *必答)
○ 愿意
○ 不愿意

9. 如果用滴滴打车软件打车，出租车可以在 5 分钟出现在您的面前而且价格便宜，您是否会选择使用该软件？(单选题 *必答)
○ 一定使用
○ 可能使用
○ 不确定
○ 可能不会使用
○ 一定不会使用

10. 如果“滴滴打车”取消车费部分免单活动，您还愿意继续使用该软件吗？(单选题 *必答)
○ 愿意继续使用
○ 难打车或者有急事需打车时愿意，平时不愿意
○ 完全不愿意继续使用

F 实施调查

内部顾客满意度的调查方法常见的有：（1）问卷调查；（2）不记名意见箱（实物的信箱或电子邮箱）；（3）面谈访问。

对外部顾客满意度的问卷调查，较常用的方法是：

（1）面谈访问。可以与一个被访者面谈，也可以与几个被访者集体面谈。调查可以比较深入，但人力成本高，面不够广，且易受调查人员的素质水平影响，客观性不强。

（2）邮寄问卷调查。范围较广，但回收率低，且时间拖得很长。

（3）电话调查。比较直接、快捷，但受时间限制，调查不太能深入。

（4）电子邮件调查。把问卷以附件的形式发送给用户，让客户在电脑上填写回复邮件。

（5）Internet 网上或手机 APP 调查。在公司主页手机 APP 上放置调查问卷，访问者直接填写，提交就可以。如 Sony 公司的主页上就放置了一份调查问卷。

G 调查数据汇总整理

收集问卷后，应统计每个问题的每项回答的人数（频数），及其所占被访者总数的百分比（频率），并以图示方式直观地表示出来。

另外，还应了解问卷设置的测评指标对总体评价的影响程度。如果设定总体评价≥80 的为满意评价，<80 的为非满意评价，可以分析单项测评指标的频数和频率对总体评价有何影响。如服务态度测评频率高时，是否总体评价偏向“满意”，反之，偏向“不满意”。

H 计算顾客满意度指数，分析评价

可以采用加权平均的方法计算顾客满意度指数。

$$CSI = \sum \lambda_i x_i$$

式中 $CSI$——顾客满意度指数

$\lambda_i$——第 $i$ 项指标的加权系数

$x_i$——顾客对第 $i$ 项指标的评价

例如：共发放调查问卷 350 份，回收 350 份，回收率 100%。在对发放的调查问卷计算整理后，得到表 7-5 数据。

**表 7-5 产品满意度计算数据**

| 测评指标 | 加权系数 $\lambda_i$ | 均值 $x_i$ |
|---|---|---|
| 质量可靠性 | 0.3 | 86.4 |
| 产品性能 | 0.25 | 94.9 |
| 耐用性 | 0.2 | 85.5 |
| 价格 | 0.15 | 83.6 |
| 服务 | 0.1 | 92.7 |

则顾客满意度指数为：

$$CSI = \sum \lambda_i x_i$$

$$= 0.3 \times 86.4 + 0.25 \times 94.9 + 0.2 \times 85.5 + 0.15 \times 83.6 + 0.1 \times 92.7$$
$$= 88.555$$

I 编写顾客满意度指数测评报告

顾客满意度测评报告的一般格式是：题目、报告摘要、基本情况介绍、正文、改进建议、附件。

正文内容包括：测评的背景、测评指标设定、问卷设计检验、数据整理分析、测评结果及分析。

J 测评结果分析及改进建议

根据顾客满意度指数的测评结果分析，提出并制定提高顾客满意度的改进建议和措施。

7.2.4.2 顾客满意度指数测评的意义

顾客满意度指数测评对企业的意义表现在以下几个方面：

(1) 调整企业经营战略，提高经营绩效。通过顾客满意度指数测评，可以使企业尽快适应从“卖方”市场向“买方”市场的转变，意识到顾客处于主导地位，确立“以顾客为关注焦点”的经营战略。在提高顾客满意度、追求顾客忠诚的过程中显著提高经营绩效。

(2) 塑造新型企业文化，提升员工整体素质。外部顾客满意度测评使员工了解顾客对产品的需求和期望，了解竞争对手与本企业所处的地位，感受到顾客对产品或服务的不满和抱怨，这使员工更能融入企业文化氛围，增强责任感。内部顾客满意度测评使员工的需求和期望被企业管理层了解，可以建立更科学完善的激励机制和管理机制，最大限度发挥员工的积极性和创造性。

(3) 促进产品创新，利于产品/服务的持续改进。顾客满意度测评使企业明确产品或服务存在的亟须解决的问题，并识别顾客隐含的、潜在的需求，利于产品创新和持续改进。

(4) 增强企业竞争力。经营战略、企业文化和员工队伍的改善，创新机制的推进，显著增强企业的适应能力和应变能力，提高市场经济体制下的竞争能力。

## 7.3 顾 客 忠 诚

随着消费市场竞争的日趋激烈与顾客争夺成本的提高，培养和维护忠诚的顾客群体已经成为企业市场制胜的重要策略，顾客忠诚管理应运而生。在市场竞争的外在压力下，研究影响顾客忠诚管理的因素，从而制定与实施顾客管理，为顾客提供综合性、差异化的服务，履行高度的顾客承诺，是企业保持与顾客长期、双向互动关系的重要保障。

### 7.3.1 顾客忠诚概述

7.3.1.1 顾客忠诚的概念

在营销实践中，顾客忠诚（Customer Loyalty）被定义为顾客购买行为的连续性。它是指客户对企业产品或服务的依赖和认可、坚持长期购买和使用该企业产品或服务所表现出的在思想和情感上的一种高度信任和忠诚的程度，是客户对企业产品在长期竞争中所表现出的优势的综合评价。

顾客忠诚实质上是顾客与企业之间的一种长期持久的关系，并体现为行为和态度两个层面的忠诚。

（1）从行为层面看，顾客忠诚被定义为客户对产品或服务所承诺重复购买的一种行为，这种形式的忠诚可以通过诸如购买份额、购买频率等指标来测量。

（2）从态度层面看，顾客忠诚被视为对产品或服务的一种偏好和依赖，不仅要考虑客户的实际购买行为，还需要分析客户的潜在状态或偏好，测量指标有购买意愿、偏好程度等，如图 7-9 所示。

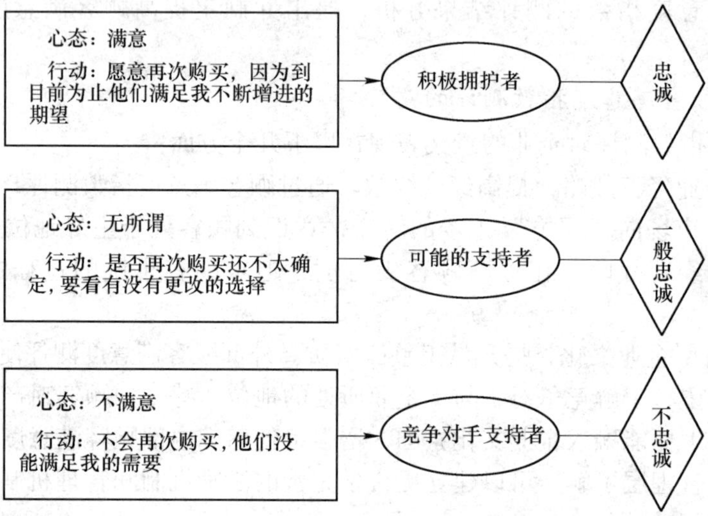


图 7-9　客户忠诚的心态角度

因此，我们可以得出判断顾客忠诚的标准：

（1）再购买的意向。它是指顾客对某一既定产品或服务的未来购买意向，尽管这只是顾客将来行为的预示，并不具有确定性。但顾客的再购买周期仍可起到反映顾客将来行为指示器的作用。企业可以将顾客购买意向和顾客满意联系起来，作为制定顾客战略的依据。

（2）实际再购买行为。实际再购买行为可以分为近期购买、频繁购买、大量购买、固定购买和长期购买五种，其中近期购买、频繁购买和大量购买是衡量顾客忠诚度较好的标志。顾客实际再购买行为为企业提供了反映整个市场份额的个别信息，可以用来预示企业长期变化。

（3）顾客的选择、认可和口碑等从属行为。顾客的选择、认可和口碑，即“是否会将该产品或服务推荐给别人?”和“是否会再次购买该产品或服务?”其中口碑是大多数产品或服务赢取新顾客的最重要的因素之一。从属行为将极大地影响着单个顾客的积极体验。

（4）超强的信任关系。企业和顾客之间建立长期的、稳固的相互信任关系，也是企业判断顾客忠诚的重要尺度。

7.3.1.2 顾客忠诚的类型

对于顾客忠诚，不同的学者对顾客忠诚的维度的划分及研究方向不同，划分为不同类型。

Jill Griffin 根据前人的研究，将“行为取向”和“态度取向”两个维度相结合，把顾客忠诚分为以下四种类型，如图 7-10 所示。

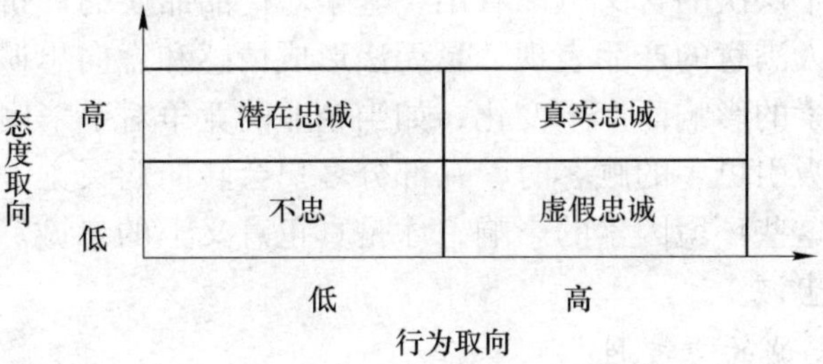


图 7-10 顾客忠诚类型

(1) 真实忠诚：高重复购买行为伴随着高留恋态度取向，是“行为取向”和“态度取向”的最佳匹配。

(2) 潜在忠诚：低重复购买行为伴随着高留恋态度取向。这是由于情景因素、行为规范等非态度因素超过了态度取向的作用，妨碍了顾客的购买频率。

(3) 虚假忠诚：高重复购买行为伴随着低留恋态度取向。这是由于便利的位置、市场垄断等非态度因素超过了态度取向的作用，产生了高频度的购买行为。

(4) 不忠诚：低重复购买行为伴随着低留恋态度取向，表明缺乏忠诚。

Kathleen Sindell 进一步把虚假忠诚划分为垄断忠诚、惰性忠诚、潜在忠诚、方便忠诚、价格忠诚和激励忠诚；不忠诚者是指低留恋态度取向伴随着低重复购买行为，表明缺乏忠诚。

理查德·奥利弗教授把顾客忠诚定义为“对自己偏爱的产品和服务具有的、未来持续购买的强烈愿望，以及将其付诸实践进行重复购买的顾客意愿”，并进一步根据顾客忠诚的形成过程把忠诚划分为认知忠诚、情感忠诚、意愿忠诚和行为忠诚四大类。

7.3.1.3 顾客忠诚的层次

世界营销专家理查德·奥利弗教授把顾客忠诚划分为认知忠诚、情感忠诚、意向忠诚和行为忠诚四种，这四种客户忠诚有着以下一些特点：

(1) 认知忠诚。直接基于产品和服务而形成的最浅层次的忠诚，是顾客对这种产品和服务的认可，或者说这种产品正好满足了顾客个性化的需求，这种信任居于基础层面，它可能会因兴趣、环境等因素的变化而转移。

(2) 情感忠诚。在使用产品和服务后，获得持续满意的顾客形成对产品和服务的偏爱，这种偏爱使顾客较少关注竞争对手的产品，从而使企业在竞争中处于有利地位，竞争对手必须付出更多的努力才能取胜。

例如：可口可乐代表着美国所有的精华，喝一瓶可口可乐就等于把这些美国精神灌注体内，可口可乐则不是简单的可乐了，它是美国的化身，所蕴含的是一种美国精神，已经深深地融入美国人的生活之中。

（3）意向忠诚。这是指顾客在下次选择购买产品时，对具有情感性忠诚的品牌会优先考虑，这说明顾客的情感性忠诚已经开始影响顾客的选择。

（4）行为忠诚。这是顾客忠诚的最高阶段，顾客愿意克服种种障碍实现对特定品牌的产品购买。只有在企业提供的产品和服务成为顾客不可或缺的需要和享受时，行为忠诚才会成为现实。

从客户忠诚的各个层次的含义可以看出，基于对产品品质的评价才能打开通向忠诚的大门，因此，没有令人满意的产品表现，是无法形成情感和意向忠诚的。但前面三个层次的忠诚，易受环境因素的影响而产生变化，如当企业的竞争对手采用降低产品（服务）的价格等促销手段，以吸引更多的顾客时，一部分客户会转向购买竞争对手的产品（服务），而行为忠诚则不易受这些环境因素的影响，才是真正意义上的忠诚。因此，企业要培育的正是这一层次的顾客忠诚。

#### 7.3.1.4　顾客忠诚的重要性

顾客忠诚对于企业生存和发展的经济学意义是非常重要的。获得新顾客需要付出成本，特别在供过于求的市场态势下，这种成本将会越来越昂贵。但新顾客对于企业的贡献却是非常微薄的，在有些行业，新顾客在短期内甚至是无法向企业提供利润的。相比之下，老顾客（忠诚顾客）对于企业的贡献却是令人瞠目的：赖克尔德和萨塞曾经对许多服务行业进行了长时间的观察分析。他们发现顾客忠诚度在决定利润方面比市场份额更加重要。在他们所分析的服务行业中，当顾客忠诚度上升 5 个百分点时，利润上升的幅度将达到 25%到 85%！同时，企业为老顾客提供服务的成本是逐年下降的。更为重要的是，忠诚的顾客成为“传道者”，努力向其他人推荐企业的服务，并愿意为其所接受的服务支付较高的价格（溢价）。因此，忠诚顾客是企业竞争力重要的决定因素，更是企业长期利润最重要的源泉。

**【例 7-3】**　史密斯女士是个 60 岁左右的单身女性，她每周都在附近的杰克超市花 50 美元购买一些日常的生活用品。近来她对杰克超市的服务越来越不满意：超市拒绝提供给她一些并不过分的购物方便，付账时收银员总是与别人聊天，用信用卡付账时居然还要查她的身份证。当她为考验超市的服务态度，购买了很多东西时，收银员却连“欢迎光临，感谢惠顾”都不说。史密斯女士感到超市根本不在乎她的存在，终于决定离开杰克超市。

以下就是史密斯女士的离开可能带来的损失：

（1）每周 50 美元的销售额；

（2）一个长期居住此地的顾客的销售额：50 美元×52 周（每年）×10 年（约数）；

（3）她对生活圈子中 10 至 20 人的口碑宣传；

（4）对其中至少一半人的消费产生的影响；

（5）这些人对于周围至少 5 个人的再影响；

（6）受影响的人中会有四分之一不再来进行消费；

（7）这四分之一的顾客 10 年的销售额。

### 7.3.2　顾客满意与顾客忠诚

市场激烈竞争的结果，使得许多产品或服务在品质方面的区别越来越小。这种产品的同质化结果，使产品的品质不再是客户消费选择的主要标准，客户越来越看重厂商能否满足其个性化的需求和能否为其提供高质量与及时的服务，这样对客户满意和忠诚进行研究的工作便越来越重要了。

从顾客满意和顾客忠诚的定义，我们可以得出，顾客满意是一种期望（或者说预期）与可感知效果比较的结果，它是一种顾客心理反应，而不是一种行为。而顾客忠诚是顾客的一种行为，衡量忠诚的唯一尺度就是顾客是否重复地购买企业的产品或者服务，没有其他的尺度。

因此，客户满意和客户忠诚的关系归纳如下：

客户满意和客户忠诚是一对相互关联的概念，但两个概念有着明显的不同，如表 7-6 所示。实际上，客户满意是客户需求被满足后的愉悦感，是一种心理活动。客户满意度与态度相关联，争取客户满意的目的是尝试改变客户对产品或服务的态度；而忠诚客户所表现出来的却是购买行为，并且是有目的性的、经过思考而决定的购买行为。忠诚的客户群体是一个相对稳定的动态平衡。从来没有永远的忠诚，企业无法买到客户的忠诚，只能增加客户的忠诚。

**表 7-6　客户满意和客户忠诚的区别**

| 项　目 | 客户满意 | 客户忠诚 |
| --- | --- | --- |
| 比较的对象 | 过去期望与现实的感知效果 | 现实期望与预期利益 |
| 表现形式 | 心理感受 | 行为选择 |
| 可观察程度 | 内隐的 | 外显的 |
| 受竞争对手影响程度 | 影响小 | 影响大 |

（1）客户满意不等于客户忠诚。客户满意是一种心理的满足，是客户在消费后所表露出的态度；但客户的忠诚是一种持续交易的行为，是为促进客户重复购买的发生。衡量客户忠诚的主要指标是客户保持度，即描述企业和客户关系维系时间长度的量；客户占有率，即客户将预算花费在该公司的比率。有资料表明，仅仅有客户的满意还不够，当出现更好的产品供应商时，大客户可能会更换供应商。

例如：最近的一个调查发现，大约 25%的手机用户为了保留他们的电话号码，会容忍当前签约运营商不完善的服务而不会转签别的运营商，但如果有一天，他们在转约的同时可以保留原来的号码，相信他们一定会马上行动。

（2）客户忠诚是客户满意的升华。客户满意是一种心理程度的满足，是客户消费之后所表达出的态度；客户忠诚出自客户满意的概念，客户忠诚则可以促进客户重复购买的发生，是一种后续的、持续的交易行为，对于大多数企业来说，客户的忠诚才是更重要的，是更需要关注的，根本目的。

据美国市场营销协会顾客满意度手册所列数据显示：每 100 个满意的顾客会带来 25 个新顾客；获得一个新顾客的成本是保持一个满意顾客成本的五倍；企业 70%的利润来源于 20%甚至更少比例的客户（即忠诚顾客）；客户流失减少 50%将使利润提高 25%～75%。这足以显示顾客忠诚对于企业的重要价值。

（3）客户忠诚比客户满意更有价值。在新的竞争环境下，企业越来越重视与顾客建立更有价值的关系。许多企业将客户满意与客户忠诚混淆使用，使得企业的客户关系管理步入了误区。在竞争日趋激烈、以客户为导向的市场环境中，越来越多的公司持续追逐客户满意度的提升，并且大多数时候，很多企业追逐的成效并不尽如人意。并且企业如果仅仅只是追求客户满意度，在某种程度上往往并不能解决最终问题。因为大多数时候，他们发现，尽管企业的客户满意程度提高了，但企业的获利能力并没有立即获得改善，企业利润并没有得到增加。这中间的关键就是企业没有使得客户对企业的满意上升到对企业的忠诚。满意的客户并不一定能保证他们始终会对企业忠诚，满意的客户并不一定会因此产生重复购买的行为而给企业带来价值。

因此，顾客满意是顾客忠诚的前提，没有满意的顾客便不会有顾客对企业的绝对忠诚，满意的顾客不一定是忠诚的顾客，而绝对忠诚的顾客一定是满意的顾客。

### 7.3.3 提高顾客忠诚度的措施

要提高客户的忠诚度，最终保留客户，可以从下面几个方面入手：

（1）建立顾客数据库。为提高顾客忠诚而建立的数据库应具备以下特征：

1）一个动态的、整合的顾客管理和查询系统；

2）一个忠诚顾客识别系统；

3）一个顾客流失显示系统；

4）一个顾客购买行为参考系统。

企业运用顾客数据库，可以使每一个服务人员在为顾客提供产品和服务的时候，明了顾客的偏好和习惯购买行为，从而提供更具针对性的个性化服务。

建立和管理顾客数据库本身只是一种手段，而不是目的。企业的目的是将顾客资料转变为有效的营销决策支持信息和顾客知识，进而转化为竞争优势。企业的实践证明，企业利润的80%来自于其20%的顾客。只有与核心顾客建立关系，企业稀缺的营销资源才会得到最有效的配置和利用，从而明显地提高企业的获利能力。

以瑞典银行为例，经过长时间的观察，瑞典银行组织发现，在银行的全部客户中，真正能为银行创造利润的只有20%的客户，而其余的80%的客户基本上对银行的发展起不到什么作用。最让银行感到不安的是这20%的大财主们对银行的服务很不满意，他们一直在和银行保持着若即若离的关系。于是，银行组织决定为这20%的“大财主”提供特殊的礼遇，开始努力改善对可盈利客户的服务。虽然此举让银行失去了一部分客户，但却增加了可盈利客户与银行的往来，银行的总营业额却在上升，取得了极好的成果。

（2）不断提高产品质量。优质产品是顾客对产品忠诚的前提条件，可靠的产品质量是建立忠诚的根本保障，高质量的产品本身就是出色的推销员和维系老顾客的强力凝固剂。产品质量应该以顾客的需求为起点，以顾客的认知为终点。产品是否优秀是使用者评判的。

（3）超越顾客期望，提高顾客满意度。顾客的期望是指顾客希望企业提供的产品和服务能满足其需要的水平，达到了这一期望，顾客会感到满意，否则，顾客就会不满。所谓超越顾客期望，是指企业不仅能够达到顾客的期望，而且还能提供更完美、更关心顾客的产品和服务，超过顾客预期的要求，使之得到意想不到的、甚至感到惊喜的服务和好处，获得更高层次上的满足，从而对企业产生一种情感上的满意，发展成稳定的忠诚顾客群。

（4）正确对待顾客投诉。要与顾客建立长期的相互信任的伙伴关系，就要善于处理顾客抱怨。有些企业的员工在顾客投诉时常常表现出不耐烦、不欢迎，甚至流露出一种反感，其实这是一种非常危险的做法，往往会使企业丧失宝贵的顾客资源。

（5）提高顾客转换成本。一般来说，顾客转换品牌或转换卖主会面临一系列有形或无形的转换成本。对单个顾客而言，转换购买对象需要花费时间和精力重新寻找、了解和接触新产品，放弃原产品所能享受的折扣优惠，改变使用习惯，同时还可能面临一些经济、社会或精神上的风险；对机构购买者，更换使用另一种产品设备则意味着人员再培训和产品重置成本。提高转换成本就是要研究顾客的转换成本，并采取有效措施人为增加其转换成本，以减少顾客退出，保证顾客对本企业产品或服务的重复购买。

（6）提高内部服务质量，重视员工忠诚的培养。哈佛商学院的教授认为，顾客保持率与员工保持率是相互促进的。这是因为企业为顾客提供的产品和服务都是由内部员工完成的，他们的行为及行为结果是顾客评价服务质量的直接来源。一个忠诚的员工会主动关心顾客，热心为顾客提供服务，并为顾客问题得到解决感到高兴。因此，企业在培养顾客忠诚的过程中，除了做好外部市场营销工作外，还要重视内部员工的管理，努力提高员工的满意度和忠诚度。

（7）加强退出管理，减少顾客流失。退出，指顾客不再购买企业的产品或服务，终止与企业的业务关系。正确的做法是及时做好顾客的退出管理工作，认真分析顾客退出的原因，总结经验教训，利用这些信息改进产品和服务，最终与这些顾客重新建立起正常的业务关系。分析顾客退出的原因是一项非常复杂的工作。顾客退出可能是单一因素引起的，也可能是多种因素共同作用的结果。

总之，客户忠诚的提高不是一朝一夕就能做到的，企业即使做了很多这方面的工作也未必有立竿见影的效果，但必须坚持不懈地做下去，因为离开了客户忠诚的企业将不堪一击。

### 7.3.4 案例分析

**【例 7-4】** 星巴克的顾客忠诚。

2017 年初，一条消息令所有北美零售商震动：星巴克用户所有存储在礼品卡和移动应用中的现金超过 12 亿美元，而这一成绩，超过了绝大多数美国银行机构。

在传统零售商中，星巴克将客户忠诚推至前所未有的高度，所有人都将这一成绩归结于其成功的移动支付平台，而事实上，这是其十五年客户忠诚度的长期积累。让我们回顾星巴克数字产品的十五年，看她是如何一步一步成长为数字忠诚的最佳案例之一的。

（1）礼品卡（2001 年）。礼品卡（Gift Card）已经成为美国人生活的一部分，每年超过 1 千亿美元的礼品卡被 93%的美国人购买或使用，平均消费高达每年 213 美元，而回到 2001 年，星巴克是最先推出礼品卡的公司之一。礼品卡的初衷，是希望客户可以将咖啡当作礼品赠送，有趣的是，据调查，只有 25%的客户将礼品卡当作礼品，大多数的客户只是为了结账更快。

因为更多客户将礼品卡和支付结合在一起，这就出现了对于交易的额外需要，而这部分客户恰好又是较为高频光顾的消费者，至此高频交易和交易需求结合在了一起，星巴克为这部分客户提供了许多礼品卡公司难以提供的解决方案：丢失补款。

客户在丢失礼品卡以后可以将礼品卡中的金额找回，毕竟是自己使用，这一特点满足了高频客户对金额的担忧。这使得星巴克的礼品卡受到消费者热捧，2015 年全年，有 50

亿美元的礼品卡被消费者购买，这已经占到了接近25%的全年销售额。

（2）移动支付（2009年）。如果说礼品卡的成功是迎合了高配消费者对于快速交易的需求，那么2009年星巴克首推的移动支付方案，则是进一步的优化——消费者无须取出自己的礼品卡就可以实现支付。

时任星巴克移动支付项目负责人 Benjamin Vigier 一改当时由客户扫码的主流方案，设计了特殊的条码扫描机器，由柜台服务生进行扫码，这一方案在当时甚至受到了很多人的嘲笑，事实上，这一方案在当时是极具超前意识的，早于 Apple 和 Google 公司。

至此，大多数使用礼品卡的消费者找到了更加快速的结账方式，其移动应用的下载量持续上升，但是依然，应用不能称之为完整的移动支付方案，金额仍然存在于某个虚拟礼品卡中，充值行为依然要通过物理礼品卡作为介质，这一情况到了两年后得到了解决。

（3）移动钱包（2011年）。到2011年，星巴克正式宣布消费者可以通过关联信用卡等多种支付方式在移动应用中预存一定量的金额，与此同时，对店面的POS系统进行全面的升级，移动支付全面铺开——2011年1月全美6800家星巴克店全面接受移动支付。

至此，星巴克成为业界为数不多提供“完全移动支付”体验的公司，即充值和支付完全通过手机应用完成。高频用户的支付问题到2011年被全面解决，以移动钱包为应用主体的星巴克 App 也已经趋于稳定，核心功能（支付）积攒了大量高频使用者，接下来，“客户忠诚”终于有机会成为主角，而这离礼品卡推出已经过了10年之久。

同时，用户第一次可以通过移动应用查询到积分情况，而不需要通过访问某个独立的网站（Starbucks Account），客户体验进一步增强。

（4）积分第一（2014年）。在2011年移动应用改版之前，星巴克并没有传统意义上的积分计划（Rewards Program），而采用购买不同级别的会员卡获得优惠，这一设计在星巴克早期大大降低了运营的难度——缺少便捷的支付手段，客户对积分的获取、升级、兑换等就会产生更多要求。而这一情况随着移动支付手段越来越便捷开始发生改观。

2014年的改版，将移动应用的基础转移到积分上，围绕这一衡量忠诚的最佳货币，从2015年开始，星巴克开始了大规模的数字化建设。

（5）忠诚优先与店外体验（2015年）。积分只是用忠诚兑换价值的货币而已，真正的“忠诚优先”体系在价值，而不在货币本身。2015年星巴克的 App 设计者正式提出“忠诚优先（Loyalty First）”的概念，首当其冲的设计改变便是将积分页面隐藏，转而呈现收件箱（Inbox）。

2015年同时推出的 Mobile Order & Pay 更是将客户忠诚推到了全新的高度，从2015年1月起，顾客可以在全美所有店面实现手机下单、店内取单的无缝体验。这个体验的推出，标志着消费者和星巴克品牌的交互并不只发生在店面内，更重要的是：为星巴克更加广泛的产品线提供了销售机会，特别是使个性化推荐成为可能。

（6）十五年的产品闭环。如果我们回顾星巴克十五年来的产品演进过程，我们可以发现一个显著的趋势，那便是逐渐完成“店面—礼品卡—移动应用”的闭环，如图7-11所示。

2001至2009年，大量推广礼品卡作为一种店内的支付手段；2009至2014年，推出基于帮助礼品卡快速支付的移动应用，并逐渐成熟和积累大量开始使用积分的顾客；2014年至今，不断推出服务（例如 Mobile Order & Pay）通过移动应用向店面进行引流。

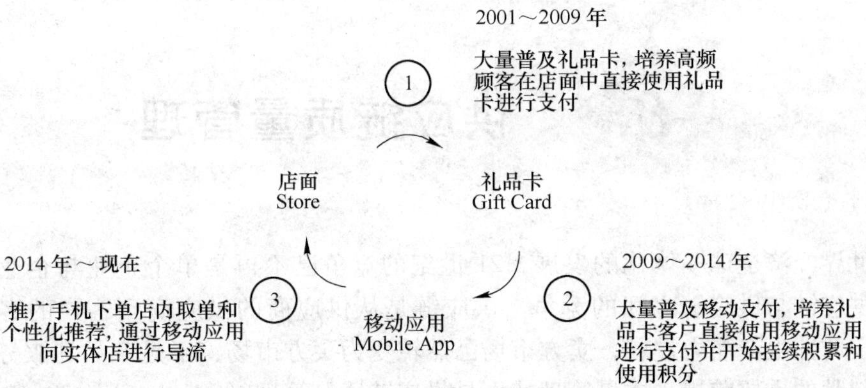


图7-11　星巴克十五年产品闭环

（7）构建生态系统。构建生态系统的理念，早在2007年就被星巴克引入——2007年星巴克和Apple Music合作推出店内的音乐服务，他们发现，咖啡只是更大生活场景的一部分，咖啡之前和咖啡之后，都有更广阔的机会。

在商业场景中，一个典型场景是会议的组织者为参与者准备咖啡，围绕在这个场景中，星巴克将多个需求整合成一个完整的体验，他们和微软Outlook合作，所有通过Outlook发送的会议邀请，都可以通过星巴克插件在安排会议的同时订购咖啡，并在合适的时间进行配送，以往多个操作被集成为一个。

星巴克意识到，咖啡和其店面，可以成为连接其他生态价值的载体，目前它已经初步形成了跨越内容、出行、配送、娱乐等多个领域的生态系统。

如此，由店面、礼品卡、移动应用所组成的“内生态”，开始通过生态创新的方式连接到“外生态”。

经历十五年的努力，星巴克最终形成完整的内外生态。

十五年的努力到今天，星巴克用最简单的创新原则、持续解决客户最高优先级的问题、依此建立基于客户价值的忠诚体系、不断创新和演进服务与产品，并深知技术不是一次性投入。它的成功值得所有期待在传统领域进行数字转型的企业学习。

## 复习思考题

1. 顾客满意的特性是什么？
2. 卡诺模型的五个影响因素是什么？
3. 请画出美国顾客满意度指数模型。
4. 顾客满意度指数测评的步骤是什么？
5. 客户满意和客户忠诚的主要区别有哪些？
6. 提高顾客忠诚度的措施有哪些？

# 8 供应链质量管理

随着世界经济全球一体化的发展，21 世纪的竞争已不再是单个企业与企业之间的竞争，而是供应链与供应链之间的竞争。供应链是从供应商的供应商到客户的客户的价值链。由于全球性生产能力过剩，卖方市场已然转变为买方市场，于是产品和服务的质量就成了竞争制胜的重要前提，质量管理特别是供应链质量管理（Supply Chain Quality Management，SCQM）的优劣直接关系到供应链上每个节点企业的生死存亡。

## 8.1 供应链概述

### 8.1.1 供应链的发展和概念

#### 8.1.1.1 供应链的发展

供应链（Supply Chain）的概念是从扩大的生产概念发展来的，它将企业的生产活动进行了前伸和后延。譬如，日本丰田公司的精益协作方式中就将供应商的活动视为生产活动的有机组成部分而加以控制和协调。这就是向前延伸。后延是指将生产活动延伸至产品的销售和服务阶段。因此，供应链就是通过计划（Plan）、获得（Obtain）、存储（Store）、分销（Distribute）、服务（Serve）等这样一些活动而在顾客和供应商之间形成的一种衔接，从而使企业能满足内外部顾客的需求。

在企业管理中形成了一种“横向一体化”的管理热潮。许多企业将原有的非核心业务外包出去，自己集中资源发展核心能力，通过和相关企业结成战略联盟占据竞争中的主动地位，如图 8-1 所示。

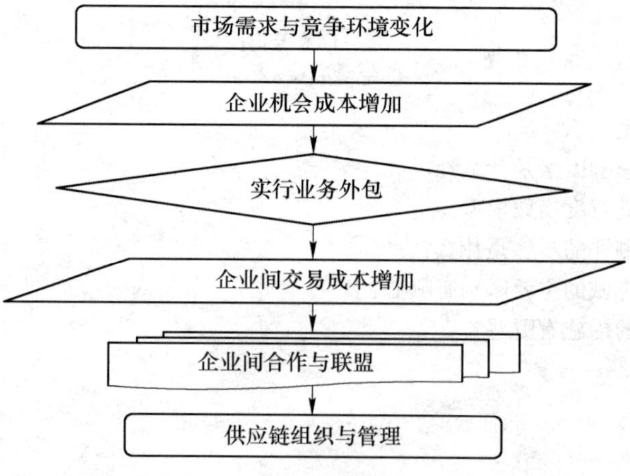


图 8-1　供应链组织的产生原理

供应链包括产品到达顾客手中之前所有参与供应、生产、分配和销售的公司和企业，因此其定义涵盖了销售渠道的概念。供应链对上游的供应者（供应活动）、中间的生产者（制造活动）和运输商（储存运输活动），以及下游的消费者（分销活动）同样重视。

8.1.1.2　供应链的概念

供应链是围绕核心企业，通过对信息流、物流、资金流的控制，从采购原材料开始，制成中间产品以及最终产品，最后由销售网络把产品送到消费者手中的，将供应商、制造商、分销商、零售商，直到最终用户连成一个整体的功能网链结构。它不仅是一条连接供应商到用户的物流链、信息链、资金链，而且是一条增值链，物料在供应链上因加工、包装、运输等过程而增加其价值，给相关企业带来收益。

供应链的上游，是指那些先于最终制造的部分，包括为最终制造提供产品和服务的供应链。例如，在服装制造的供应链中，最初的原料供应商棉花种植者，以及纺纱、织布纺织厂。

供应链下游，涉及供应链最终产品部分，包括产成品提交给最终客户。例如，在服装制造的供应链中，配送网络和销售网络等。

一条供应链的最终目的是满足客户需求，同时实现自己的利润。它包括所有与满足客户需求相关的环节，不仅仅是生产商和供应商，还有运输、仓储、零售和顾客本身。客户需求是供应链的驱动因素，一条供应链正是从客户需求开始，逐步向上延伸的，如图 8-2 所示。

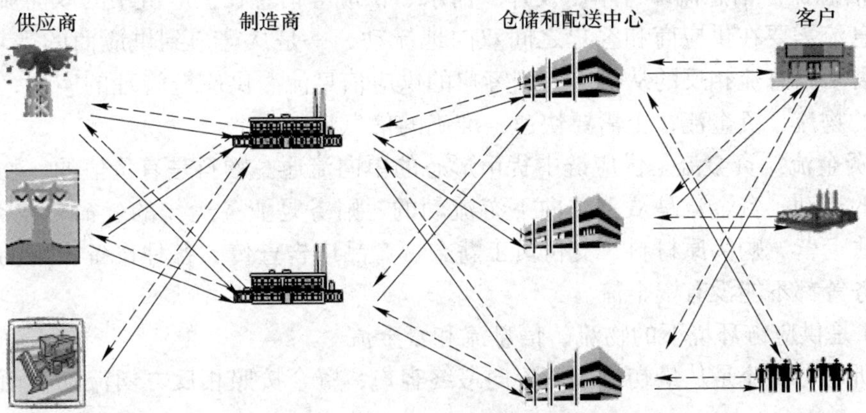


图 8-2　供应链结构示意图

例如，当一个顾客走进沃尔玛的商店去买洗涤剂，供应链就开始于这个顾客对洗涤剂的需求，这个供应链的下一阶段是沃尔玛、运输商、分销商、P&G 生产工厂。一个供应链是动态的，并且包括在不同阶段之间流动的产品流、信息流和资金流。每一个阶段执行不同的过程并且与其他阶段互相作用。沃尔玛提供产品、价格信息给顾客，顾客付款获得产品，沃尔玛再把卖点信息和补货信息给配送中心，配送中心补货给沃尔玛，分销商也提供价格信息和补货到达日期给沃尔玛。同样的信息、物料、资金流在整个供应链过程中发生。洗涤剂的供应链如图 8-3 所示。

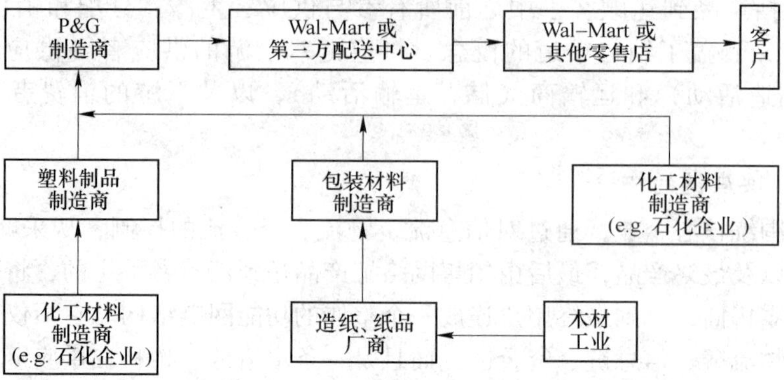


图 8-3 洗涤剂的供应链

8.1.1.3 供应链中的三流

（1）物流。物流即物料或产品从供方开始，沿着各个环节向需求方流动。供应链中的物流从原材料至产成品到最终客户的运动仅仅是一个方向。有关供应链中物流的比较典型的观点认为：供应链中物料的流动由最初的资源通过一系列的转换过程流向配送系统，直至最终客户。

物流管理是供应链三大流管理体系中最重要的组成部分，一般认为，供应链是物流、信息流、资金流的统一体，而物流贯穿于整个供应链的始终，它连接着供应链上各个企业，是企业之间互相合作的纽带。

（2）信息流。信息流即订单、设计、需求、供应等信息在供应链中的双向流动。供应链中的信息流需要在供应商和客户之间双向地流动，一是从客户到供应商的需求信息流，另一是与需求信息流相反的从供应商到客户的供应信息流。供应链管理的实现，不仅需要高效快速的物流、资金流，更需要快速、准确的信息流。

（3）资金流。资金流是供应链中货币形态的单向流通。物料是有价值的，物料流动会引发资金的流动。资金流是从上游向下游流动的。财务是业务运作的生命，没有资金流，企业将无法运营。购买原材料、支付员工薪金、产品广告宣传、各种设备设施的维护，以及维持服务等都不能没有资金流。

图 8-4 是供应链环境下的物流、信息流和资金流。

综上所述，物流是从最初供应商流向最终客户，资金按照相反方向流动，而信息则双向流动。

### 8.1.2 供应链的类型

供应链从不同的角度出发，按不同的标准，可以将供应链划分为不同的类型。

8.1.2.1 平衡的供应链和倾斜的供应链

根据供应链容量与用户需求的关系可以划分为平衡的供应链和倾斜的供应链。一个供应链具有一定的、相对稳定的设备容量和生产能力（所有节点企业能力的综合，包括供应商、制造商、运输商、分销商、零售商等），但用户需求处于不断变化的过程中，当供应链的容量能满足用户需求时，供应链处于平衡状态，而当市场变化加剧，造成供应链成本

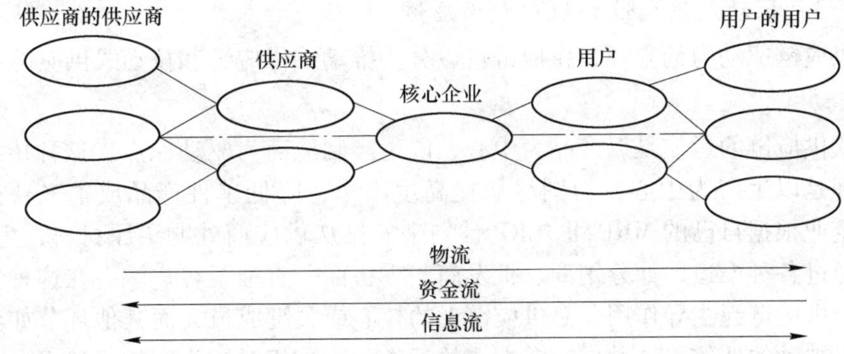


图 8-4 供应链的三流

增加、库存增加、浪费增加等现象时，企业不是在最优状态下运作，供应链则处于倾斜状态。

平衡的供应链可以实现各主要职能（采购/低采购成本、生产/规模效益、分销/低运输成本、市场/产品多样化和财务/资金运转快）之间的均衡。如图 8-5 所示。

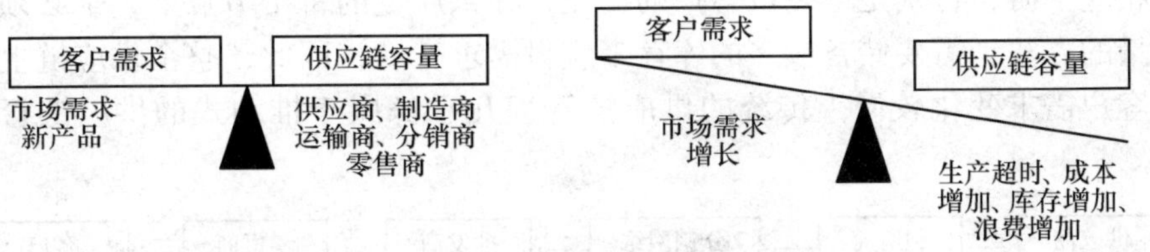


图 8-5 平衡的供应链和倾斜的供应链

8.1.2.2 V 型供应链、A 型供应链和 T 型供应链

按照供应链网络结构，供应链划可分为 V 型供应链、A 型供应链和 T 型供应链。

（1）V 型供应链。V 型供应链是供应链网状结构中最基础的结构。这种供应链以大批量物料存在方式为基础，经过企业加工转换为中间产品，提供给其他企业作为它们的原材料。生产中间产品的企业往往客户要多于供应商，呈发散状。例如，原料经过中间产品的生产和转换，成为工业原材料，如石油、化工、造纸和纺织等企业，这些企业产生种类繁多的产品，满足众多下游客户的需求，从而形成了 V 型供应链。

（2）A 型供应链。当核心企业为供应网络上的最终用户服务时，它的业务本质上是由订单和客户驱动的。在制造、组装和总装时，会遇到一个与 V 型供应链相反的问题，即为了满足相对少数的客户需求和客户订单，需要从大量的供应商手中采购大量的物料。这是一种典型的会聚性的供应链网，即 A 型供应链。这种供应链要加强供应商和制造商之间的密切合作，共同控制库存量。

（3）T 型供应链。介于上述两种模式之间，许多企业通常结成的是 T 型供应链。他们通常根据订单确定通用件，从与自己相似的供应商公司采购大量的物料，通过制造标准化来降低订单的复杂程度，为大量终端客户和合作伙伴提供构件和套件。如医药保健品、电子产品和食品、饮料等行业，以及为总装配提供零部件的公司也同样存在，如为汽车、电子器械和飞机主机厂商提供零配件的企业等。

### 8.1.2.3 推动式供应链和拉动式供应链

按照供应链驱动力的来源，供应链可以分为推动式供应链和拉动式供应链。

A 推动式供应链

推动式供应链的运作是以产品为中心，以生产制造商为驱动原点，这种传统的推动式供应链管理是以生产为中心，力图尽量提高生产率，降低单件产品成本来获得利润。通常，生产企业根据自己的 MRP-Ⅱ/ERP 计划来安排从供应商处购买原材料，生产出产品，并将产品经过各种渠道，如分销商、批发商、零售商一直推至客户端。在这种供应链上生产商对整个供应链起主导作用，是供应链上的核心或关键成员，而其他环节如流通领域的企业则处于被动的地位，这种供应链方式的运作和实施相对较为容易。然而，由于生产商在供应链上远离客户，对客户的需求远不如流通领域的零售商和分销商了解得清楚，这种供应链上企业之间的集成度较低，反应速度慢，在缺乏对客户需求了解的情况下生产出的产品和驱动供应链运作的方向往往是无法匹配和满足客户需求的。

同时，由于无法掌握供应链下游，特别是最末端的客户需求，一旦下游有微小的需求变化，反映到上游时这种变化将被逐级放大，这种效应被称为牛鞭效应。为了对付这种牛鞭效应，相应下游，特别是最终段客户的变化，在供应链的每个节点上，都必须采取提高安全库存量的办法，需要储备较多的库存来应付需求变动，因此，整个供应链上的库存较高，响应客户需求变化较慢。传统的供应链管理几乎都属于推动式的供应链管理。如图 8-6 所示。

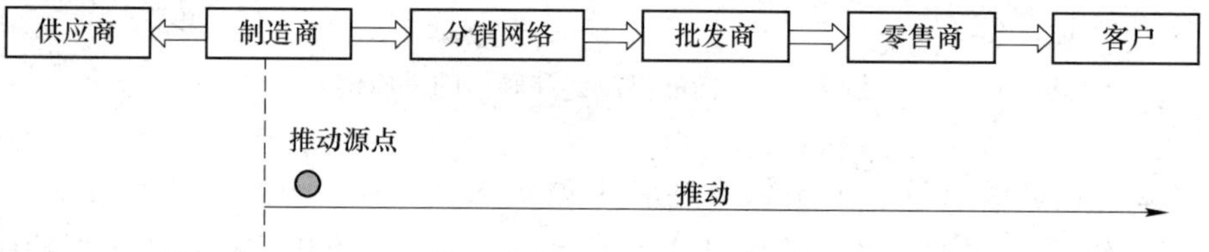


图 8-6 推动式供应链

B 拉动式供应链

拉动式供应链管理的理念是以顾客为中心，通过对市场和客户的实际需求以及对其需求的预测来拉动产品的生产和服务。因此，这种供应链的运作方式和管理被称为拉动式的供应链管理。这种运作和管理需要整个供应链能够更快地跟踪、甚至超前于客户和市场的需求，来提高整个供应链上的产品和资金流通的效率，减少流通过程中不必要的浪费，降低成本，提高市场的适应力，特别是对下游的流通和零售行业，更是要求供应链上的成员间有更强的信息共享、协同、响应和适应能力。

例如，目前采用协同计划、预测和补货（CPFR）策略和系统，来实现对供应链下游成员需求拉动的快速响应，使信息获取更及时，信息集成和共享度更高，数据交换更迅速，缓冲库存量及整个供应链上的库存总量更低，获利能力更强等等。

拉动式供应链虽然整体绩效表现出色，但对供应链上企业的管理和信息化程度要求较高，对整个供应链的集成和协同运作的技术和基础设施要求也较高。

以计算机公司为例，其对计算机市场的预测和计算机的订单是企业一切业务活动的拉动点，生产装配、采购等的计划安排和运作都是以他们为依据和基础进行的，这种典型的面向订单的生产运作可以明显地减少库存积压和个性化和特殊配置需求，并加快资金周转。然而，这种供应链的运作和实施相对较难。其结构原理如图 8-7 所示。

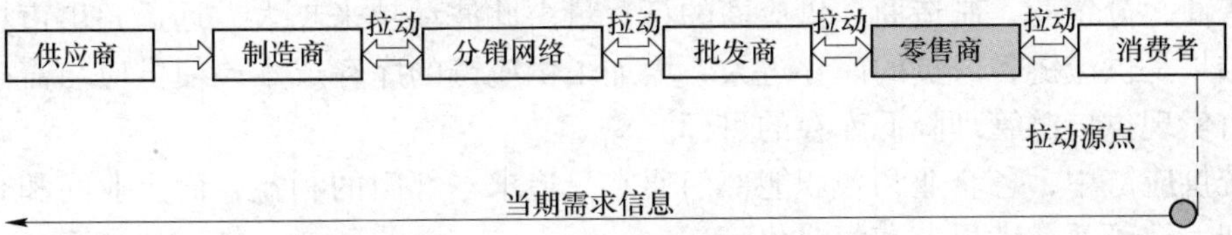


图 8-7　拉动式供应链

但在一个企业内部，对于有些业务流程来说，有时推动式和拉动式方式共存。如戴尔计算机公司的 PC 生产线，既有推动式运作又有拉动式运作，其 PC 装配的起点就是推和拉的分界线，在装配之前的所有流程都是推动式流程，而装配和其后的所有流程是拉动式流程，完全取决于客户订单。这种推拉共存的运作对制定有关供应链设计的战略决策非常有用。例如，供应链管理中的延迟生产策略就很好地体现了这一点，通过对产品设计流程的改进，使推和拉的边界尽可能后延，便可有效地解决大规模生产与大规模个性定制之间的矛盾，在充分利用规模经济的同时实现大批量客户化生产。

## 8.1.3　供应链的牛鞭效应

### 8.1.3.1　牛鞭效应的概念

牛鞭效应是指供应链的产品需求的订货量随着供应链向上游不断波动且放大，结果远远超出最初的预测的消费者需求。也就是说，到达供应链最上游的产品需求量远远大于市场实际需求量的变动。牛鞭效应的具体表现是以订单为载体的需求信息沿着供应链从顾客向零售商、批发商、分销商、制造商、原材料供应商传递的过程中，需求信息的变异会被逐级放大。这种信息扭曲的放大作用在图形显示上很像是一根甩起的赶牛鞭，因此被形象地称为“牛鞭”效应。

最下游的客户端相当于鞭子的根部，而最上游的供应商端相当于鞭子的梢部，在根部的一端只要有一个轻微的抖动，传递到末梢端就会出现很大的波动。在供应链上，这种效应越往上游，变化就越大，距终端客户就越远，影响就越大。达到最源头的供应商时，其获得的需求信息和实际消费市场中的顾客需求信息发生了很大的偏差，需求变异系数比分销商和零售商的需求变异系数大得多。由于这种放大效应的影响，上游供应商往往维持比下游供应商更高的库存水平。这种信息扭曲如果和企业制造过程中不确定因素叠加在一起，将会导致巨大的经济损失。“牛鞭”效应反映出供应链上需求的不同步现象。

### 8.1.3.2　牛鞭效应的形成

零售商根据以往销量，或凭经验或凭一定算法对将来的客户需求进行预测，应该说这时的预测是最接近市场上真实的客户需求的，接着按照自己对顾客需求的预测向批发商发送订单，进行订货补充库存。由于存在订货提前期，零售商在平均需求的基础上，考虑到需求的波动，进而增加安全库存，此时的零售商订单的变动性已经超出了顾客需求初步预测，这是牛鞭效应的第一次波动，需求的失真将从这里开始向上游传递。

批发商不能获知顾客的实际数据，它只能利用零售商已发出的订单进行预测，这样批发商在零售商平均订货量的基础上，又增加了一个风险库存。这里便是牛鞭效应中产品需求第二次波动的放大。

零售商、分销商、制造商、供应商的订货量由此波动越来越大，远远超出市场实际的波动，结果是供应链各成员的库存过大，增加了供应链的库存成本，使供应与需求很难匹配，没有实现供应链管理降低库存的目标。

传统供应链中，各企业和各职能部门通常只追求本部门的利益，而企业间和企业内部部门之间，缺乏系统性思考和集成化管理。

**【例 8-1】** 宝洁公司在研究“尿不湿”的市场需求时发现，该产品的销售数量相对稳定，波动性并不大。但在考察分销中心的订货情况时，却发现其订单的变动程度比销售数量的变动要大得多，而分销中心是根据销售商的订货需求量的汇总进行订货的。通过进一步研究发现，零售商为了能够应付客户需求增加的变化，往往在历史和现实销售情况的预测订货量上，作一定的放大后再向批发商订货，而批发商也出于同样的考虑，进行加量订货。这样，虽然客户需求波动不大，但层层加量订货就将实际需求逐级放大了。

8.1.3.3 牛鞭效应的危害

如果供应链的每一个阶段只是追求各自目标的最优化，而未考虑对整个供应链的影响，应会导致失调，从而使供应链总利润低于协调时可以达到的水平。供应链的每一个阶段在追求自身目标最优化的过程中所采取的行动，最终损害了整条供应链的运营业绩。具体来说，供应链中牛鞭效应的危害主要有以下几方面。

（1）牛鞭效应的直接后果就是超额库存积压。供应链上各节点拥有过量的库存。一般情况下，零售商按照自己对顾客需求的预测向批发商订货，由于存在订货提前期，零售商在考虑平均需求的基础上，增加了安全库存，这样使得零售商订单的变动性比顾客需求的变动性要大。批发商接到零售商订单再向制造商订货，如果批发商不能获知顾客需求的实际数据，它只能利用零售商已发出的订单进行预测，这样批发商在零售商平均订货量的基础上，又增加了一个风险库存，由于零售商订单的变动明显大于顾客需求变动，为了满足与零售商同样的服务水平，批发商被迫持有比零售商更多的安全库存。以此类推，到制造商或供应商处的波动幅度就越来越大。这样，零售商、批发商、制造商、供应商的定购量变动性却越来越大，造成过大的库存，增加了供应链的库存成本，使供应与需求很难匹配，没有实现供应链管理降低库存的目标。

（2）过度频繁的需求变化，使企业生产计划变化加剧，导致额外成本支出增加，过度的生产预测大大增加了计划的不确定性，各节点企业不得不频繁地修改生产计划，使制造商投入的生产能力大于实际的需求。牛鞭效应歪曲了需求信息，使需求的波动程度加大，从而使制造商盲目扩大生产能力，结果是生产能力利用率不高。

（3）客户需求不能及时满足，降低服务水平。现今的市场是客户驱动的市场，然而信息的扭曲失真使各节点企业很难对市场需求做出准确的预测和正确的决策。一些产品的需求被过分放大，而另一些市场真正需要的产品却得不到重视，造成制造商生产能力闲置或过度使用，从而产生短缺与过剩交替，无法充分满足客户需求。

（4）牛鞭效应增加企业管理难度。这些难度主要表现在需求扩大而引起的企业有限资源的分配问题，如产品原材料的采购、产品的生产能力的安排、生产计划的制定、库存战略的制定和库存的控制等等。这些直接影响着企业在市场条件下的生存和发展。

综上所述，牛鞭效应及其引发的供应链失调对供应链的运营有较大的负面影响。通过上面的分析可知牛鞭效应的存在会使库存成本、生产成本、运输成本增加，降低了反应能力，从而导致供应链绩效降低。

8.1.3.4 应对牛鞭效应的方法

供应链中的不确定性主要来源于供应商不确定性、生产者不确定性和顾客不确定性；而供应链上的不确定性主要表现为衔接不确定性和运作不确定性。由于“牛鞭”效应逐级向上游转嫁风险的结果，因而它会危害整个供应链的运作，导致总库存增加、生产无序和失衡，业务流程阻塞，资源浪费、市场混乱和风险增大。企业可以从已经寻找到的“牛鞭”效应产生的原因中，来寻找解决“牛鞭”效应的方法。

（1）采用VMI模式。供应商库存管理（Vendor Managed Inventory，VMI）是指一种在客户和供应商之间的合作性策略，在一个双方协定的目标框架下，由供应商来管理库存。VMI体现了供应链集成化管理思想，有助于打破传统企业各自为政的库存管理模式，使整个供应链的库存管理最优化目标得以实现。

直接由供应商管理库存，在减少订单的传递过程中，需求信息波动放大造成的需求信息失真，供应商直接预测消费需求，制定生产、配送等决策，或直接向上游发出订单，供应环节的减少会大大降低牛鞭效应。

（2）采取JIT物流模式。及时制（Just In Time，JIT），是由日本丰田汽车公司在20世纪60年代实行的一种生产方式，是一种以市场需求为核心的“拉动式”管理体系，这一观念的确立可以促使企业按市场办事，严格按客户需求组织采购、运输、流通加工、配送等活动，即将必要的零件以必要的数量在必要的时间送到生产线，并且只将所需要的零件、只以所需要的数量、只在正好需要的时间送到生产线。

因采取实时的预测、实时的配送、实时的生产，尽可能地减少安全库存量，更能直接降低牛鞭效应，供货周期的减小意味着市场需求更小的波动，因为短时间内可以假定消费者的偏好不变，在没有意外的情况下，需求的预测完全可以根据以往的经验和近期的销售数据来得出更为接近市场实际需求信息，从而制定订单。

（3）采用电子信息技术，缩短订货提前期。下游企业在采购时，由于考虑到缺货风险，对于定购提前期一般都慎重决定，因为提前期的不确定性，下游企业的预测误差，等到产品季节到来时，将导致库存周期波动，导致“牛鞭”效应产生。沃尔玛的实践表明，采用信息技术支持（商品条形码技术、物流条形码技术、电子订货系统、POS数据读取技术、预先发货清单技术、电子支付系统、连续补充库存方式）的快速响应（QR）系统，将会使预测误差大幅度减少，减弱“牛鞭”效应的负面影响。

综上所述，对于大多数的企业来说，光靠自己的实力，想在激烈的市场竞争中求得生存和发展，是相当困难的，企业之间通过供应链彼此链接在一起，以一个有机的整体参与竞争，共同合作，优劣互补，实现协同效应，从而提高了供应链的竞争力，达到了群体共存的效果。供应链这个结构不仅涉及了蛋糕的分配，还要把蛋糕做大及其发现其他新的蛋糕，这都需要上下游企业间建立紧密的伙伴关系，只有在供需双方互相信任、利益共享和风险共担的基础上，才能公开各自的业务数据，共享信息和业务流程，只有在这样的前提下，利用先进的信息技术以及管理技术，实现资讯的共享，使各节点企业能从整体最优的角度做出决策，实现供应链的不断增值，才能有效地解决各种因素的影响，真正地消除“牛鞭”效应。

### 8.1.4 供应链管理

供应链管理是一种集成的管理思想和方法，它执行供应链中从供应商到最终用户的物流的计划和控制等职能，同时是企业的有效性管理，表现了企业在战略和战术上对企业整个作业流程的优化，整合并优化了供应商、制造商、零售商的业务效率。要达到上述目标，必须设计一个结构合理的供应链，这样才能降低库存、减少成本、缩短提前期、实施JIT生产与供销、提高供应链的整体运作效率。

#### 8.1.4.1 供应链管理的概念

供应链管理（Supply Chain Management ，SCM）是一种从供应商开始，经由制造商、分销商、零售商直到最终客户的全要素、全过程的集成管理模式。其目标是从整体的观点出发，寻求建立供、产、销企业以及客户间的战略合作伙伴关系，最大限度地减少内耗与浪费，实现供应链整体效率的最优化。

它是一个范围更广的企业结构模式。包含了所有加盟的企业，不仅是一条连接供应商到用户的物流链、信息链、资金链，而且是一条增值链，物料在供应链上因加工、包装、运输等过程而增加其价值，给相关企业带来收益。

#### 8.1.4.2 供应链管理涉及的内容

供应链管理涉及以下四个主要领域：供应（Supply）、生产作业（Schedule Plan）、物流（Logistics）、需求（Demand）（如图8-8所示）。供应链管理是以同步化、集成化生产计划为指导，以各种技术为支持，尤其以Internet/Intranet为依托，围绕供应、生产作业、物流（主要指制造过程）、需求来实施的。供应链管理的目标在于提高客户服务水平和降低总的交易成本，并且寻求两个目标之间的平衡。

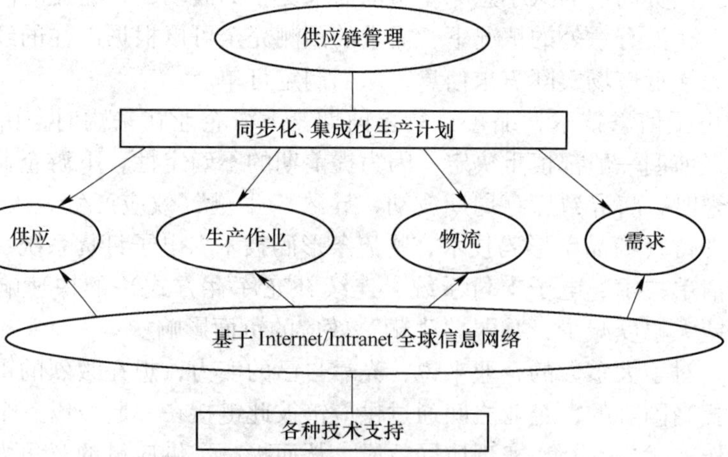


图8-8 供应链管理涉及的领域

供应链管理是企业的有效性管理，表现了企业在战略和战术上对企业整个作业流程的优化。整合并优化了供应商、制造商、零售商的业务效率，使商品以正确的数量、正确的品质、在正确的地点、以正确的时间、最佳的成本进行生产和销售。

8.1.4.3 供应链管理的目标

供应链管理的目标是在满足客户需要的前提下，对整个供应链（从供货商，制造商，分销商到消费者）的各个环节进行综合管理，例如从采购、物料管理、生产、配送、营销到消费者的整个供应链的货物流、信息流和资金流，把物流与库存成本降到最小。

供应链管理就是指对整个供应链系统进行计划、协调、操作、控制和优化的各种活动和过程，其目标是要将顾客所需的正确的产品（Right Product）能够在正确的时间（Right Time）、按照正确的数量（Right Quantity）、正确的质量（Right Quality）和正确的状态（Right Status）送到正确的地点（Right Place），并使总成本达到最佳化。

8.1.4.4 供应链管理的意义

供应链管理的最终目的是满足客户需求，降低成本，实现利润，具体表现为：

（1）提高客户满意度。这是供应链管理与优化的最终目标，供应链管理和优化的一切方式，都是朝这个目标努力的，这个目标同时也是企业赖以生存的根本。

（2）提高企业管理水平。供应链管理与优化的重要内容就是流程上的再造与设计，这对提高企业管理水平和管理流程，具有不可或缺的作用，同时，随着企业供应链流程的推进和实施、应用，企业管理的系统化和标准化将会有极大的改进，这些都有助于企业管理水平的提高。

（3）节约交易成本。结合电子商务整合供应链将大大降低供应链内各环节的交易成本，缩短交易时间。

（4）降低存货水平：通过扩展组织的边界，供应商能够随时掌握存货信息，组织生产，及时补充，因此企业已无必要维持较高的存货水平。

（5）降低采购成本，促进供应商管理。由于供应商能够方便地取得存货和采购信息，应用于采购管理的人员等都可以从这种低价值的劳动中解脱出来，从事具有更高价值的工作。

（6）减少循环周期。通过供应链的自动化，预测的精确度将大幅度地提高，这将导致企业不仅能生产出需要的产品，而且能减少生产的时间，提高顾客满意度。

（7）收入和利润增加。通过组织边界的延伸，企业能履行他们的合同，增加收入并维持和增加市场份额。

8.1.4.5 供应链管理与物流管理的关系

供应链是一个整体，合作性与协调性是供应链管理的重要特点。在这一环境中的物流系统也需要无缝连接，物流管理是为供应链服务的，物流的效率、效果、质量和速度直接影响着供应链运作的流畅性。

因此它的整体协调性应得到强化，例如运输的货物要准时到达，顾客的需要才能及时得到满足。采购的物资不能在途中受阻才会增强供应链的合作性，因此供应链物流系统获得高度的协调化是保证供应链获得成功的前提条件。

物流管理主要关注企业内部的功能整合，而供应链管理则是把供应链中的所有节点企业看作一个整体，强调企业之间的一体化，关注企业之间的相互关联。物流管理是计划机制，而供应链管理是协商机制，是一个开放的系统，通过协调分享“需求与存货”的信息以减少或消除供应链成员之间的缓冲库存。供应链管理的概念不仅仅是物流的简单延伸。物流管理主要关注于组织内部对“流”的优化，而对供应链管理仅仅认识到进行内部整合的重要性是不够的。所以，供应链应用于物流不但优化了传统的物流系统，更使物流系统向更高一级发展，使物流的支链变大变广，使供应链管理发挥最佳效果。

## 8.2 供应链的质量管理

随着社会生产力的发展，社会分工越来越细，专业化程度也越来越高，供应链质量管理的重要性日益凸现。供应链是企业间相互提供原材料、零部件、产品和服务的供应商、制造商、分销商和顾客等组成的经营网络。在供应链环境下，产品的生产、销售、售后服务需要由供应链成员企业共同完成，产品质量客观上由供应链成员企业共同完成，产品质量的形成和实现过程分布在整个供应链范围内。因此，构建一个完整有效的供应链质量保证体系，确保供应链具有持续而稳定的质量保证能力，能对用户和市场的需求快速响应，并提供优质的产品和服务，是供应链质量管理的主要任务。

### 8.2.1 供应链质量管理的内涵

国内外学者在不同的角度给出了供应链质量管理（Supply Chain Quality Management，SCQM）的定义。

库恩（Kuei）和马都（Madu）用三个等式定义了供应链质量管理，其中每个等式表示组成 SCQM 的一部分，即 SC=一个“生产-分销网络”；Q=准确、快速地提供令客户满意的产品并使自身获利；M=保证供应链中的产品质量以及获得客户信任的条件。他还指出质量管理的范式已经从传统的集中于单个企业转向集中于整个供应链系统。

罗宾逊·卡罗尔和马罗特拉将供应链质量管理定义为“供应链各成员之间通过正式的协同、整合运作流程来测量、分析和持续改进产品、服务和流程，以获得中间和最终客户满意和创造价值的过程。”

麻书城，唐晓青指出，供应链质量管理就是对分布在整个供应链范围内的产品质量的产生、形成和实现过程进行管理，从而实现供应链环境下产品质量控制与质量保证。因为供应链质量管理意味着核心企业不仅要对企业自身的产品设计制造过程进行质量管理，而且要对供应商、经销商和零售商等相关企业进行质量管理，从而做到对产品与服务形成的全过程进行严格的管理与控制。

蒲国利、苏秦等对于供应链质量管理的定义：供应链质量管理就是供应链系统内所有成员面向直接和最终顾客，通过上下游企业运作流程的整合以及协同管理，分析和持续改进质量，从而达到改进供应链绩效和获得顾客满意的目的。

同内外学者对供应链质量管理定义的角度虽然不尽相同。但均包含了供应链系统及其成员企业都应满足顾客需求，使顾客满意；供应链成员通过“协同”来实现供应链的目标等涵义，具体包括以下几个方面：

（1）供应链质量是以“顾客导向”为原则，满足顾客需求成为衡量供应链质量水平最根本的指标之一。供应链质量远远超越了狭义的质量观念，已不单单局限于供应链所提供有形产品的物理特性，还包括为顾客提供无形产品的服务质量。

（2）供应链质量着眼供应链系统整体运作，强调用系统来衡量供应链的整体质量。供应链质量是由供应链上所有的成员企业共同参与、共同协作完成的。顾客满意的结果是供应链中所有企业协同运作的结果，而不只是某一企业单独运营的结果。

（3）为了保持持续的竞争能力，供应链需要不断地淘汰不合格成员，吸纳新成员，并不断优化整个供应链范围的业务流程 。这使得供应链系统在供应、制造、销售方面以及物流、资金流和信息流方面呈现出不确定性和动态性，从而导致供应链质量的动态变化。

（4）核心企业是供应链质量管理的组织者和发起者。

这就体现了质量管理活动的领导原则。核心企业应当首先对自己的质量活动进行优化和保证，为供应链其他成员做好表率，同时也为自身与其他企业的合作创造条件。

（5）供应链成员通过流程整合和协同方式实现上述目标。

这是实现目标的手段。质量管理活动已经不再局限于质量检验等手段，而是注重对过程、流程的管理和控制。

供应链质量管理的主要任务除了每个阶段的内部质量管理系统（如质量方法的使用、统计质量控制、质量绩效的沟通和反馈等）外，还涉及阶段之间的供应链质量关系的协调与控制（如供应链伙伴的信任、质量计划和设计协作的参与、有关质量的信息交换，等等），如图 8-9 所示。

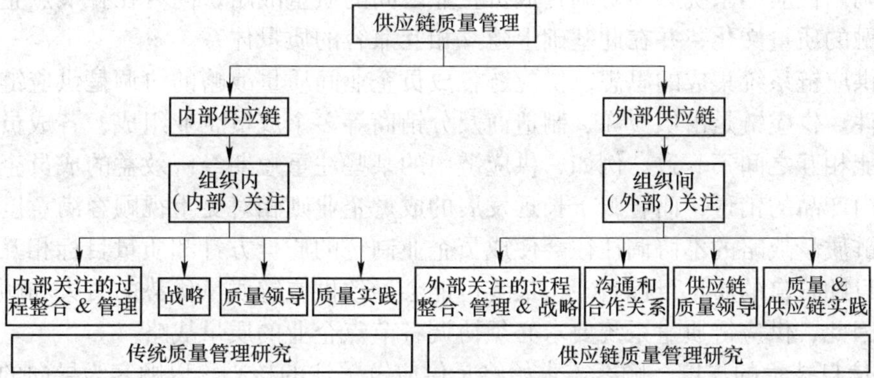


图 8-9 供应链质量管理研究的主题

这些关系包括供应商关系质量和客户关系质量。其中，客户关注和供应商质量管理是质量管理战略的关键要素，而供应链质量管理的绩效由成本、质量、交付时间和柔性这几个维度的绩效来测度，体现客户满意度和财务绩效。

### 8.2.2 供应链质量形成机理

供应链质量的系统性要求各成员企业从整条供应链的高度出发来保证对供应链质量实施有效的控制以提高顾客满意度。供应链质量的形成要求对供应链所提供产品的形成全过程进行严格的检测和控制，将质量问题消除在萌芽阶段，从而保障供应链的稳定运行。供应链质量的形成机理可以概括为建立在“两个基础”之上的“两个规律”，其中“两个基础”指的是供应链成员企业之间“质量系统的兼容”和“质量信息系统的支撑”，如图 8-10 所示。

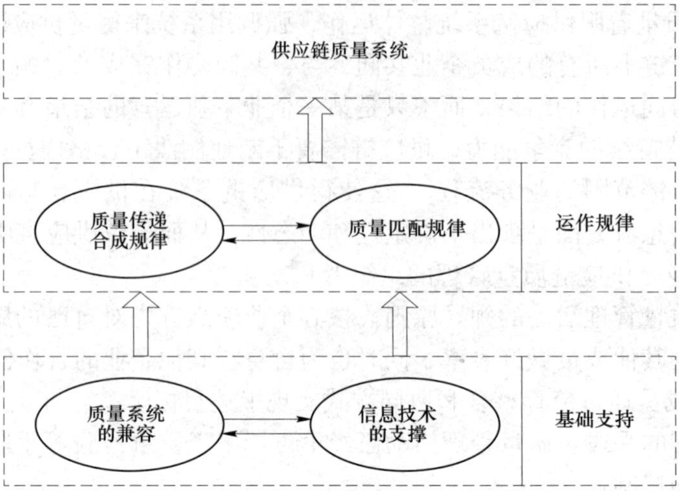


图 8-10 供应链质量形成机理图

8.2.2.1 基础支持

（1）质量系统的兼容。供应链质量目标的实现取决于各环节质量职能的落实和各环节之间的协调。供应链系统必须协调各成员企业之间的质量战略，同时在各节点企业之间孕育互通互融的质量文化，并在此基础上建立相互兼容的质量体系。

根据供应链系统集成的思想，供应链各成员企业间质量战略的协调是供应链高效运行的基本条件。供应链是由供应商、制造商及分销商等多个成员企业组成，各成员企业的质量战略可能相互之间不一致。例如，供应链中的某些注重短期经济效益的成员企业或许只关注短期内产品的销量，而着眼于长远发展的成员企业则相对更重视顾客满意度及企业形象。供应链质量战略的不协调往往会使成员企业制定的质量方针和质量目标相互冲突，若成员企业只朝各自的质量目标奋斗，最终可能会导致供应链质量优势的丧失和顾客满意度的下降。因此，供应链质量系统要求必须协调各节点企业的质量战略。

（2）信息技术的支撑。顾客需求始终是供应链关注的核心。以顾客为导向的供应链质量必然要求信息的准确性和及时性，且能够对顾客需求的变化做出迅速反应，这些特点决定了信息共享成为供应链质量系统的基石。

供应链的高效运营要求协调彼此的物流和资金流，这就必须改变供应链各成员企业之间的信息封闭模式，共享供应链运行的状态信息，并保证信息的真实性和准确性及信息传递的及时性。供应链的计划、采购、制造、交付等各个流程的高效运作都需要质量信息系统的支撑，以对供应链运行质量信息进行实时采集、整理、传递，并进行有效的监督和控制，最大限度地减少系统中信息的不确定性和延迟性，随时了解和掌握整个供应链的运行过程和发展趋势，以此提高供应链运作的质量水平。

8.2.2.2 运作规律

在质量系统兼容和信息技术支撑的基础上，供应链质量的形成机理进一步可以归纳为供应链的“质量传递合成规律”和“质量匹配规律”。

（1）质量传递合成规律。影响质量的因素可归结为“5M1E”，即人、机器、原材料、操作方法、测量和环境。上述因素具体到供应链质量系统中，则表现为：供应商的原材料、零部件质量，供应商制造过程的可靠性，交付零部件过程的服务质量，制造商使用的其他原材料、零部件质量，制造商制造过程的可靠性，交付产品过程的服务质量，产成品自身质量，销售商的销售服务质量及售后服务质量。其中任何一个环节出现问题，都有可能会造成最终产成品缺陷，影响供应链质量。

供应链环境下的产品质量形成过程可看作由一系列分布于不同企业内的具有时序和逻辑关系的子过程和活动所构成。供应链所提供产品质量的形成过程即产品的形成过程，经历了由原料经加工制造成为产品，最终由销售商销售到客户的整个过程，此过程中产品历经了供应链的各个环节。产品质量在供应链各成员企业内部形成后，其质量特性伴随物流传递给下游企业，构成下游企业产品质量的一部分。产品质量在表象上体现为产品在最终用户环节的质量，其实是一系列质量特性在供应链各环节中传递、积累、合成以及相互作用的整体效应。供应链中的下游企业通过将上游企业传递来的产品质量特性与顾客的质量要求进行有机合成从而形成本企业的产品质量特性，通过质量特性的进一步传递、合成形成最终产品质量。图 8-11 形象地描述了供应链质量的传递合成规律。

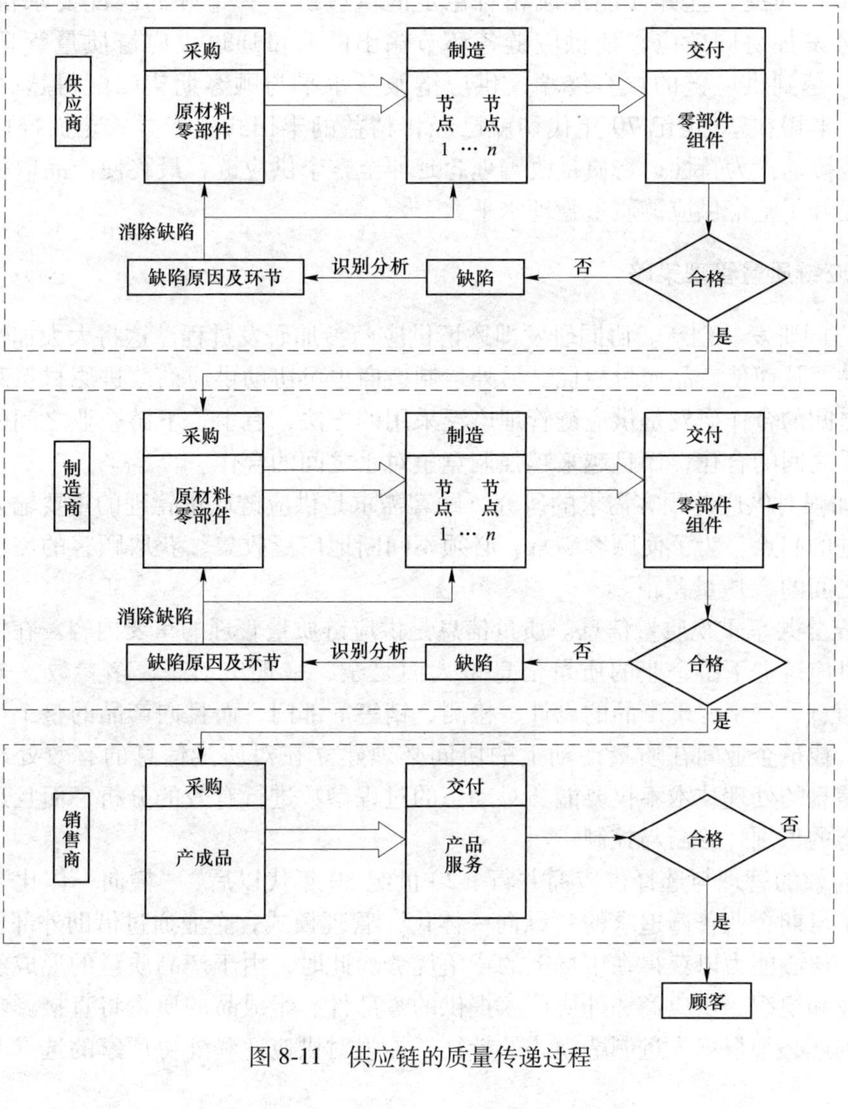


图 8-11 供应链的质量传递过程

同时，如果上游企业所提供的零部件中存在不合格品或潜在的质量缺陷，有缺陷的产品或零部件随着物流过程沿着供应链向下传递，势必导致整条供应链质量的波动，且越往供应链下游波动越大。所以，下游企业若发现产品质量问题，则需要返工或返修，甚至退回上游处理，这样就会出现逆向物流。下游企业通过使用上游企业产品将质量特性的信息反馈给上游企业，上游企业据此进行质量改进和控制。

（2）质量匹配规律。供应链质量形成过程中除了质量持性的传递合成，还要求质量匹配。供应链各成员企业之间质量匹配的能力是影响供应链质量的重要因素。在供应链系统中，供应链质量的改进取决于系统“瓶颈”的改进，供应链上质量管理水平差的企业往往会成为供应链的“瓶颈”，一旦质量不能满足顾客期望，将会大大降低供应链质量水平。

供应链质量系统不仅要求供应链各成员企业追求一致的质量战略目标，还要求成员企业具备与实现该目标相匹配的能力，这样最终才可能实现供应链的质量目标。供应链质量系统要求上游企业提供的产品质量必须与下游企业的产品质量相匹配，并与顾客的期望相匹配，这样才能形成相对稳定的供应链。一个好的匹配要求供应链各成员企业充分发挥协同效应，使供应链各环节输出的质量通过供应链质量管理的不断应用而加强，越到供应链的顾客终端，供应链服务水平与顾客期望匹配得越好。

例如，丰田在20世纪70年代初就已经将精益的丰田式生产方式全面推广到旗下工厂，以看板拉动作为特性，将质量改善理念延伸至整个供应链，最终使产品取得极大保障和改善，提升了整个供应链质量管理水平。

### 8.2.3 供应链质量管理策略

（1）协同研发、创新。协同研发即邀请供应商参加研发过程。这将大大加快制造企业的创新活动，从而使产品质量更优。另外，制造商也可协助供应商改进原材料和包装。供应链企业之间的合作研发是供应链管理广泛采用的方法，有上、下游企业之间的合作，也有竞争对手之间的合作，而且越来越强调竞争对手之间的合作。

（2）加强对供应链顾客需求的研究。顾客需求是供应链质量管理的重要输入，是新一轮质量改进的起点。为了使顾客满意，必须不间断地广泛收集、获取顾客的需求信息，缩小与顾客之间的“质量差距”。

（3）充分共享重视质量信息。质量信息是供应链质量管理的重要内容。在供应链质量管理下，供应链上下游企业的质量信息量大而复杂，呈现出动态、多参数、多源头等特点。质量信息不仅来源于产品的设计、检测、销售等部门，而且向产品的整个生命周期和社会延伸，成员企业间在质量活动上的协同必须建立在对质量信息的有效处理之上。因此，质量信息的处理技术不仅要能够对动态的过程参数进行有效的分析，而且还要能紧密地结合状态的识别、诊断与控制。

（4）有效的管理与选择供应商并行。20世纪80年代以后，“横向一体化”管理模式逐渐取代了早期企业普遍追求的“纵向一体化”管理模式，企业通过借助外部资源，不断提高自己的核心能力以获得在市场上的竞争优势。此时，由于产品质量的形成经过了许多上下游企业和组织，供应商和外协厂家提供的零部件、半成品的质量将直接影响最终产品的质量。因此必须根据先进制造模式的特征，加强对供应商和外协厂家的选择和质量协同管理。

（5）零缺陷质量管理技术。在供应链质量管理环境下，实现卓越的质量表现，缺少先进的技术支撑是不可能实现的。供应链环境下的零缺陷质量管理需要得到先进制造模式的支撑，包括零缺陷设计、制造、管理信息等流程。许多先进制造技术、零缺陷质量管理技术都是基于信息技术基础之上的，因此，信息技术在整个供应链的零缺陷质量管理中扮演着十分重要的角色。

### 8.2.4 案例分析

**【例 8-2】** 京东推出落实《电子商务法》和质量认证系列举措。

## 借助认证手段打造高质量电商品牌

从 2019 年 1 月起，在京东平台上销售产品的生产企业，如果通过质量管理体系认证，京东在相应产品的质量指数计算中将增加相应权重。这是京东推出的质量认证系列举措的第一项，建立认证结果采信机制，鼓励产品生产企业通过质量管理体系认证。

3 月 12 日，京东落实《电商法》和质量认证举措发布会在北京召开。此举旨在贯彻落实《电子商务法》及《国务院关于加强质量认证体系建设促进全面质量管理的意见》相关要求，通过建立质量认证采信机制来积极承担电商平台上产品质量责任，引导消费者基于标准和质量信息选择消费，打造电商平台高质量品牌。

京东推出的质量认证系列举措除鼓励产品生产企业通过质量管理体系认证外，还包括，在线核查产品认证信息，京东履行所销售产品的资质审核义务，通过与质量认证信息平台“云桥”实时对接，对属于强制性认证（CCC 认证）目录内的产品，在线核查校验其 CCC 证书信息，校验通过方可上架销售，及时下架无证或证书失效的产品。扩大产品认证采信范围，在现已全面采信 CCC 认证结果的基础上，扩大自愿性产品认证结果采信范围；鼓励产品生产企业选择优质认证服务，鼓励生产经营者提交产品符合更高标准的检测报告；认证结果、检测报告经校验审核通过，可在质量指数计算中增加相应产品的权重。

建立质量认证的供需双向反馈机制，京东将适时把相关产品符合标准的认证结果信息推送给消费者，鼓励消费者基于质量认证情况选择消费；同时，将消费者反馈的产品质量信息推送给生产经营者，鼓励生产经营企业根据反馈信息持续改进质量管理，提高产品供给质量。协助市场监管部门开展电商平台认证质量监管，京东通过内部产品抽检或消费者反馈，发现质量问题较为突出的认证产品，及时通报市场监管部门进行认证质量追溯；并根据市场监管部门反馈的信息，及时处理相关获证产品。京东希望通过以上举措，发挥质量认证在传递信任、优化供给、强化监管等方面的作用，构建电商平台方、产品生产企业、消费者和政府部门等多方参与的共治机制，促进电商平台及产品、服务质量提升。

自 2018 年《电子商务法》正式发布，对电商平台经营者在品控、售后、服务方面提出了更高的要求，京东成立以来，围绕品质电商的定位，严把商品质量控制关，建立了售前、售中、售后全流程质量管理体系。2018 年 12 月，京东商城确定了“以信赖为基础、以客户为中心的价值创造”的全新经营理念，把信赖作为立足点、把质量管理作为生命线，全面借助认证手段提升平台销售产品质量。

## 8.3 供应链环境下供应商质量管理

供应商质量管理是供应链质量管理体系的重要组成部分。供应商质量管理是质量管理理论与供应链管理理论在供应商管理过程中的一种实现，通过建立供应商开发、选择与评价机制以及对供应商产品质量的评估验证和质量能力审核等活动，建立起企业对供应商的质量管理体系来确保所采购的原材料、零部件或服务等符合核心企业的设计技术规范和质量规范要求，并能保证持续供应的活动。供应商质量管理的目的是为保证和提升供应商供货质量而使之能够持续满足企业和客户不断增长的需求。

### 8.3.1 供应商质量管理的特点

随着经济全球化和产业的分工，企业发展的重心已由传统的生产制造转移到技术创新、知识创新等核心业务上，非核心的业务则由合作伙伴完成。以汽车产业为例，其零部件外购比例从 20 世纪 50 年代的 25%上升到目前的 90%左右，基本剥离了非重要零部件业务。供应商零部件质量在企业的日常生产活动中至关重要，不仅影响企业的生产活动，也在一定程度上直接影响客户对企业的满意度和忠诚度。因此，供应商质量管理和企业的产品质量通过双方互利共赢的关系获得良性发展。

供应链环境下供应商质量管理与单个企业内的质量管理有很大的不同，主要表现在以下方面：

（1）对供应商的质量管理应立足于供应链的高度，核心企业应该从整个供应链质量体系的高度来监控和保证供应商的质量，建立基于产品全生命周期的质量信息管理系统，产品在不同的阶段中应制定不同的质量监督和控制策略，确定有效的质量监督点和评审点。

（2）供应商的质量是由供应商自身的中间产品和服务质量所决定的，供应商是质量管理的主体，作为核心企业其对供应商的质量管理重点应该是对其产品质量形成的关键过程、关键环节、最终产品的整体质量和所提供的服务质量进行监控，而不是对所有质量形成过程进行监控。

（3）供应商是主权独立的实体，相互间没有行政隶属关系，是一种合同或战略合作关系，相互间通过相应的质量协议与合同来规避质量问题，当出现质量纠纷时，主要通过协商、仲裁或者法律手段来解决。

（4）供应商地理位置可能比较分散，加大了对供应商质量进行有效监控的难度，彼此间的质量信息沟通主要依赖网络通信技术和质量管理信息系统。同时也束缚了供应商与核心企业之间展开全面的质量合作，在同等服务质量水平下，也增加了供应商的服务成本。

（5）在供应链的动态环境下，随着用户需求、市场环境，以及核心企业的产品结构和生产经营环境的不断变化，要求供应商必须不断地适应它们所带来的动态性的质量变化，从而建立动态、灵敏的质量管理体系。

### 8.3.2 供应商质量管理的内容

供应商质量管理是企业质量管理职能的重要组成部分，主要包括以下几方面内容。

#### 8.3.2.1 供应商的选择

科学合理地选择供应商是对供应商进行质量管理最有效的手段。如果前期的供应商选择不当，无论后续的质量控制手段如何严格、先进，都只能收到事倍功半的效果。供应商的选择主要包括以下几方面的工作：

（1）供应商战略的确定。企业根据制定的供应商战略，确定企业自制与外购的原材料和零部件种类，并根据产品组成中各种原材料或零部件的重要性不同，按照供应商提供的来料对最终产品影响的重要程度进行供应商分类，进而明确企业与供应商建立的关系类别，综合考虑供应商所供应的原材料与零部件的价值、数量以及供应商的规模等因素，与供应商进行适当的关系定位。

（2）供应商基本情况调查。产品质量的要求在开发阶段决定采购原料和零部件供应商的选择范围。如果发展的新供应商，则需调查该供应商的生产规模、主导产品、技术开发能力、原材料采购途径、生产设备、检测人员与设备、过程能力指数、质量体系认证情况、相关制造经验、主要客户情况及其反馈信息等。

（3）供应商质量审核。在对供应商进行基本情况调查的基础上，对重要零部件供应商，需要进行进一步的质量审核，审核结果作为选择供应商的依据。供应商质量审核一般分为产品审核、过程审核和质量管理体系审核三类。产品审核包括供应商产品功能、外观、包装等方面的审核认定，主要是确认供应商的产品质量。过程审核是针对供应商的产品生产的关键过程所进行的审核，主要是确认供应商的过程质量能力。质量管理体系审核是针对供应商的整个质量管理体系进行的审核。

（4）供应商评价与选择。企业一般根据可选供应商的数量、对供应商了解情况、企业所采购的原材料或零部件对最终产品的质量影响程度和订货时间的紧迫性来确定供应商选择方法，比较常用的方法主要有直观判断法、招标法、协商选择法、成本比较法、层次分析法、质量与价格综合选优法等。

（5）供应商数量的确定。企业应该在综合分析原材料与零部件的重要性、采购成本、市场供应情况、供应商的供货保证能力和质量保证能力、以及企业与供应商的关系等诸多因素的基础上来确定供应商的数量。

（6）供应商契约的订立。企业在选定供应商之后，需要与供应商订立相应的契约，一般包括产品技术要求、基本供货协议、质量保证协议、技术协议等。其中质量保证协议是企业进行供应商质量管理最为关键的契约，规定了供需双方在产品质量方面的权利与义务。企业通过与供应商订立相应的契约，明确产品的需求及技术设计参数，明确供应商的质量控制职责、质量监控手段以及违约责任，并通过与供应商的及时沟通反馈来保证企业所需的原材料与零部件的质量。

#### 8.3.2.2 供应商生产过程质量控制

企业在供应商产品的生产过程中，对供应商的质量控制主要包括监控供应商的生产过程能力指数和测量系统、审核供应商质量管理体系、来料质量检验、促进供应商质量改进、来料不合格品的处置和质量问题的解决等活动。该阶段企业通过进货检验的管理和监控供应商质量保证能力的变化，防止供应商的质量保证能力出现下降的情况，确保企业最终产品或服务的质量，并可以与供应商共同发现改进的机会，促进供应商质量改进。

8.3.2.3 供应商动态管理

企业对供应商进行动态管理、供货业绩分级，并采取相应的措施激励优秀供应商、鞭策合格供应商、淘汰不合格供应商，以促进供应商提高产品或服务质量以及订货满足率与供货及时率，建立完善、稳固的供应商关系。

（1）供应商业绩评定。企业利用与供应商合作过程中统计的供应商供货质量信息，综合考虑供应商提供产品的质量、服务的质量、满足企业订货的情况、及时交付产品的情况等评价指标，采用一定的评分方法对供应商进行综合业绩评定，其中供应商提供的产品质量和服务质量是评价供应商业绩的最关键的指标。供应商业绩评定的结果是企业对供应商进行动态管理的基本依据。

（2）供应商动态管理。根据供应商的业绩评定结果，企业需定期对所有供应商进行分级评定，并据此对供应商进行动态管理。供应商的分级评定与管理可以将企业的供货订单与供应商以往的供货业绩、外购件分级结合起来，使得企业在供应商中科学合理地分配订单，通过奖优罚劣甚至及时淘汰不合格供应商的办法有效推动供应商积极提升产品质量和服务质量。

### 8.3.3 供应商质量管理水平提升策略

在供应链环境下，核心企业必须加强对供应商的质量管理，才能保证自己产品的最终质量。核心企业从选择供应商开始就应将供应商纳入整个供应链质量管理系统之中，对供应商的质量管理和控制系统进行认真的评估，提升供应商质量管理水平。

（1）供应商分类管理。根据帕累托的二八原则，在供应商提供的零件中，约有20%的零部件对企业产品起着至关重要的作用，需要企业花费80%的时间予以管理。如何做好供应商管理工作，需要根据企业零部件重要程度的分级，实行分类管理重点供应商资源的策略，优化供应商资源配置，降低企业的供应商管理成本，提升供应商管理的工作效率。通过ABC分类法对供应商资源科学分类，合理分配管理资源，建立差别化的管理模式。

（2）协同参与新产品开发的供应商选择。建立供应商协同参与新产品设计与开发机制，以适应供应链管理模式的要求。

在供应商协同参与新产品开发的新机制下，供应商的选择评价工作将前移到新产品设计开始之前，在新项目开发前期即开始相应供应商的选择评估工作。公司首先需要根据客户需求进行新产品开发规划，确立新产品的研发方向与需求，在保持企业核心竞争力的基础上进行企业自制与外购的选择，确定供应商参与研发与制造的零部件内容，并在供应商选择评估过程中进行产品开发能力的评估，结合供应商的质量保证能力与技术工艺水平对供应商进行评估审核，在确定供应商之后，将其纳入公司的新产品开发团队。在供应商协同参与新产品设计开发过程中，也可以对供应商的实际技术研发能力进行考核评价，对于研发能力明显不能满足公司要求的供应商及时予以淘汰。

选择合适的供应商参与新产品的设计开发主要需要考虑以下几方面：

1）供应商参与新产品开发的深度和层次；

2）供应商的研发与技术能力以及协作能力；

3）与供应商关于技术保密方面的约定；

4）供应商在新产品设计开发过程中能提供的人力与物力支持；

5）供应商的技术创新能力；

6）供应商现有生产设备与工艺水平支持设计实现的能力等。

（3）信息化管理供应商。企业可以建立供应商动态信息的管理平台，每个供应商有自己的专属账户，可以随时从网站上查看。供应商每个月会定期收到该平台自动发送的供应商绩效报告，帮助供应商快速掌握自己的绩效水平。

（4）与供应商资源共享。任何一个企业或供应商都会有某一方面的劣势，企业为供应商提供详细的各类技术文件，供应商也需要对一些技术难题进行学习和消化，这时企业应尽快给予帮助，如操作方法、工艺技术、检测方法、改进措施等。必要时可实现技术人员、生产设备、检测设备等特殊资源共享，帮助供应商具备技术和生产能力。

（5）对供应商产品质量检验及其管理。对供应商产品的检验是确保合格产品进入企业的重要手段，一般都要对供应商提供产品进行全面检验，已经明确了检验的标准、依据及方法，企业应该严格执行质量契约中对检验方法、测量设备、检验人员资质要求、不合格的判定和处置、抽检标准等要求，保证企业利益。

企业进货检验应该重视供应商提供的质量证明材料、质量契约、图纸、技术协议，并给予必要的核对和检查。对于关键件、大件、大批量等可在供应商现场完成检验工作，甚至在供应商处跟踪巡检或监制。

（6）对产品质量问题的解决。供应商提供的产品出现质量问题是不可避免的，解决办法一般有返工、返修、报废、让步接收等。采取上述办法的同时要提出改进方案，帮助供应商分析改进途径。

供应商提供产品质量问题在企业产品交付用户后出现，此时质量问题的处理更为关键，在这些问题的处理上，企业应该更加主动、积极协调供应商和企业客户，以求从速解决质量问题。所以在不得已的情况下企业也要依据质量契约规定的权利和义务索赔或诉诸法律。

（7）建立有效的供应商激励机制。由于供应链质量管理涉及多个具有理性和决策能力的独立法人，所有权的分裂使供应链内的成员企业在追求共同质量目标的同时，仍然存在着局部利益的冲突，制造商作为核心企业必须建立有效的激励机制，才能协调与供应商的关系，提高供应商合作的积极性，保证供应商在履行合同时信守承诺，提供优质的原材料或零部件，使供应链整体的运作效率得以提高。

总之，企业通过供应商质量管理工作，不仅可以提升自身的供应商质量管理水平，提高供应商产品质量和交付能力，而且对于供应商而言，也可以通过与企业战略合作提升其技术、工艺水平和质量保证能力，从而实现供需双方的互利共赢，增进供需双方的市场竞争力。

### 8.3.4　案例分析

**【例 8-3】**　本田卓越的供应链质量管理。

客户关注和供应商关系质量是本田的质量管理重要环节。向下游，本田注重和客户建立良好的关系，产品设计充分反映客户的要求。往上游，本田则同供应商建立了密切网络关系来连续地学习与改进。本田不仅注重一级供应商的质量关系，而且这种质量关系向上延伸到二级或三级供应商。

首先，本田通过同其一级供应商建立密切协作伙伴关系来改进质量。本田同一些一级供应商建立了一种长期的、密切的合作伙伴关系，即日本供应商伙伴关系模型。本田鼓励在日本供应商和美国公司之间建立一些合资企业，从给予新供应商一些小额订单起步，并希望他们满足一定的成本、质量和交付参数。如果供应商对第一个订单执行得很好，本田就授予他们更大的合同，并教他们“做生意的方式”。本田设定了高质量标准，并希望合作伙伴不断提升来满足这些标准。这种长期关系中包含互信和相互依存，也意味着纪律和改进与增长的期望。本田的供应商说，本田比其他制造商更关心供应商的盈利能力。通过派出工程师到供应商一起工作，本田能获得供应商有关运营和质量的所有信息，以便充分了解供应商、开发供应商的技术能力，并引导联合改进活动。本田也鼓励供应商之间展开竞争，把供应商竞争变成机会来降低成本、改进质量。

其次，本田关注供应链中更上级的供应商质量。在追求生产质量、运营成本、准时交付和快速新产品导入过程中，汽车行业内的很多厂商通常会减少供应商数目，并鼓励一级供应商来监视和管理二级或三级供应商。这种供应链分级管理的方法会削弱创新、成本控制、技术开发的可见性能力，并导致质量下降风险，因此本田的做法完全相反。根据产品的 BOM，本田列出供应商清单给第一级供应商，把有关产品的零部件和原材料的决策给第一级供应商，但直接管理所选择的上一级供应商。本田通常直接和关键的二级或三级供应商签订合同，然后要求其顶级供应商从这些供应商接收合同零部件。本质上，本田要求顶级供应商管理这些供应商的质量和交付，而本田在有关成本和技术领域管理这些供应商。

## 复习思考题

1. 什么是供应链？
2. 供应链有哪些类型？
3. 供应链质量管理的内涵是什么？
4. 供应商质量管理的内容有哪些？
5. 供应商质量管理水平提升策略是什么？

# 9 可靠性工程

现代科技迅速发展导致各个领域里的各种设备和产品不断朝着高性能、高可靠性方向发展，各种先进的设备和产品广泛应用于工农业、交通运输、科研、文教卫生等各个行业，设备的可靠性直接关系到人民群众的生活和国民经济建设，所以，深入研究产品可靠性的意义是非常重大的。

可靠性从单项技术走向了综合技术，不断地与各行业及各种专业嫁接，必将成为21世纪电子信息产业和高新技术产业的核心工具。保证和提高产品可靠性的关键，首先在产品的开发设计阶段，充分考虑可靠性的要求，进行可靠性设计，并通过试验分析，验证和改进产品的可靠性；其次，应在生产、使用阶段加强可靠性管理，使有关部门的工作都来保证产品质量达到可靠性的要求。

## 9.1 可靠性概述

早在20世纪50年代美国在朝鲜战争中发现，不可靠的电子设备影响战争的进行，而且需要大量的维修费用，每年的维修费是设备采购费用的2倍！军方和制造公司及学术界都卷入了可靠性的研究工作。1950年12月美国成立了“电子设备可靠性专门委员会”，到1952年3月便提出了有深远影响的建议：从现场可以获得设备和元件失效率数据；可靠的元件是可靠设备的基础；应对设备和元件建立定量的可靠性要求；在批准产品批生产前应进行可靠性试验和评估；建立永久性可靠性委员会。1952年8月美国国防部接受上述建议，成立了“电子设备可靠性顾问委员会”。20世纪60年代，随着航空航天工业的迅速发展，可靠性设计和试验方法被接受和应用于航空电子系统中，可靠性工程得到迅速发展。

我国在20世纪60年代初电子部成立了“中国电子产品可靠性与环境试验研究所”，进行了可靠性评估的开拓性工作。

### 9.1.1 可靠性的概念

可靠性是指在给定的条件下和规定的时间内，零部件、元件、产品或系统所完成规定功能的概率。

可靠性定义中“完成规定功能”是指产品或系统的工作目的或使用性能。它可能与产品标准不一致，当功能不能完成时，就称为故障。故障的内容可分为：不能工作、工作不稳定、功能劣化等几种。根据故障的严重程度，又可进一步将它划分为：缺陷、小故障、大故障等3个等级。有的行业还将故障等级分为：障碍、故障、事故等3类。

产品在规定的条件下使用，由于其本身固有的弱点而引起的失效，称为“本质故障”，不按规定条件使用产品而引起的失效称为“误用故障”。产品设计应包括减少误用故障的设计过程。

产品由于制造上的缺陷等原因而发生的故障称为“早期故障”；而由于偶然因素发生的故障称为“偶然故障”，一般在事前不能测试或监控，属于“突然故障”。产品由于老化、磨损、损耗或疲劳等原因引起的故障称为“耗损故障”。通过事前的测试或监控可以预测到的故障称为“渐变故障”。使产品不能完成规定任务或可能导致人或物重大损失的故障或故障组合叫“致命性故障”。

定义中的“规定时间”为产品或系统的任务时间，通常以产品使用的寿命周期来表示。对可靠性问题来说，这是一个极为重要的要求，它把使用条件、环境条件和人员工作条件的各方面因素都包括进去，甚至把使用次数、放置时间、持续工作时间等时间因素也包括进去，突出表明可靠性是与时间相关的一种特性。

由可靠性的定义可以看出，可靠性不是一种确定性的概念，不能像其他质量特性那样，用完全确定或相当确定的量值加以规定或衡量，而要求使用概率来作定量的客观表示。当我们强调定量表示时，可靠性便称为可靠度。

根据可靠性的定义，在明确故障概念的前提下（如一般对缺陷或障碍不计为故障），可以不考虑产品或系统的各个故障的性质及故障产生的影响，而仅将故障发生次数作为问题来处理。

### 9.1.2 可靠性指标

作为产品质量重要指标之一的可靠性，不仅有定性的定义，更需要强调定量的概念。因为只有定量的描述，才能对产品的质量与可靠性，做到在产品的设计阶段就能够预测；在制造阶段能够控制；在使用中能够维持。由于产品失效的发生是随机的，因此对可靠性是定量地描述其统计特征。

对于产品的可靠性而言，常将产品分为可修复与不可修复两类。对于不可修复的产品常用可靠度、失效率，平均寿命等可靠性指标进行描述；对于可修复产品常用维修度、可用度、平均修复时间等指标进行描述。对于后者，将暂不予以讨论。

为了对产品或零部件的可靠性提出必要的要求，以便在设计、试验或使用中对它们进行预测和评价，就需要规定出可靠性指标。常用的可靠性指标有如下几种：

（1）可靠度 $R(t)$。可靠度为零部件、元件、产品或系统在给定条件下运行、操作或试验时，从 0~ $t$ 期间内未发生故障的概率。

（2）故障概率 $F(t)$。故障概率为当零部件、元件、产品或系统在给定条件下运行、操作或试验时，从 0~ $t$ 期间内发生故障的概率。

$$F(t) = 1 - R(t) \tag{9-1}$$

（3）故障概率密度 $f(t)$。故障概率密度为当零部件、元件、产品或系统在给定条件下运行、操作或试验时，至时间 $t$ 时，故障概率的变化率（或单位时间内的故障概率）。

$$f(t) = \frac{\mathrm{d}F(t)}{\mathrm{d}t} \tag{9-2}$$

（4）瞬时故障率或故障瞬时强度（简称故障率）$\lambda(t)$。瞬时故障率即零部件、元件、产品或系统在给定条件下运行、操作或试验时，至时间 $t$ 时，单位时间内发生故障的频率。

$$\lambda(t)=\frac{1}{R(t)}\frac{\mathrm{d}F(t)}{\mathrm{d}t}=\frac{f(t)}{1-F(t)} \tag{9-3}$$

（5）平均无故障工作时间 $T_g$。平均无故障工作时间是指发生故障前工作时间的平均值，也称平均寿命。

对于可维修的产品或系统来说，$T_g$ 是指相邻两次故障之间工作时间间隔的平均值，即为 MTBF。此时，$T_g$ = MTBF。对于不可维修的产品或系统来说，是指失效或故障前的平均时间，即为 MTTF。此时，$T_g$ = MTTF。

（6）平均修复时间 $T_d$。平均修复时间是指产品或系统因某种原因停止运行，经修复后重新投入运行所需时间的平均值。

（7）工作系数 $K_g$。工作系数也称有效度或可利用度，为某一时间间隔内，产品正常工作时间所占的比例或概率。

$$K_g=\frac{T_g}{T_g+T_d}$$

（8）停运系数 $K_d$。停运系数也叫失效度或不可利用度，为某一时间间隔内产品不能工作而停止运行的时间所占的比例或概率。

$$K_d=\frac{T_d}{T_g+T_d}$$

### 9.1.3 产品和系统的可靠性

可靠性分析的主要对象是零部件、元件、产品或系统。系统一般是由若干个产品构成的，而产品也是由许多零件、元器件构成的，我们可以把产品也看成是一个系统。显然，产品和系统的可靠性问题比起零部件或元器件来要复杂得多。因此，我们主要研究产品和系统的可靠性。

产品的可靠性与它们的结构有关，按结构对可靠性的影响关系来看，可把产品和系统分成串联系统、并联系统和混联系统 3 大类。

#### 9.1.3.1 串联系统

产品或系统是由许多功能性的结构要素（或零件）所组成的，如果其中任一结构要素发生故障，而导致整个产品或系统故障，则这种结构要素组成的产品或系统称为串联系统，如图 9-1 所示。如果将产品或系统看作为功能链，组成产品或系统的结构要素看作为一个个功能链节，则上述情况确切地说，是在功能逻辑上的串联系统，而并非在结构上呈串联系统。

设整个系统的串联链由 $n$ 个链节组成，第 $i$ 个功能链节的可靠度为 $R_i$，$i=1, 2, \cdots, n-1, n$。则在该串联系统中，系统或产品总的可靠度为

$$R_S=R_1\times R_2\times\cdots\times R_i\times\cdots\times R_{n-1}\times R_n \tag{9-4}$$

#### 9.1.3.2 并联系统

产品或系统由许多功能性的结构要素（或零件）所组成，当其中任一结构要素发生故障时，整个产品或系统仍能坚持正常工作，则认为这些结构要素在功能逻辑上呈并联方式，而称这一类产品或系统为并联系统，如图 9-2 所示。

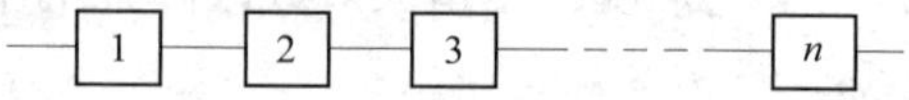
图 9-1 串联系统

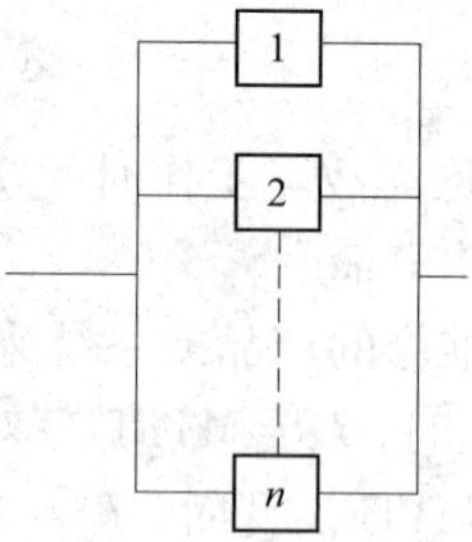
图 9-2 并联系统

设第 $i$ 个功能链节发生故障的概率为 $F_i$，在并联系统中，系统或子系统总的故障概率为：

$$F_S = F_1 \times F_2 \times \cdots \times F_i \times \cdots \times F_{n-1} \times F_n \tag{9-5}$$

其中，$F_i = 1 - R_i$，故并联系统的可靠为

$$R_S = 1 - F_S = 1 - (1 - R_1)(1 - R_2)\cdots(1 - R_i)\cdots(1 - R_{n-1})(1 - R_n) \tag{9-6}$$

**【例 9-1】** 某系统由四个单元组成，这个四单元的可靠度分别为 $R_1 = 0.95$，$R_2 = 0.82$，$R_3 = 0.74$，$R_4 = 0.78$，试计算由该四个单元组成的串联系统和并联系统的可靠度。

串联系统的可靠度为

$$R_S = R_1 \times R_2 \times R_3 \times R_4 = 0.95 \times 0.82 \times 0.74 \times 0.78 = 0.45$$

并联系统的可靠度为

$$\begin{aligned} R_S &= 1 - F_S = 1 - (1 - R_1)(1 - R_2)(1 - R_3)(1 - R_4) \\ &= 1 - (1 - 0.95)(1 - 0.82)(1 - 0.74)(1 - 0.78) = 0.9995 \end{aligned}$$

从上例的结果可以看出，由可靠度相同的单元组成的并联系统，要比同样单元组成的串联系统的可靠度大得多。而且，由式（9-6）可知，随着并联单元数 $n$ 的增加及其可靠度的提高，并联系统的可靠度将显著地增加。

并联系统又称为工作储备系统。因为，它是使用多个单元来完成同一任务的组合，这些单元同时工作，虽然在功能上有些冗余，但却能保证系统有较高的可靠度。在一些重要设备上，如飞机的发动机、电厂的发电机组等一般都采用并联系统，以保证其具有高的可靠性。

9.1.3.3 混联系统

当一个系统中，既有串联结构，也有并联结构，由这两种结构混合组成的系统称为混联系统，如图 9-3 所示。

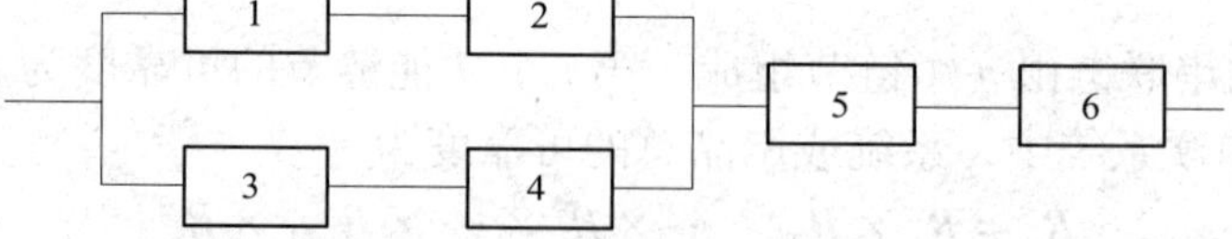
图 9-3 混联系统

在计算混联系统的可靠度时，应先把每个并联结构子系统的可靠度分别计算出来，然后，把它们作为一个个功能链节加入系统，使原来的混联系统转化为串联系统，再对这个假想的串联系统进行可靠度的计算，这样就得到了混联系统的可靠度。

【例 9-2】 已知某系统由六个零件串并联组成，如图 9-4 所示。零件的可靠度分别为 $R_1=0.98$, $R_2=0.95$, $R_3=0.93$, $R_4=0.97$, $R_5=0.92$, $R_6=0.995$。求该系统的可靠度。

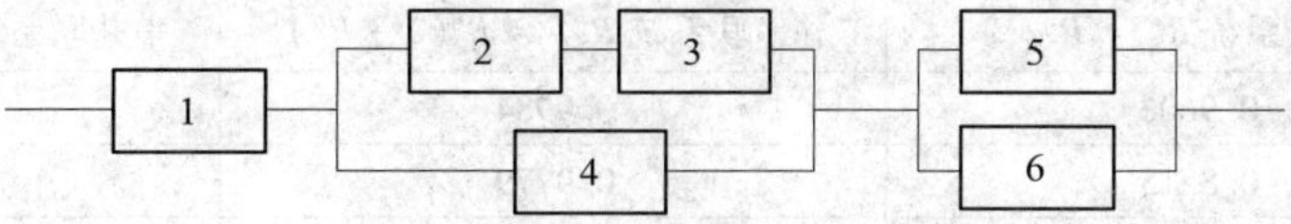


图 9-4 某混联系统

零件 2、3、4 组成串并联的可靠度

$$R_{23}=R_2\times R_3=0.95\times 0.93=0.8835$$

$$R_{234}=1-(1-R_{23})(1-R_4)=1-(1-0.8835)\times(1-0.97)=0.9965$$

零件 5、6 构成的并联系统的可靠度

$$R_{56}=1-(1-R_5)(1-R_6)=1-(1-0.92)\times(1-0.995)=0.9996$$

零件 1、234 与 5、6 所构成的串联系统的可靠度

$$R_S=R_1\times R_{234}\times R_{56}=0.98\times 0.9965\times 0.9996=0.9762$$

混联系统中，有两种极端的结构形式，一种是混联系统由 $m$ 个子系统并联而成，而每一个子系统又是由 $n$ 个单元串联而成，称为并串联系统。其逻辑框图如图 9-5 所示。另一种是混联系统由 $n$ 个子系统串联而成，而每个子系统又是由 $m$ 个子系统并联而成，称为串并联系统。其逻辑框图如图 9-6 所示。

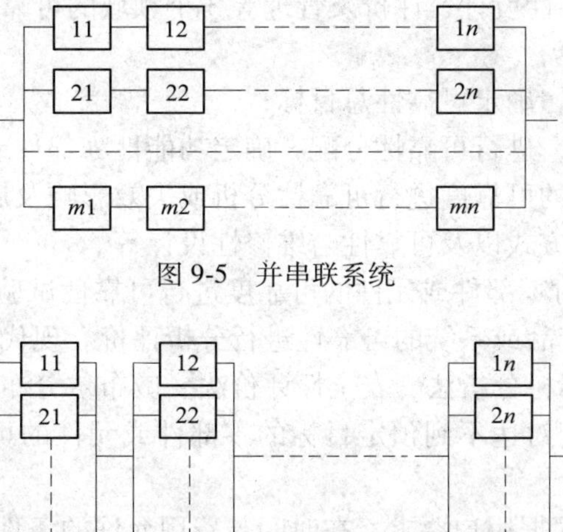


图 9-5 并串联系统

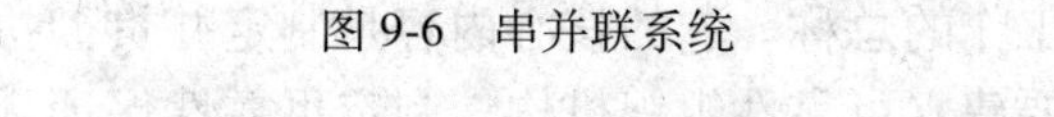


图 9-6 串并联系统

并串联系统相当于产品级的工作储备系统，通过配备多个相同产品作为工作系统的储备，来提高它的可靠度。串并联系统相当于部件级的工作储备系统，它是通过为每个功能链节配备相同的部件来提高工作系统的可靠度。这些混联系统的可靠度计算过程与上述的混联系统可靠度的计算相同。我们可以很容易地推算出来。当每个单元的可靠度相等时，串并联系统的可靠度要显著地大于并串联系统。表 9-1 列出了当 $m=2$, $R_i=0.99$ 时，各种 $n$ 值下的两种系统及与 $n$ 个单元串联系统的可靠度数值对比。这个结果告诉我们，设置部

件储备的系统比设置产品储备的系统的可靠度要高。

表 9-1 串并联与并串联的系统可靠程度比较 [$R(t) = 0.99$]

| $n$ | 串联系统 $R_S = R^n$ | 并串联系统 $R_{S2} = R^n(2 - R^n)$ | 串并联系统 $R_{S1} = R^n(2 - R)^n$ |
|---|---|---|---|
| 4 | 0.9606 | 0.9984 | 0.9996 |
| 16 | 0.8515 | 0.9779 | 0.9985 |
| 64 | 0.5256 | 0.7749 | 0.9936 |
| 128 | 0.2763 | 0.4762 | 0.9875 |
| 1024 | $3.3919\times10^{-5}$ | $0.6783\times10^{-5}$ | 0.9026 |

**【例 9-3】** 我国载人航天工程自 1992 年起，至 2003 年 10 月“神舟”5 号载人飞船圆满完成任务，共投资 190 亿元。飞船的运载能力是 3 人、300kg、7 天。可靠性为 0.97，安全性为 0.997。设计有自主故障判断、自主功能重组能力，在空间即使被撞击破裂，舱内压力仍可保持 15min，确保航天员更换航天服的时间。参加研制的院所共 110 个，有 3000 多个单位参加了产品制造。总共生产了：一个试样、4 个正样和 5 枚运载火箭。“神舟”5 号飞船直径 2.5m，其上共有 600 多台仪器、10 万个元器件、8 万个接点，软件共有 70 万条程序，其中 20%用于正常运行使用，其余都是为出现故障时处置使用的。在发射上升段设计了 8 种故障模式，运行回收段设计了 108 种故障模式的处置方案。

### 9.1.4 可靠性工程

可靠性工程包括可靠性设计、评价及管理等 3 个领域的可靠性技术工作。

(1) 可靠性设计包括：

1) 研究可靠性要求，确定可靠性总目标；

2) 根据产品功能链，进行可靠性分配，确定功能性零部件或元件的可靠度；

3) 对零部件或元件的可靠度进行可靠性分析或失效影响及后果分析；

4) 冗余设计与储备方式以及可靠性与维修性设计等。

(2) 可靠性评价，对零部件或元件的可靠度进行可靠性试验验证，并综合试验结果和以往经验，对零部件、产品或系统的可靠性进行分析评价。现代的可靠性评价方法有故障模式与效应分析法、故障树分析法、安全性评价法、威布尔分布函数图解分析法、正交试验设计和方差分析法等。对达不到预定目标的零部件或元件的可靠度，要研究改善对策，在采取对策后进行再评价。

(3) 可靠性管理是根据用户要求，在时间与费用允许的条件下，为生产出高可靠性的产品，在设计、研制、生产、使用与维修等整个产品寿命期内所进行的计划、组织、协调、控制等一系列管理工作的总称。它的核心内容是制定并贯彻执行可靠性计划，也称为可靠性大纲。为此，需要建立可靠性组织机构，制定可靠性保证计划与措施，以及有关的人员培训与教育等。

可靠性管理在企业的整个可靠性工作中处于领导和保证地位，离开了可靠性管理，各项可靠性技术活动将难以进行。

### 9.1.5 可靠性对企业生产经营的意义

随着科学技术的飞跃进步，产品结构的日趋复杂，可靠性对产品质量的影响，进而对企业在市场竞争和提高经济效益的影响变得十分突出和重要。这种影响主要表现在以下 2 个方面。

（1）产品结构日趋复杂，可靠性越加重要。现代产品由于性能的改进和功能的增加，结构变得越来越复杂，零部件数量大大增加。例如，一台汽车约有 2 万个零件，一架飞机则有 10 万个零件。零件数量的急剧增加，使产品设备的可靠性相应地有所降低。例如，由 1000 个零件所组成的产品，若每个零件的可靠度均为 0.999，则该产品的可靠度仅为 0.367。反之，若某设备由 100 万个零件组成，如要求设备的可靠度为 0.95，则每个零件的可靠度应大于 0.9999999。

现代产品性能复杂，价格也十分昂贵，一旦出现故障，往往要造成巨大的经济损失，甚至引起严重的人员伤亡事故。如 1984 年 12 月，美国联合碳化物公司在印度的农药厂，由于毒气罐阀门失灵造成 3000 人死亡。1986 年 7 月，美国挑战者号因密封圈失效而被烧毁。可见，可靠性对今天产品的特殊重要性。

另外，随着产品结构的复杂化，使得设计、制造、销售和使用该产品的单位与人员的数量也增多了，人、机关系也更为复杂，在相互配合和操作中更易产生差错，从而增加了不可靠性的因素。因此，随着产品的日趋复杂，对产品的可靠性将会提出更高的要求，使可靠性问题变得更加突出。

（2）可靠性直接影响企业的竞争力和经济效益。提高产品的可靠性后，将使产品质量大大提高，从而增强了企业在市场中的竞争力；反之，则会严重影响企业的信誉，而使企业失去市场。如上海某电视机厂，1978 年生产的黑白电视机平均无故障工作时间（MTBF）仅为 500h，开箱不良率达 23.6%，早期返修率 20.8%，全年亏损 936 万元。后来，工厂开展了可靠性设计与管理，5 年内，MTBF 提高到 5000h，开箱不良率与早期返修率都降到 2%以下，1983 年全年盈利 6680 万元。这个实例最好地说明了可靠性对企业生产经营的重要意义。

提高可靠性，不可避免地要花费一定的资金。但它所带来的效益比增加的费用要大得多。如美国西屋电气公司提高某产品的可靠性后，取得的经济效益与提高可靠度所花费的成本相比，后者仅为前者的 1%。另外，由于设备可靠性提高后，可大量减少维修费用。例如，美国塔康的电子设备系统，平均无故障工作时间由 17h 提高到 150h，每台设备使用 2000 h 的维修费用从 15560 美元减为 1818 美元，明显地降低了生产成本，为企业创造了经济效益。众所周知，日本产品之所以赢得信誉，主要是由于他们产品的可靠性好。日本自 50 年代从美国引进可靠性技术后，一直致力于产品可靠性的提高，极大地改善了汽车、彩电、工程机械等多种门类产品的可靠性，使日本产品畅销全球，为企业带来了巨额利润。为使我国的产品能在国际市场中具有良好的信誉，增强竞争力，并能给企业带来应有的经济效益，我们必须大力开展可靠性设计和管理，把它作为质量管理的一项重要内容来加强工作。

## 9.2 可靠性设计

保障产品的可靠性是从设计环节开始的。在设计时就应考虑到产品整个寿命周期的一切环节，即从开始研制直到使用的一切环节，都需要分析、研究和管理。

系统的可靠性设计在遵循系统工程规范的基础上，在系统设计过程中，采用一些专门技术，将可靠性“设计”到系统中去，以满足系统可靠性的要求。

系统可靠性设计技术可以保证和提高系统可靠性为主要目标的设计技术和措施。它是提高系统可靠性的行之有效的方法。

### 9.2.1 可靠性设计的工作内容

可靠性设计的主要内容概括起来可以有以下几个方面：

（1）建立可靠性模型，进行可靠性指标的预计和分配。要进行可靠性预计和分配，首先应建立产品的可靠性模型。而为了选择方案、预测产品的可靠性水平、找出薄弱环节，以及逐步合理地将可靠性指标分配到产品的各个层次上去，就应在产品的设计阶段，反复多次地进行可靠性指标的预计和分配。

（2）进行各种可靠性分析。诸如故障模式影响及危害度分析、故障树分析等，以发现和确定薄弱环节，在发现了隐患后通过改进设计，从而消除隐患和薄弱环节。

（3）采取各种有效的可靠性设计方法。把可靠性设计方法和产品的性能设计工作结合起来，减少产品故障的发生，最终实现可靠性的要求。

系统可靠性设计的方法是借助系统工程的科学方法，根据可靠性设计的步骤做出设计流程图，如图 9-7 所示。

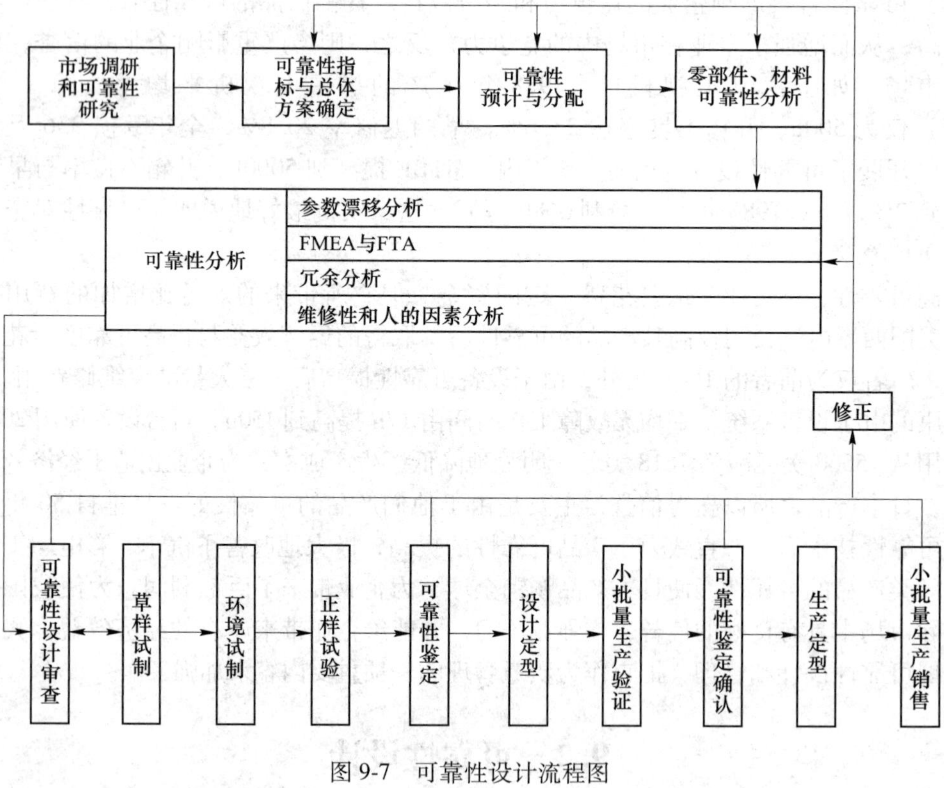


图 9-7 可靠性设计流程图

### 9.2.2 可靠性设计的重要性

可靠性设计是系统总体工程设计的重要组成部分，是为了保证系统的可靠性而进行的一系列分析与设计技术。

可靠性设计是可靠性工程的最重要的阶段，表现在：

（1）设计规定了系统的固有可靠性。如果在系统设计阶段没有认真考虑其可靠性问题，那么以后无论怎样注意制造、严格管理、精心使用，也难以保证产品的可靠性要求。

（2）现代科学技术的迅速发展，使同类产品之间的竞争加剧。只有在设计阶段采取措施，提高产品的可靠性，才会使企业在激烈的市场竞争中取胜，提高企业的经济效益。

（3）在设计阶段采取措施，提高产品的可靠性，耗资最少，效果最佳。美国的诺斯洛普公司估计，在产品的研制、设计阶段，为改善可靠性所花费的每一美元，将在以后的使用和维修方面节省30美元。

### 9.2.3 可靠性设计的原则

在可靠性设计过程中应遵循以下原则：

（1）可靠性设计应有明确的可靠性指标和可靠性评估方案；

（2）可靠性设计必须贯穿于功能设计的各个环节，在满足基本功能的同时，要全面考虑影响可靠性的各种因素；

（3）应针对故障模式（即系统、部件、元器件故障或失效的表现形式）进行设计，最大限度地消除或控制产品在寿命周期内可能出现的故障（失效）模式；

（4）在设计时，应在继承以往成功经验的基础上，积极采用先进的设计原理和可靠性设计技术；

（5）在进行产品可靠性的设计时，应对产品的性能、可靠性、费用、时间等各方面因素进行权衡，以便作出最佳设计方案。

## 9.3 可靠性分析

为了保障设计的可靠性，就要对系统的设计方案进行可靠性分析。随着系统的不断庞大和复杂，若设计不当，可能会使系统发生故障。因此，为保证产品的可靠性，必须进行有效的可靠性分析。

### 9.3.1 可靠性分析的应用范围

可靠性分析的应用范围很广，主要有以下几方面的用途。

（1）可靠性和维修性分析。应用可靠性分析，可在产品设计阶段进行故障预测，并采取消除缺陷的措施；可在制造阶段进行故障预测，并指出主要制造缺陷和存在的问题；可在试验阶段检查出存在的问题及侧重点，以提高试验检查的有效性。另外，也能利用可靠性分析，发现软件的错误（图样、设计文件的问题，及在其更改、发放中的问题），指出人为的失误，以及产品在使用操作上和维修上的问题；也能指出进行故障分析和质量诊断中的问题。

根据对产品、系统或零部件的可靠性、维修性的分析，可针对上述的不同问题提出改进措施。

（2）安全性分析。同样可以应用可靠性分析来检查和分析产品、系统的安全性的问题。但这时要用危险模型取代故障模型，进行危险性分析。

### 9.3.2 可靠性分析技术

常用的可靠性分析方法有两种：故障模型与效应分析和故障树分析。

9.3.2.1 故障模型与效应分析

故障模型与效应分析（Failure Mode and Effect Analysis，FMEA）是一种设计分析方法。它是在系统设计过程中，通过对系统各组成单元潜在的各种故障模式及其对系统功能的影响进行分析，提出可能采取的预防改进措施，以提高产品质量与可靠性。

故障模型与效应分析的关键工作是：描述产品、工艺或工序的功能；描述被预测的故障模型；描述故障效应；描述故障原因；推测危险度。具体描述为：

（1）描述产品、工艺或工序的功能。所谓描述产品、工艺等的功能，是指对它们的功能进行鉴别、分类，研究什么是产品、系统、零部件，以及产品工艺、专业工艺或制造工序的工作目的，即在完成这些产品或工序后，应达到什么状态才是工作应有的结果。这里所指的功能是故障所影响的功能。例如，对产品来说，已成型铸件的气密性；操纵机构机械操作的稳定性等。对工艺来说，如成组铆钉自动送料和铆接；压铸工序将熔化的金属液挤入压铸模中等。

（2）描述被预测的故障模型。即研究被考察的产品、零部件、工艺、工序为什么未能完成它的预定功能，其结果导致了什么性质的缺陷或故障？这些缺陷或故障的性质或类型叫做故障模型。例如，对产品来说，如破损（开裂、折断）、变形、过热、泄漏、操作失灵等。对工艺来说，如：加工超差、粗糙、泄漏、变形、砂眼、损坏等。

故障模型是建立在过去的故障经历基础上的，在分析中着眼于过去是怎样发生故障的，而不是将来会不会发生故障。

（3）描述故障效应。这是指故障对功能影响的严重程度，研究被描述的故障模型将发生什么结果，其结果将对产品、工艺或工序产生怎样的影响？

按影响的性质考虑，故障效应从如下的几方面进行分类：对人身安全有无影响；因故障产生经济损失的严重程度；整个产品或系统功能的残存率等。

按影响的作用考虑，故障效应可分为始终起作用的、断续起作用的、不起作用的、有干扰的、无效应的、冲击性的、不耐久的、不精确的等等。这里描述的故障效应具有潜在的性质。

（4）描述故障原因。确定出故障模型后，要进一步查找产生故障的原因。为此，要列出相应于每一个故障模型的全部原因，并保证每个相关的原因都针对着为消除原因将采取的纠正措施的全部意图。

故障原因分为内因和外因两类。内因是指故障的机理，外因往往是零部件所受的应力条件。如：高压断路器（产品）发生拒动故障，展开为某一传动零件折断（结构要素的故障模型）所致。究其原因可能是：设计不合理、零件因疲劳而折断、焊接或热处理时内应力未消除。这些都是导致零件折断的内因，即故障机理。发生这种故障的原因也可能是：各种环境温度过低，引起焊缝开裂；化工气体腐蚀，造成传动强度不足。这些都是导致零件折断的外因，即应力条件。

（5）推测危险度。危险度是表示一个具体故障模型造成故障的严重程度的一个尺度。

它是由故障发生的概率、故障影响度和故障检出的难易度构成的一个综合性指标，按上述3项数值的乘积计算。

其中，故障的发生概率，是估计发生故障的可能性。随故障发生可能性的程度不同，分别记为1~5分："1"分表示一个非常不可能发生的故障；"5"分表示一个非常有可能发生的故障。故障的影响度是指故障对系统造成后果的严重程度。也可以用1~5分表示不同的严重程度。"1"分表示不重要的缺陷；"5"分表示一个严重的全面的故障。故障检出难易度是指：在产品到达用户手中之前，一个潜在问题（缺陷、故障）被检查出来的可能性。随故障检出的难易程度不同，分别记为1~5分。"1"分表示在产品到达用户之前，故障将被检查出来的可能性很大，"5"分表示在产品到达用户之前，故障被检查出来的可能性很小。

危险度的推测数(1~125)=故障发生概率(1~5)×故障影响度(1~5)×故障检出难易度(1~5)。

在评价故障危险度时，可按分值区分。一般，1~40分定为一级危险度（不致命）；41~80分定为二级危险度（致命）；81~125分定为三级危险度（高度致命）。在进行可靠性预测或设计时，记分在不致命范围内时，一般无须采取纠正措施（或改善对策）；如果记分在致命级或高度致命级时，则要采取纠正措施，使故障的危险度降至不致命级。

故障模型与效应分析一般涉及下述的几个步骤：

1）列出系统、产品的组成单元及各单元的功能；

2）分析功能之间的作用关系或影响关系；

3）准确地找出潜在故障模式及其对用户可能造成的严重后果（故障发生的概率、故障影响度、故障检出的难易度）；

4）计算危险度，从而查明薄弱点；

5）拟定设计改进方案及其实施计划；

6）改进方案实施后，修改故障模式与效应分析。

最后，把结果编写在专门的故障模式与效应分析表格（FMEA表）上。表9-2是一份典型的FMEA表。其内容是针对一种高压断路器的故障情况所作的分析与拟采取的对策措施。由表可知，在列出了故障部位、故障所影响的功能、故障模型和故障原因后，要分析每项故障的发生率、对系统的影响程度和事前的检出难易度，然后计算出每项故障的综合危险度，根据危险度的高低，找出关键部位，结合它们的故障模式和故障原因，采取对策，加以改善。对策实施的效果要进行验证，在确认其有效后，重新计算危险度，直到危险度减至低级范围之内为止。

故障模型与效应分析大致流程如图9-8所示。

故障模式与效应分析主要用于下列情况：

1）与安全有关的系统、组件或产品；

2）会造成严重后果或后果代价巨大的潜在的故障模式；

3）主要的新产品；

4）新技术、新材料和新工艺，尤其是当它们在前阶段开发时未有足够保障的情况下；

5）概念或功能上的变化；

6）重新使用过去有问题的组件；

**表 9-2 高压断路器 FMEA 表**

| 故障部位 | 故障所影响的功能 | 故障模型 | 故障在运行使用中发生的阶段 | 故障原因 | 故障所影响的系统功能 | 故障危险度 | | | | 判定 | 对策 | 验证 | 采取对策后的危险度 | | | |
|---|---|---|---|---|---|---|---|---|---|---|---|---|---|---|---|---|
| | | | | | | 对系统的影响度 | 故障率 | 事前检出的难易度 | 综合危险度 | | | | 对系统的影响度 | 故障率 | 事前检出的难易度 | 综合危险度 |
| 1 | 2 | 3 | 4 | 5 | 6 | 7 | 8 | 9 | 10 | 11 | 12 | 13 | 14 | 15 | 16 | 17 |
| ◎◎◎ | 驱动力传递 | 变形 | 分闸操作 | 材料不适 | 产品（系统）操作速度降低 | 3 | 2 | 4 | 24 | | 选择合适材料对故障零件◎◎◎作50×1000次机械操作试验 | 50000次试验，无异常 | 3 | 1 | 4 | 12 |
| | | 破损 | 分闸操作 | 应力过大，材料不适 | 产品（系统）驱动力传递中断 | 5 | 4 | 3 | 60 | ⊗ | 选择合适材料对故障零件◎◎◎作50×100C次机械操作试验 | 试验到8450次时，零件◎◎◎又发生磁损，修改设计减少应力，重做50000次试验，合格 | 5 | 2 | 3 | 30 |
| △△△ | 气密性 | 泄漏 | 投入运行 | 铸件不良 | 绝缘介质泄漏引起压力不足影响产品的开断能力和绝缘水平 | 4 | 3 | 5 | 60 | ⊗ | 对铸件全数作气密性试验检查 | 全数检查，挑选合格品 | 4 | 2 | 5 | 40 |

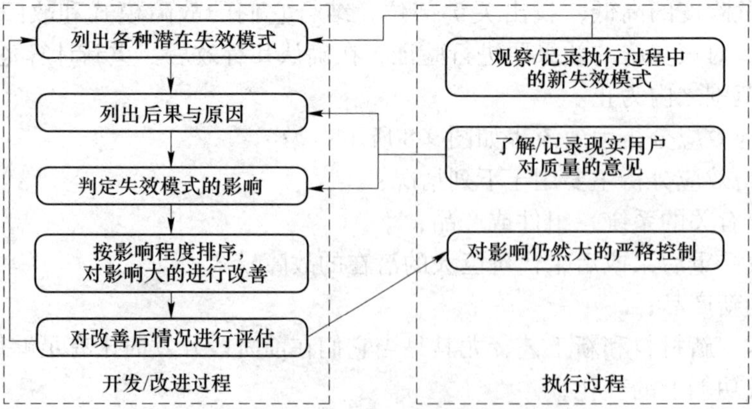


图 9-8 故障模型与效应分析大致流程

7）使用现有产品方面出现了新情况。

9.3.2.2 故障树分析

故障树是一种借用树形图的形式来表示零部件、组件和系统各层面出现的功能缺陷之间的逻辑关系。图 9-9 是故障树的示意图。图中的最高位事件直接显示为故障的结果事件，图中的低位事件是仅导致其他事件原因的事件，若该低位事件是无须探明其发生原因的事件，则称它们为基本事件。图中的中位事件是低位事件与最高位事件之间的结果事件，即由其他事件或事件组合所导致的事件。

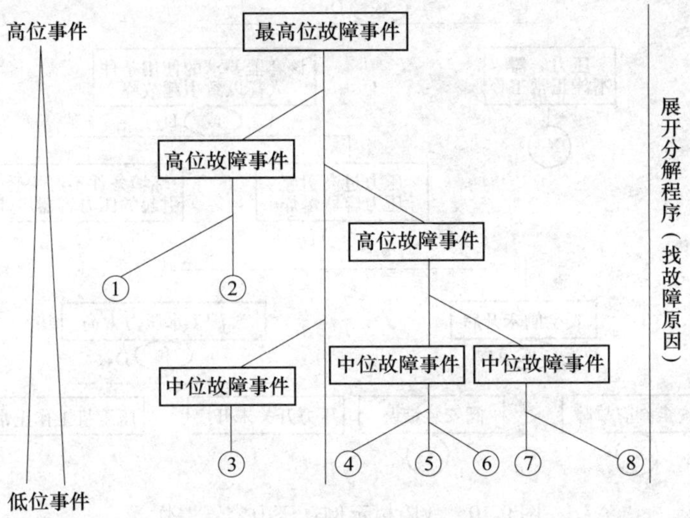


图 9-9 故障树图

所谓故障树分析（Failure Tree Analysis，FTA），就是根据故障树，确定系统故障原因的各种可能组合方式及其发生概率，并计算系统的故障概率，进而采取相应的措施，以提高系统质量的一种设计分析方法。故障树分析包括下述的几个步骤：

（1）对系统进行详细的分析，不仅要分析系统的功能、环境条件、资源、系统结构，还要分析组件的相互作用、系统对不同环境条件的反应及内在故障。

（2）查明引起不良后果的故障，并查明故障特征。

（3）确定可靠性参数，这些参数包括在一定时间内系统发生故障的次数，以及停机时间等信息。

（4）查明造成不良后果的、可能发生在组件和功能要素上的故障。

（5）从不良后果开始，绘制故障树。

（6）分析故障树。典型的分析结果是：可以导致不良后果的故障综合体；出现故障综合体的概率；出现不良后果的概率；导致不良后果的故障综合体的最小概率。

（7）解释这些结果，并将其纳入故障模式与效应分析行动计划之内。

图 9-10 是一个故障树分析的实例。该实例是关于“压力容器爆炸”的故障原因分析。图中的高位事件就是“压力容器爆炸”。将引起爆炸的原因分层展开、分解，直到基本事件，这样就形成了故障树分析图。图中标有 $X_1$ 的即为基本事件，如“压力容器不能正常工作”（$X_1$）、“安全阀有故障”（$X_2$）、“阀安装错误”（$X_3$）等，其他的为中位事件。图

中的 $D_1$ 表明事件之间的逻辑关系，用椭圆图形表示。椭圆内标“或”的表示两事件为“或门”逻辑，即只要有一个事件发生就会引起故障。如“压力过高”或“环境条件不可接受”都会引起爆炸，这两个事件就是“或”的逻辑关系；标“和”的表示两事件之间为“与门”逻辑，必须两事件同时发生才会引起故障。例如，只有当压缩机正在工作而压力开关又未开启的情况下，才有可能引起压力太高。这样，利用故障树从高位事件向低位事件层层探索，就能查明故障的原因。

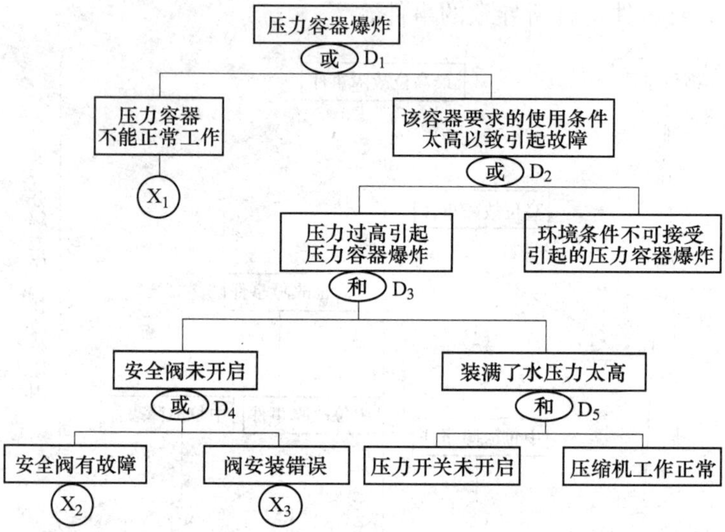


图 9-10 故障树示例：压力容器爆炸

与 FMEA 法相比，这两种分析方法的使用目的与所应用的分析原则都是相同的，但 FMEA 是用于查明潜在的故障及其原因与后果，常常针对一个结构要素的故障特征进行分析，来查找故障原因和采取改善措施的；而故障树分析则以会对用户造成不便或已对用户造成不便的一个具体故障或不良后果为开端，从系统的高位事件向低位事件展开，逐层深入地查明造成故障的原因。因此，在产品开发阶段，更应使用故障树分析。产品或生产工艺越复杂，进行故障树分析就越显得重要。因为，随着大量技术界面和相互依存关系的出现，带来了大量的潜在故障原因相互纠缠，这是故障模式与效应分析不能完全覆盖的，故应在那些已查明故障风险高、故障原因相互依存的领域应用故障树分析，以便对故障模式与效应分析进行扩展和深化。

## 9.4 可靠性管理

### 9.4.1 可靠性管理概述

#### 9.4.1.1 可靠性管理的意义

要使规定的产品可靠性指标在产品设计、生产和使用过程中体现出来并维持下去，就必须进行可靠性管理。可靠性管理活动贯穿于产品形成的全过程。可靠性管理活动与各项专业管理，特别是质量管理有着密切的关系，而可靠性管理本身也是质量管理的一个重要组成部分。实践证明，加强可靠性管理，对提高企业的经济效益和全社会效益至关重要。

9.4.1.2 可靠性管理的任务

可靠性管理的任务是通过制定和实施可靠性工作计划，组织、协调、检查、监督和控制一系列可靠性活动的开展。进行可靠性管理，要有纵向控制与横向联合。用户与承制方、整机厂、所有零件、器件厂家，都应该互相把对方看成是自己的前、后工序，互相监督，不管是哪一方都是工程的主体，都是为谋求某一工程的使用性能与可靠性而尽职尽力。为实现和维持工程的可靠性，要求参与工程的有关各方应统一认识、统一目标、统一计划、统一协调、统一行动，确保工程的可靠性。

9.4.1.3 可靠性管理的内容

承制单位的可靠性管理工作基本上有以下几方面的内容：

1）宣传贯彻上级有关可靠性的方针、政策、法规、标准、规范；

2）编制和实施可靠性工作的规划、计划；

3）组织制订和实施产品可靠性保证大纲；

4）组织开展可靠性工程应用技术的研究与推广；

5）组织制订产品可靠性管理的规章制度；

6）组织产品可靠性设计评审，对产品的可靠性进行鉴定与评价；

7）对外购器材实施可靠性监控；

8）建立故障报告、分析和纠正措施系统；

9）负责可靠性信息管理；

10）开展可靠性工程教育、培训和咨询活动。

### 9.4.2 可靠性计划

9.4.2.1 制定可靠性计划的基本原则。

（1）计划应包括从产品的早期设计开始到使用阶段的整个寿命周期；

（2）制订实施各种业务的日程表，以便审查计划的进展情况；

（3）预算出执行各项任务所需的设备、经费及时间，明确负责人的职责和权限；

（4）定期检查计划执行情况，必要时可对计划进行补充和修正。

9.4.2.2 制定可靠性计划应考虑的因素

可靠性工作计划是产品研制生产计划的一部分，应进行统一的计划调度，保证其贯彻执行。制订可靠性工作计划应考虑下列因素：

（1）产品（或系统）可靠性水平的高低。要求越高、工作安排越细，可靠性工作项目越多。

（2）针对产品研制的不同阶段，制订不同的工作项目。

（3）产品种类及同类产品的可靠性状况。不同类产品的可靠性要求不同，可靠性工作项目亦不同。

（4）产品研制的其他要求。如资金和进度等。

9.4.2.3 可靠性计划的内容

可靠性工作计划按产品寿命周期的阶段分阶段制订，这是一种自然的、系统化的方法。整个产品的寿命周期分为3个阶段，即研制、生产、使用阶段。研制期本身又可分为3个阶段：方案研究、方案验证和工程研制。对于比较简单的系统，工程研制以前可作为一个阶段。

（1）方案研究阶段。对各种设计方案进行分析对比的过程。在这个过程中就应开展部分可靠性工作，如制定部分外协、外购件控制计划；部分元器件控制计划；初步可靠性预测和分配；部分设计评审；初步失效分析、应力分析；制定关键项目清单；制定维修方案等。

（2）方案验证阶段。对几种方案进行深入分析，即进行必要的试验和分析，确定具体研制方案的过程。这一过程中应建立部分失效反馈、分析和改正制度；全面的可靠性分配和应力、失效分析；部分环境试验、应力筛选、增长试验及先行部件的鉴定试验。

（3）工程研制阶段。工程研制阶段指设计、制造、试验、鉴定产品（或系统）的过程。在这一过程中，可靠性工作应全面展开。主要有如下内容：

1）可靠性预测与分配；

2）FMEA（及FTA）分析和应力分析；

3）设计评审；

4）进行耐环境分析及环境试验；

5）元器件与原材料的选用、评定及备件预测。

6）安全性设计；

7）失效反馈、分析与改正制度的建立；

8）可靠性增长管理；

9）设计鉴定与鉴定试验；

10）使用可靠性计划与验证；

11）元器件与产品失效数据的分析与管理。

（4）生产阶段。生产阶段的可靠性工作主要有如下内容：

1）质量控制计划；

2）外协件控制；

3）失效的反馈、分析与改正制度；

4）关键项目控制；

5）设计更改控制；

6）验收试验；

7）可靠性鉴定试验。

（5）使用阶段。此阶段的可靠性工作主要有以下内容：

1）可靠性数据的收集与分析；

2）备件的测试与管理；

3）人员培训；

4）使用与维修文件管理；

5）工具与测试设备的供应。

可靠性工作计划可根据不同的要求，参考上述内容制订。按GJB450《装备研制与生产的可靠性通用大纲》规定，可靠性工作项目如表9-3所示。表中所列内容可供制定可靠性工作计划时参考。

表 9-3 可靠性工作项目

| 序号 | 工作项目 | 序号 | 工作项目 |
|---|---|---|---|
| 1 | 制订可靠性工作计划 | 10 | 潜在电路分析 |
| 2 | 对转包方和供应方的控制 | 11 | 容差分析 |
| 3 | 可靠性大纲评审 | 12 | 元器件选用大纲 |
| 4 | 故障报告、分析、纠正系统 | 13 | 可靠性关键、重要件的确定 |
| 5 | 故障审查 | 14 | 测试、包装、贮存、运输、维修可靠性 |
| 6 | 可靠性模型 | 15 | 环境应力筛选 |
| 7 | 可靠性分配 | 16 | 可靠性增长试验 |
| 8 | 可靠性预测 | 17 | 可靠性鉴定试验 |
| 9 | PMECA 分析 | 18 | 可靠性验收试验 |

### 9.4.3 设计过程的可靠性管理

#### 9.4.3.1 设计过程可靠性的要求

可靠性控制首先是对设计环节的控制。同时，在设计时就应考虑到产品整个寿命周期的一切环节，即从开始研制直到使用的一切环节，都需要分析、研究和管理。

设计过程可靠性管理的首要问题应明确产品（或系统）的可靠性要求。在提出一种新产品方案时，要全面分析用户的需要，从用户需求出发，提出产品的基本性能、主要特点、主要技术指标及所包含的可靠性指标，并进行可行性论证。在论证的基础上，提出正式的技术要求。技术要求应包含可靠性的要求、方针和规范，是制定可靠性工作计划的依据，其有关可靠性的要求如下。

（1）规定产品的基本功能、特征和性能指标；

（2）规定可靠性、可维修性及安全性指标和要求；

（3）规定设计、生产过程中的元器件、原材料的控制方法；

（4）规定产品维修的方法；

（5）说明产品寿命周期全过程的环境条件；

（6）规定产品使用后可靠性数据的收集与分析要求；

（7）规定技术文件的管理制度；

（8）有关其他特殊要求。

#### 9.4.3.2 设计可靠性的工作内容

产品的设计过程是产品可靠性的奠基阶段。产品的可靠性在很大程度上取决于设计中所开展的可靠性保证工作。这些保证工作包括两方面的内容。

（1）保证产品可靠性的技术手段及有关设计措施。可靠性目标的实现，从本质上讲是在收集分析元器件、零部件可靠性数据的基础上，采取提高可靠性的设计措施来实现的。因此，在产品设计过程中，广泛采用分析法、FMECA 分析及故障树分析等手段，以及开展冗余设计、容差设计、容错设计、耐环境设计、人机工程设计及维修性设计等设计手段，来保证产品的可靠性。

（2）保证产品可靠性的组织与管理。保证可靠性目标实现的重要条件是做好设计过程可靠性工作的组织与管理，应有专门的机构从事可靠性技术工作及可靠性管理工作。开展可靠性目标的拟订、可靠性控制计划的制订与实施，以及设计方案的可靠性审查与评审，从管理上保证产品的可靠性。

总之，设计过程的可靠性保证是可靠性工作中的主要环节。因此，做好这一阶段工作具有重要意义。

### 9.4.4 生产与使用过程的可靠性管理

#### 9.4.4.1 生产过程的可靠性管理

生产过程的可靠性管理是全过程质量管理的中心环节，是实现设计可靠性的重要保证。实践证明，只有优质、稳定的生产线，才能保证大批量、稳定地生产出高质量的产品。在生产过程中，影响产品可靠性的因素主要有操作者、原材料、设备、操作方法、环境条件等。这些因素对产品可靠性发生综合作用的过程，也就是产品因有可靠性退化或增长的过程。生产阶段可靠性保证的任务，就是要建立保证生产出符合设计要求的产品的管理系统。

生产阶段的可靠性管理，主要是生产现场的管理、工序质量管理、老化筛选、检验试验管理等。

生产过程可靠性管理的核心，仍然是工序质量控制。有关内容本书第 4 章节已做了详细介绍。下面仅介绍可靠性试验、可靠性增长管理及技术状态管理等内容。

（1）可靠性试验。可靠性试验包括可靠性增长试验、设计鉴定试验、环境试验、寿命试验、应力筛选试验等内容。

可靠性增长试验是一个试验-改进-再试验的过程，基本目的是暴露产品在设计和制造中的缺陷，以便进行改进，从而提高可靠性，使最后能在预定的时间内达到预定的可靠性指标。利用增长模型可以预测可靠性增长趋势，便于对可靠性进行管理。

设计鉴定试验的目的是在设计定型时，对设计可靠性进行鉴定，这也就是可靠性验证试验。生产验收试验也是验证性试验，验证性试验通常是抽样检验。

环境试验的目的是考查产品对环境的适应能力，也是一种摸底试验。

寿命试验则是可靠性试验中很重要的内容，包括 MTBF 试验和耗损寿命试验，以及贮存寿命试验。加速寿命试验保持失效机理不变，但可以缩短试验时间。

环境应力筛选是保证系统可靠性的极为有效的方法，在产量不太大的情况下，可以代替抽样试验。

（2）可靠性增长管理。可靠性增长管理的目的是在预定的时间内，达到预定的可靠性水平。

产品可靠性增长的一般规律示意图如图 9-11 所示。图中，纵坐标上 $\theta$ 处的水平虚线，表示预测的（理想的）可靠性水平。可靠性增长分 3 个阶段。在研制期间，可靠性增长是由于排除了设计和制造两方面的各种缺陷，到设计定型时，可靠性已达到预定的水平 $B$ 。开始投入批生产时，由于生产设备、技术和工人不够熟练等原因，使可靠性下降到 $C$。随着这些缺陷被排除，可靠性将上升。经过一定时期的试生产，可靠性上升到已验收的水平 $D$ ，开始投入使用。这时，由于使用环境条件的某些缺陷（即不符合预定的环境条件），加之操作人员不够熟练，使可靠性下降到 $E$ 。随着使用环境条件的改进和操作人员熟练程度的提高，可靠性将上升，如曲线 $EF$。在良好情况下，使用中实现可靠性逐渐接近设计水平，但一般不会达到理想的设计可靠性水平。

可靠性增长管理通过增长试验、设计评审、工艺评审等手段，一直贯穿于生产与使用的全过程。

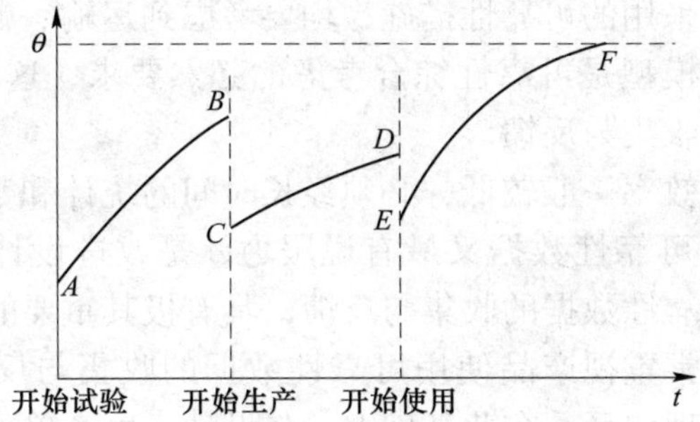


图 9-11 系统可靠性增长曲线

(3) 产品技术状态管理。产品技术状态管理包括元器件、原材料、外协件、外购件、生产设备和工艺等状态的管理。在研制中，经过多次修改的产品设计最后达到满意的性能与可靠性。这时，为了确保其性能和可靠性不被破坏，则要求此后生产中的技术状态保持不变，而实行状态冻结。但是，此后的技术状态由于原材料、元器件、生产设备和工艺更新等原因，总不可能绝对不变。这样就不能要求绝对冻结技术。但应在试验成功后确定一个技术状态的“基线”，而实行技术状态的管理，以保证技术状态受到控制，但同时又有必要的灵活性。

对于比较简单的产品，这种技术状态管理问题不突出，因为企业内部的例行管理制度已经将其包括了。但对于复杂产品和大系统，则必须建立专门的管理制度。技术状态管理应由计划管理部门、生产工艺部门、设计部门、使用服务部门、质量管理部门、生产管理部门、可靠性与可维修性工程部门等组成联合管理机构予以实施。

9.4.4.2 使用过程的可靠性管理

使用阶段的可靠性与维修性、人机工程等多种因素有关，要保证产品使用的可靠性，应特别重视操作管理、维修管理及使用可靠性数据的收集与反馈等项工作。

A 操作管理

操作管理应做到以下几点：

(1) 使用单位应根据要求和实际情况，选购合适的产品；

(2) 根据产品的性能、有效度和经济性等来安排任务，避免大机小用、精机粗用或超负荷使用；

(3) 操作人员的技术水平、熟练程度、工作责任心等要与所用的产品要求相适应；操作者必须熟悉产品的使用说明书，并经过培训、考试，合格后持证上岗操作；

(4) 应根据各种产品的使用要求与特点，制定出科学的操作规程、维修规程并严加执行；

(5) 应根据产品的可靠性、任务要求等，制订完备的备件供应计划；

（6）应根据产品的全寿命周期费用核算等有关情况，确定产品的报废期。凡达到该报废的产品则必须报废。

B 使用可靠性数据的收集

产品的可靠性是由产品的设计制造可靠性、产品的运输可靠性、产品的贮存可靠性及产品使用可靠性构成。无论是产品的可靠性预测、分析，还是失效模式分析，以及在设计、生产、试验过程中所采用的可靠性措施，均要考虑到运输、贮存及使用的可靠性。建立产品寿命周期的可靠性模型是可靠性综合考虑的必然要求，这一切均依赖于产品运输、贮存、使用可靠性数据的收集与反馈。

产品运输、贮存的失效率一般较低，必须经长时间的统计和数据积累，才能获得有意义的统计值。产品使用的可靠性数据又最有说服力，是改进设计、制造工艺最有力的数据。因此，使用过程的可靠性数据的收集与反馈，具有极其重要的作用。

为此，使用单位应非常重视产品使用可靠性数据的收集与反馈工作，建立完善的制度，形成可靠性数据的管理体系。在此基础上，与设计、生产单位共同形成完善的可靠性数据信息网，以便不断改进设计制造的可靠性，提高可靠性水平。

### 9.4.5 可靠性管理机构的任务

为保证设计可靠性应把一切有关人员组织起来，共同保证可靠性。一般，直接涉及产品设计可靠性的部门有 3 部分：负责可靠性技术部门、负责可靠性管理的管理部门及设计部门。

（1）可靠性技术部门。企业通常设置可靠性技术部门，如可靠性技术室（或组），该部门拥有可靠性技术人才，主要任务是可靠性技术设计工作。对于订货单位的可靠性技术部门，主要的任务是监督、检验或审查其他单位的工作。产品研制开始，可靠性技术部门就有制订可靠性方针、计划和工作程序的任务。可靠性技术部门的一般任务如下。

1）负责组织制订产品可靠性工作计划，作为产品研制计划不可分割的一部分；

2）协助和指导可靠性设计。包括：分清定性和定量的可靠性要求；指出设计中应考虑的问题；编制元器件选用指南；协助设计人员进行故障分析；向设计人员提供可靠性反馈信息并提出建议等。

3）负责完成定量的可靠性分析；评定不同时期产品的可靠性水平；发现潜在问题；

4）参加设计评审，报告当前可靠性状况和存在的问题，并提出建议供讨论和决策；

5）分析检查产品失效状况及存在的问题，提出改正措施建议；

6）对采用的元器件及技术条件进行检查，保证所用的元器件始终合乎标准，且是可靠的。

7）检查制造部门的质量控制计划，确保能体现可靠性要求并能从试验和失效中取得适用的数据；

8）检查可靠性试验的计划及实施情况；协助进行试验分析和编写试验报告。

（2）可靠性管理部门。可靠性管理部门一般设在质量管理部门中，其在可靠性工作中的任务如下。

1）编制和实施可靠性工作的规划、计划；

2）组织制订与实施可靠性管理的制度及有关文件；

3）组织可靠性的设计评审；

4）负责可靠性信息管理；

5）开展可靠性教育、培训和咨询活动。

(3) 可靠性设计部门。设计部门在可靠性工作中的任务是：

1）在可靠性技术部门的支持下，负责可靠性设计；

2）向可靠性技术部门提供详细的设计资料，以供评审和分析；

3）负责进行 FMECA 和故障树分析，以设计人员为主，并与可靠性技术人员密切合作；

4）进行应力分析及边缘性能分析。

企业负责人不直接负责可靠性工作，但对可靠性工作起决定性的作用。这是由于可靠性工作需人力、物力、财力的保证，许多工作项目涉及重大决策问题，需最高领导层决定。因此，企业领导人应了解可靠性工作及其重要性，为提高产品的可靠性做出保证。

### 9.4.6 案例分析

**【例 9-4】** 我国载人火箭可靠性国际领先。

2016 年金秋时节，两枚长征二号 F 运载火箭（以下简称“长二 F”火箭）相继升空，打赢了我国载人航天工程空间实验室阶段发射任务的“核心之战”。“长二 F”火箭又称“神箭”，“神箭”到底“神”在哪？在“长二 F”火箭原总设计师刘竹生院士眼中，最“神”的地方莫过于“长二 F”火箭的高可靠性和高安全性。

“对于不载人的火箭来说，可靠性只要超过 0.91 就行，在安全性上没有特殊要求。而用于发射载人飞船的火箭，可靠性应达到 0.97，安全性要求为 0.997。”刘竹生院士介绍：“所谓可靠性 0.97，简单地说，就是指发射 100 次，失败不能超过 3 次；在这 3 次可能的失败中，发生危及航天员安全的事故的概率要小于 0.003。我国“长二 F”火箭完全是按照这一指标设计的，经过 13 次“实战”检验，“长二 F”火箭可靠性、安全性的实际验证值已超过这组数据，均处于国际领先水平。”“长二 F”火箭如图 9-12 所示。

图 9-12 “长二 F”火箭

有的朋友或许会问，0.97 距完全可靠还有 0.03 的距离，为什么不做到 100%呢？

其实，能达到 0.97 的可靠性已实属不易，刘竹生为记者举了个例子：要使火箭的可靠性达到 0.9999，那零件的可靠性就要达到 0.99999999，也就是 1 亿个零件中最多只有 1 个零件不合格。

看来，火箭的可靠性每向前迈一步，都要付出相当大的努力。那么，我国“长二 F”火箭的可靠性是如何达到 0.97 的呢？

刘竹生介绍：“提高可靠性的方法有很多。首先在设计上，可以采用‘冗余’、消除

‘单点’故障模式、提高裕度等方法。然后，火箭还会做一系列地面试验进行验证，确保设计可靠性。”

能否让严谨的设计变成现实的火箭，关键看生产。为了确保可靠性，中国运载火箭技术研究院还对生产过程进行规范。刘竹生说：“譬如，其他火箭在生产时，如果出现‘超差’（也就是与设计标准略有出入）的零件，只要不会给火箭带来隐患，可以填‘超差单’放行。但生产‘长二 F’火箭时，则拒绝超差处理，出现超差就报废，多急多贵也不行。”

“当然，所有技术手段、规章制度，都要靠人去实现，人才是可靠性的关键。”刘竹生说：“近年来，我国的载人航天工程、探月工程等重大航天工程依次上马，锻炼和培养出一代又一代负责任、敢担当的栋梁之材，这才是航天事业最可靠的保障、最宝贵的财富。”

## 复习思考题

1. 什么是可靠性？
2. 如何计算串联和并联系统的可靠度？
3. 可靠性设计的原则是什么？
4. 故障模型与效应分析的关键工作是什么？
5. 说明生产过程可靠性管理的内容。
6. 求下图混联系统的可靠度。已知：$R_1 = 0.92, R_2 = R_3 = R_4 = R_5 = R_6 = R_7 = 0.99$。

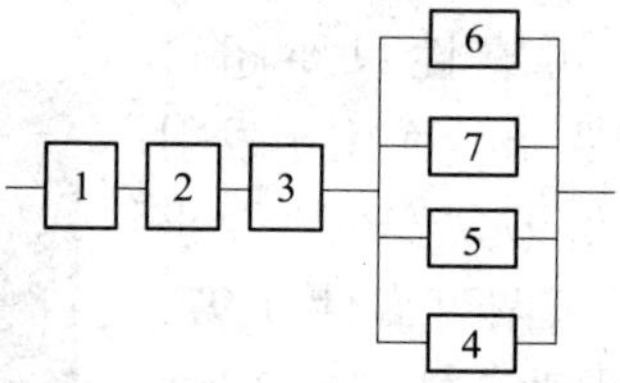


7. 求两种系统的可靠度。已知：$R_{11} = 0.92, R_{12} = 0.81, R_{13} = 0.79, R_{14} = 0.69, R_{21} = 0.99, R_{22} = 0.85, R_{23} = 0.73, R_{24} = 0.62$。

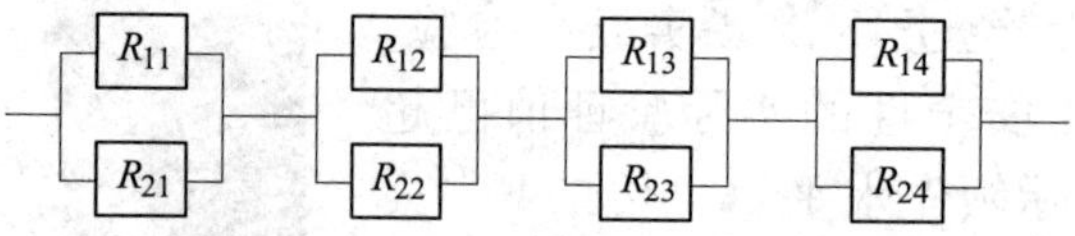


a

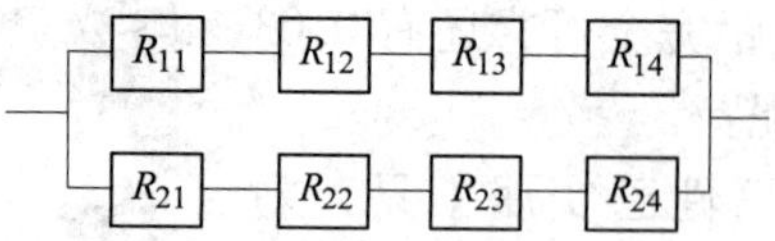


b

# 参 考 文 献

[1] 强瑞．供应链质量形成机理与危机预警［M］．武汉：武汉大学出版社，2014.

[2] 何桢，周延虎，高雪峰．精益六西格玛及其实施［J］．西安电子科技大学学报（社会科学版），2006，16（1）：13~17.

[3] 张凤荣．质量管理与可靠性［M］．北京：机械工业出版社，2006.

[4] 李晓男．质量管理与控制技术基础［M］．北京：北京理工大学出版社，2017.

[5] 熊伟．现代质量管理［M］．浙江：浙江大学出版社，2008.

[6] 尤建新，邵鲁宁，武小军．质量管理理论与方法［M］．沈阳：东北财经大学出版社，2009.

[7] 张根保．现代质量工程［M］．北京：机械工业出版社，2015.

[8] 顾海洋．质量管理与控制技术基础［M］．北京：北京理工大学出版社，2011.

[9] 林男，陈志祥．供应链管理［M］．北京：机械工业出版社，2005.

[10] 尤建新，陈强．顾客满意管理［M］．北京：北京师范大学出版社，2008.

[11] 刘桂珍．质量控制［M］．北京：国防工业出版社，2004.

[12] 马风才．质量管理［M］．北京：机械工业出版社，第 2 版．2013.

[13] 骆温平．物流与供应接管理［M］．北京：电子工业出版社，2002.

[14] 熊伟，刘南．供应链竞争力与经济发展［M］．北京：航空工业出版社，2005.

[15] 邱晓红，刘志娟．质量管理体系与质量经济性［M］．北京：经济科学出版社，2009.

[16] 李令遐．建立具有竞争力的供应键：供应接管理理论与方法［M］．北京：知识产权出版社，2005.

[17] 何晓群．六西格玛及其导入指南［M］．北京：人民大学出版社，2003.

[18] 布雷弗格．六西格玛实施指南：战略视角与管理方法［M］．北京：中国人民大学出版社，2003.

[19] 马林．全面质量管理［M］．北京：中国科学技术出版社，2006.

[20] 唐晓芬．顾客满意度测评［M］．上海：上海科学技术出版社，2001.